소유에서 공유로

한승진

박문사

책을 내면서

　오늘 우리가 살아가는 이 시대는 분명 이전 시대와 다른 여러 가지 특징을 지니고 있습니다. 이를 한 마디로 말하면 소유에서 공유입니다. 최근 핵심주제로 떠오른 것이 바로 소통과 나눔과 협력입니다. 이전에는 고도성장사회였고, 무한 경쟁사회였다면 지금은 분명 다릅니다. 이제는 각자도생이 아닌 더불어 함께 살아가는 세상입니다. 이런 점에서 제가 몸담고 있는 교육계도 지역사회와 함께하는 학교, 마을학교라는 말이 각광받고 있습니다. 최근에는 생물학에서 쓰던 생태계라는 말이 사회학에서도 쓰이고 있습니다. 생태계라는 것이 무엇인가요? 생태계라는 것이 진화론적인 것이냐 다른 관점에서 바라보아야 하느냐 하는것에 대해 연구할 필요가 있습니다. 지역을 생태계적인 관점으로 보는 것이 필요합니다. 함께 토론해 보는 것이 좋을 것 같습니다. 사회뿐만 아니라 가정과 종교와 학교도 생태계라는 관점을 바라보면 의미 있습니다. 사회구성체를 생명평화 마당으로 보는 것입니다. 이렇듯 사회를 구성하는 단위들이 개별추체로서 동떨어진 것이 아니라 한데 어울려 돌아가는 것이 생태계입니다.

IT계의 새로운 리더십에 의하면, 산업화 시대가 가고 있습니다. 우리는 아직도 산업화 시대의 양육강식, 승자 독식, 무한 경쟁의 패러다임으로 기업을 이해하는데 이것이 아니라는 것입니다. 이런 방식이 붕괴되기 시작하고 있습니다. 애플과 같은 IT들은 2.0의 방식, 즉 참여, 공유, 연대의 생태계를 만드는 방식이 미래라고 봅니다. 이는 기업만이 아닙니다. 사회를 구성하는 모든 구성체가 마찬가지입니다. 21세기 변화의 키워드는 가볍고, 작고, 빠르고, 열려있는(輕·小·速·開)입니다. 대량생산 산업화인 하드웨어/남성/근육)에서 다품종 소생산 정보화인 소프트웨어/여성/지식창조로, 아날로그인 크고 힘세고 멍청에서 디지털인 작고 똑똑한 것으로, 크고 화려한 골리앗 패러다임에서 작고 영향력 있는 다윗 패러다임으로 변하고 있습니다. 대량생산에서 다품종 소생산이 사회적 구조로 자리 잡아 가고 있습니다. 미래는 다품종 소생산의 시대입니다. 디지털과 아날로그를 비교해 봐도 이런 경향을 알 수 있습니다. 작지만 영향력이 있는 것의 시대라고 볼 수 있습니다.

저는 우분트(Ubuntu)라는 말을 참 좋아합니다. 이 말은 아프리카 반투족 말로 "네가 있기에 내가 있다(I am because you are)"라는 뜻으로 서로 함께 감사하며 배려해야 한다는 의미입니다. 사람을 뜻하는 한자 '사람인(人)'도 너와 내가 서로 받들어야만 제대로 설 수 있는 의미가 담겨 있습니다. 동학의 인내천(人乃天)사상에도 '사람은 하늘이다'라고 인간의 존귀함을 나타내고 있습니다. 그런데 우리의 현실은 사람의 가치가 땅에 떨어졌고 종이쪽지에 불과한 돈이 신이 되어 하늘을 날고 있습니다. 우리는 눈을 크게 뜨고 인간을 다시 바라보는 인문학의 정신을 되새겨 봐야합니다. 창의성, 상상력, 과학적 창조력은 자기존중과 상호협력의 토양에 뿌리박고 있는 창조적 융복합 즉 통섭으로부터 뻗어 나온 가지들입니다. 학생의 사고력과 창의성, 상상력을 육성하는 교육시스템의 강화, 이것이 교육이 나아갈 방향입니다. 한동안 우리 사회는 경제와 경영 등의 실용학문이 사회를 이끌며 실용과는 동 떨어진 인문학은 외면 받는 현상이 나타났었습니다. 사람들은 인문학이 밥을 주냐, 떡을 주냐고 묻기도 합니다. 인문학의 위기를 말하는 이 시점에서 이 시대의 인문학의 대답은 이러해야 합니다. "인문학은 더 좋은 밥, 더 몸에 좋은 떡을 줄 수 있다." 그것을 만들기 위해서는 반드시 인문학적 소양이 필요합니다.

인문학이 중요한 것은 우리가 스스로를 돌아볼 수 있게 만드는 학문이기 때문입니다. 요즈음 시대정신이 인문학이 위기이고 또한 인문학의 재발견이라고도 합니다. 인문학이란 무엇인가요? 자연현상을 다루는 자연과학에 대립되는 영역으로 인간의 가치탐구나 표현 활동을 대상으로 하는 학문입니다. 라틴어 '휴마니타스'에서 어원을 찾을 수 있고 그리스·로마를 거쳐 근세에 이르는 동안 고전교육의 핵심이 되었으며, 교양교육의 기본이념으로 정립되었습니다. 지식은 많으나 거기에 인간이 빠지고 인격이 매몰된 현실에 대한 반성이 지금 우리 인문학 열기의 바탕입니다. 따라서 인간과 인격을 회복하기 위해서 단순히 지식의 축적에 매달리기 보다는 꾸준히 공부하고 자신의 삶으로 내재화 하는 과정을 지속해야 할 것입니다.

제가 몸담고 있는 작은 농촌마을과 학교가 부족하고 연약하고 초라한 곳이 아니라 그 반대라고 봅니다. 작지만 알찬 생명과 평화와 사랑과 협력과 나눔과 상생과 공유가 당연시되는 공동체적인 모습이 가능한 곳입니다. 여기서 저는 미래를 이야기하고 공동체를 이야기하고 돈이 아니라 사람을, 생명을 이야기하고 있습니다. 제각 몸담고 있는 이곳에서 제 길을 걸어갑니다. 거창한 이야기가 아니라 작고 사소한 이야기를 소중히 여기고 별 볼일 없는 작은 농촌마을에서 바라보는 세상읽기를 드러내보려 합니다. 특별한 것도 없고 대단한 것도 없지만 이 작은 소리가 공유되기를 바라는 마음을 담아 종이비행기를 날리듯 전해 봅니다.

어린 시절, 세상의 모든 것들은 제 키보다도 훨씬 커 보였고, 잡을 수 없을 것 같았습니다. 그 시절에는 눈 안에 담긴 모든 것들이 반짝반짝 빛이 났습니다. 하지만 가장 빛이 났었던 건 제 눈에 담긴 세상이 아니라 세상을 향한 커다란 호기심과 꿈이었습니다.

이번에도 글샘을 길어 올리면서 즐거움에 빠져듭니다. 누가 시켜서가 아닌 글쓰기와 책내기를 하고 또 합니다. 어느 학생이 "글 쓰고 책 내면 뭐가 좋아요?"하고 묻습니다. 그러면 돈을 버는 것인지, 유명해지는 것인지를 묻습니다. 저는 이런 질문에 당당히 말합니다. "아니" 그럼 뭐 하러 하는 것인지를 의아해 합니다. 사실 딱히 자신 있게 대답해 주지는 못합니다. 돈에 이익에 민감하고 마음을 빼앗긴 학생에게 제 이야기는 그저 허튼 소리일 뿐일 것 같습니다. 저는 그냥 좋아서 합니다. 그게 좋습니다. 이익을 탐하려 함이 아닌 그저 좋아서입니다. 나름 좋아서 하는 일, 일 같지 않은 놀이가 있다면 그것도 작은 행복일 것 같습니다. 이 즐거움으로 독자를 만납니다.

아이들과 논길을 거니는 즐거움에

한승진

차 / 례

3장 / 모두가 함께 어울려 살아가는 세상

4장 / 익숙함과의 작별, 미래로 결단

1장

청춘이 아름다운 이유

제 꿈이요?

초등학교 때 담임 선생님이 종이 한 장을 주시며 장래 희망이나 꿈을 적어 보라고 하신 적이 있었습니다. 저는 자주 바뀌기는 했지만 그 때 '사업가'라고 썼습니다. 지금 와 생각해 보면 '8살 어린 아이가 사업가의 역할을 알고나 썼는지…….' 미국에서는 어린아이들에게 꿈을 물어 보면 배트맨 슈퍼맨 등 세상을 지키는 히어로 이름들이 많이 나온다고 합니다. 뉴스에서는 우리나라 교육방식과 외국의 교육방식이 너무 다르고, 어린 시절 꿈이 그 아이가 성장해 살아가며 느끼는 행복 만족도에 영향을 준다고 합니다. 어렸을 때 부모님과 선생님은 꿈에 '사(士, 師)'자가 들어가는 걸 가져야 한다고 말씀하셨습니다. 우리는 아무런 의문을 가지지 않고 그게 맞는다고 믿고 살았습니다. 그러고 보면 저는 그 당시 꿈을 이루지 못했습니다.

앞으로 어떻게 살아야 하나 하는 생각을 하곤 합니다. 어느 날 인문학특강에서 어느 강사가 꿈에 대해 이야기를 한 것이 기억에 남습니다. "우리의 꿈과 목표는 달라야 하고 다르다."라고. 지금의 청년들에게 꿈을 물어보면 대기업에 입사하는 것, CEO가 되는 것, 시험에 합격하는 것 등 자신의 희망 직업이나 바로 앞에 닥친 현실을 잘 풀렸으면 하는 그런 말을 많이 하는데 그건 꿈에 가기 위한 자신의 목표일뿐 꿈이라 할 수 없다고 했습니다. 꿈이란 이상적인 것으로 자신을 끊임없이 이끌어 주고 가슴을 뛰게 해주는 것이라고 했습니다. 그리고 다음과 같은 말을 했습니다. "예를 들어 한 농부가 있습니다. 그 농부의 꿈은 사람들의 마음의 병을 치료해주는 농부가 되는 것이었죠. 의사도 아닌 농부가? 일반적으로 사람들은 이렇게 생각하겠죠. 하지만 농부는 자신의 꿈을 위해 목표를 세웁니다. 농장을 체험농장으로 바꾸고 원예치료사 공부를 해서 자격증을 취득하겠다고, 그리고 하나둘씩 계획을 완성해 갑니다. 농장을 체험 농장으로 바꾸고 밤에는 원예치료사 공부를 했습니다. 그렇게 2년이 지난 뒤 그 농부는 농부라는 직업 말고 원예치료사라는 또 하나의 직업을 가지게 됩니다. 그 후 그 농부는 자신의 농장에 찾아온 사람들에게 원예치유 프로그램을 활용하여 다양한 치유활동을 하고 많은 사람들에게 꿈과 희망을 주려고 많은 노력을 하고 있다고 합니다."

여기서 중요한건 꿈을 결정하는데 있어서 자신의 현재 모습과 나이는 중요하지 않다는 것입니다. 꿈이란 언제 어느 때든 가질 수 있는 것이며 어떤 방향으로든 갈 수가 있고 꿈이 있기에 목표가 생기고 앞으로 나아갈 수가 있다는 것입니다.

생각해봅니다. 저는 꿈이 무엇이었을까요? 지금까지 살아온 날을 다시 생각해보니 목표만 있었을 뿐 꿈이 없었습니다. 그래서 지금이라도 꿈을 가져 보기로 했습니다. 하지만 제가 하고 싶은 일을 하면서, 제가 진짜 원하는 삶이 무엇인지 깊이 생각해보니 막상 꿈을 찾기가 힘들었습니다. 세상에 태어나 처음으로 가져보는 진짜 꿈이랄까요? 그렇게 한 달이란 시간을 보내고 나니 제가 하고 싶고 가지고 싶은 꿈이 생겼습니다. 그것은 '글샘을 끊임없이 길어 올리는 사람'입니다. 대단한 것은 아니지만 지금의 제가 가장 하고 싶고 앞으로도 하고 싶은 일을 봤을 때 이 꿈이 제게 딱인 것 같습니다.

이제 꿈을 잡았으니 목표를 세워 앞으로 나아가렵니다. 꿈이란 언제 어느 때 꾸어도 상관이 없는 것이기에 작은 농촌에 내려와서 사는 것도 나쁘지 않고 좋은 것 같습니다. 요즘 고전 읽기에 푹 빠져 살고 있습니다. 오래 살아남은 고전은 지금 읽어도 새롭게 다가옵니다. 고전이라고 해서 하늘에서 뚝 떨어진 것이 아닙니다. 그들 역시 당대의 진부함과 싸워야만 했습니다. 오랜 시간이 지나도 낡거나 진부해지지 않았기 때문에 그 책들은 살아남았고 여러 언어로 번역되었고 후대로 전승되었을 겁니다. 오래되었는데 새것 같고, 새것 같은데 오래된 것, 그것이 고전입니다. 늘 새롭습니다. 진부하지 않습니다. 깊은 곳에서 깊은 맛이 계속 올라옵니다. 질리지 않습니다. 세월이 흘러도 사람들의 가슴 속에 남아 오랜 생명력을 유지하는 힘. 이것이 고전의 힘입니다. 제가 쓰는 책이 오래오래 읽히는 고전이면 야 좋겠지만 이건 너무 큰 꿈이고 그저 글 쓰는 제가 먼저 행복하고 그 누군가에게 작은 울림이나마 주면 하는 바람은 가져봅니다.

4차 산업혁명시대, 생명평화학의 원대한 꿈

현재 우리는 제4차 산업혁명시대를 맞이하고 있습니다. 미래학자 앨빈 토플러는 1980년대 초 『제3의 물결』이란 저서에서 인류의 문명이 농업단계, 산업단계를 거쳐 제3의 물결인 정보혁명 단계로 발전하고 있음을 밝혔습니다. 현재 4차 산업혁명은 사물인터넷, 빅데이터, 인공지능 등의 분야에서 초고속으로 진화·발전하고 있습니다. 미래 인공지능은 과거 축적된 지식과 정보를 그대로 사용하는 수동적 형태가 아니라, 스스로 새 지식을 창출하여 지적 경험의 세계를 능동적으로 확장시켜 가고 있는 것이기에 놀라움을 주고 있습니다. 그럼에도 4차 산업혁명 그 자체는 빈부격차, 테러와 이민자의 급증, 폭력과 안전위협, 자살과 우울현상 등 다양한 사회문제 등을 해결할 수 있는 대안이 되지는 못합니다. 사회는 다양한 분야에서 오히려 지배와 종속관계가 심화될 것으로 예상됩니다.

미래의 인재를 양성하는 학교는 세계 곳곳에서 일어나고 있는 다양한 문명의 대립과 충돌, 안전에 대한 위협과 갈등현상, 지배와 종속의 관계를 넘어설 수 있는 길을 어떻게 모색할까요? 현대사회는 다양성에 대한 이해와 생명평화의 소명의식과 실천을 요청합니다. 학교는 단순히 직업을 얻기 위한 과정이 아닙니다. 한국사회뿐만 아니라 인류사회가 직면하는 다양한 문제에 대해 얼마나 관심을 갖고 해결하고자 하는가를 반문할 필요가 있습니다. 학교는 '생명평화학'을 정립하고 실천하는 교육을 펼쳐야 합니다. 현대사회는 민족과 종교, 이념과 빈부격차로 인한 국가 간의 갈등이 심화되고 있는 추세입니다. 뿐만 아니라 인간소외 현상이 날로 심각해지고 자살률이 급증하고 있습니다. 이러한 문제의 기저에는 생명과 평화보다는 경제와 개발을 우선시하는 '근대문명'의 본질이 자리 잡고 있습니다.

'인문학의 위기'는 현대사회가 안고 있는 고통스러운 문제를 해결하지 못하는 데 기인합니다. 개인에게 엄격히 적용되는 '도둑질' 또는 '살인' 등에 대해 강력히 제재하는 국가 법률은 인류 역사의 세계 질서에는 제대로 적용되지 않고 있습니다. 강대국의 약소국 침략과 식민지 건설, 전쟁을 정당화하는 살인적 행위 등은 올바른 인류의 문명이라 볼 수 없습니다. 학교가 다양한 사회적 문제를 해결할 수 있는 인문학적 이론과 방법을 제시하고 생명과 평화를 존중하는 사회를 이루는 실천의 장으로 자리매김 된다면 '인문학 위기'라는 말 자체는 사라질 것입니다. 오늘 우리의 학교는 생명을 존중하고 평화를 실현하고자 하는 원대한 꿈을 꾸고 있을까요? 4차 산업혁명시대에 생명존중과 인류평화 실현을 이루기 위한 보편적 가치를 제공하는 인문학, 그리고 사회적 갈등과 병리현상을 치유하는 장으로 거듭나기를 기대해봅니다.

창의교육만이 살 길입니다

앞으로 세계적인 기업의 자산 가치는 무형자산이 대부분을 차지할 것으로 예상됩니다. 그 무형자산의 중심은 지식재산(IP)이 될 것이라고 보는 학자들이 많습니다. 세계 경제가 지식재산을 중심으로 재편되고 있습니다. 창조성이 있느냐 없느냐에 따라 재화의 가치가 달라지기 때문입니다. 인류사를 혁명적으로 변화시킬 가치 중심의 제4차 산업혁명이 앞으로 다가오고 있습니다. 이 물결은 우리 일상을 크게 바꿀 것으로 예견됩니다. 물론 그 중심에는 일자리 문제도 있습니다. 사물인터넷, 인공지능, 뇌바이오공학, 빅데이터와 같은 기술의 융합으로 기존의 일자리는 대부분 사라지고 새로운 형태의 일자리가 창출될 것입니다. 제조업이 주도했던 산업화 시대의 노동과 효율의 가치는 아이디어와 기술의 가치로 대체될 것입니다.

멀지 않아 닥쳐올 이런 현실을 감안한다면 상대적으로 열악한 처지에 놓여 있는 지방의 사립대학들은 생존을 위해서라도 졸업생들의 취업 문제를 심각하게 고민하지 않을 수 없습니다. 향후 몇 년 사이에 취업률이 낮은 지방대학은 결국 문을 닫을 수밖에 없을 것이기 때문입니다. 이를 감안한다면 현재의 대학교육을 혁신적으로 바꿀 필요가 있습니다. 대학은 암기 중심의 중간고사와 기말고사 등을 폐지하고, 학생들의 창의력을 향상시키는 방향으로 교육혁명을 시도해야 합니다. 새로운 아이디어를 활용하는 교내 창업센터, 연구동아리 등을 적극적으로 육성해 명실 공히 대학이 지식재산을 산업화하는 전문 창업의 산실이 돼야 합니다.

유럽연합의 지식재산 집약산업은 7천 6백만 개의 일자리를 창출하였을 뿐만 아니라 고용의 35%, GDP 40%를 담당하고 있습니다. 미국의 지식재산 집약산업도 4천 5백만 개의 일자리를 창출하고, 고용의 30%, GDP의 35%를 차지하고 있습니다. 이는 앞으로 기존의 산업구조 및 경제 체제 전반에 걸쳐 거대한 변화가 일어난다는 것을 말해줍니다. 이 변화의 핵심 동력은 특허 및 아이디어 같은 무형재산 즉 지식재산이 될 것입니다. 따라서 우리는 새로운 직업을 창출하고, 또 이에 적응하기 위해서 스스로 생각할 줄 아는 '힘'을 가진 인재를 키워내야 합니다. 넘치는 정보의 홍수 속에서 정보를 분석하고 활용하는 방법을 알려주는 것이 아니라 계속 더 많은 정보만 주입하는 기존의 교육 패러다임으로는 이런 졸업생을 배출할 수 없습니다. 물에 빠진 학생에게 계속 양동이로 물을 퍼붓는 식으로는 곤란합니다.

이런 점을 직시하여 우리는 지금, 선도적으로 교육혁명을 시도해야 합니다. 영남대 철학과는 철학, 역사, 예술, 과학, 공학 분야를 섭렵하는 융합

인문학 강의를 실시하고 있습니다. 전주대 관광경영학과에서는 비행기를
뜯어와 실습을 하고 있습니다. 이런 경우를 타산지석으로 삼아 하루빨리
창의성을 담보하는 교육혁명, 교육실험을 시도해야 합니다. 그래야 살아
남습니다.

인공지능 시대의 교육

인공지능의 기세가 무섭습니다. 혹자는 인간의 마지막 발명품이라는 말로 인간의 능력을 뛰어넘을 것이라는 예상을 하고 있습니다. 인공지능의 발달과 이에 따른 세상의 변화를 막을 수는 없습니다. 미래 사회를 급격히 바꿀 것이며, 인간의 역할은 크게 변화할 것입니다. 생각하는 존재로서 인간의 위치가 흔들리고 있습니다. 사회의 인력 수요에 대한 커다란 변화가 예상되고 있습니다. 인공지능과 차별화되지 않은 능력을 갖추지 못한 인간은 존재의 가치가 없어지는 시대로 변화하고 있습니다. 미래의 인재를 키우는 교육은 이와 같은 사회적 변화를 인지하고 변화하는 교육으로 선제적 대응을 시작해야 합니다. 지금과는 다른 역량의 인재교육의 패러다임의 변화가 절실합니다.

첫째, 교실 밖 교육의 중요성이 강조되어야 합니다. 현재 우리의 학교는 교실 내 교육을 중시하고 있습니다. 정형적 지식을 강조하는 교육입니다. 과거 지식을 구하기 힘들었던 시대의 유산입니다. 지금은 원하는 지식은 손쉽게 접근할 수 있고, 지식의 양도 폭발적으로 늘어나고 있습니다. 개인이 만들어 몇 과목을 가르치는 교육이 집단으로 콘텐츠를 만드는 인터넷 강좌의 질을 따라잡을 수 없습니다. 교실 안의 교육 이외에 다양한 방식과 매체에 의한 교육을 수용해야 할 것입니다.

둘째, 행동과 경험이 중요시되어야 합니다. 아는 것보다 몸으로 습득하는 것이 중시되는 시대로 변화하고 있습니다. 정형적 지식보다 암묵적 지식의 중요성이 더욱 강조되는 시대로의 변화입니다. 경험과 행동을 통하여 몸에 익혀 이를 활용할 수 있는 교육이 중요하다는 것입니다. 몸에 습득하는 교실 밖 교육이 중요시되어야 하는 시대입니다. 경험이야말로, 인공지능이 할 수 없는 부분입니다. 행동은 인간의 존재의 의미를 규정하는 시대이며, 이를 구체화하는 교육이 필요합니다.

셋째, 틀을 깨는 사유의 중요성이 강조돼야 합니다. 이세돌과 인공지능의 대결에서 확연히 드러났듯이 정형적 틀의 사유는 인간이 컴퓨터를 따라갈 수 없는 시대입니다. 인공지능 시대에서는 비정형적인 문제를 헤쳐 나아가는 능력이 중시되는 시대입니다. 기존 가치관에 충실한 인재가 아닌 새로운 문제를 구성하여 풀어 나가는 인재가 중시되는 시대로 변화하고 있습니다. 비정형적 문제 해결의 능력을 키우는 교육이 필요한 시대입니다.

이 세상은 좋은 생각과 말로 넘쳐나는 시대이며, 형식적 지식은 기하급수적으로 폭발하는 시대입니다. 대학은 이제 작은 교실을 강조하는 스스로의 감옥으로부터 벗어나지 않으면 존립의 어려움을 겪게 될 것입니다.

형식적 지식을 강조하는 교육은 경쟁력을 유지하기 어렵습니다. 경험을 통한 암묵적 지식을 가르치며, 변화하는 세상에서 비정형적 문제를 해결할 수 있는 행동기반교육으로 나아가야 합니다. 교육은 미래 사회의 인재를 배출하기 위한 것이기 때문입니다. 스스로의 미래를 개척하지 못하는 교육기관은 미래 사회의 인재를 교육할 자격이 없기 때문이기도 합니다.

열정을 경계해야 합니다

　세상에는 많은 멘토들이 있습니다. 모두들 진정으로 젊은이들에게 삶의 방식을 가르친다고 하나, 긍정적인 멘토가 있으며, 잘못된 생각과 길로 인도하는 멘토들도 상당수 존재합니다. 멘토들이 범하기 쉬운 오류 중 하나는 자신의 경험을 현재와 미래 사회에 비추어 재해석하여 이야기해야 하는데, 과거 사회의 틀을 젊은이들에게 그대로 가르치려 하는 것입니다. 이들의 가장 흔한 주장 중 하나는 '열정'을 가지라는 것입니다. 열정을 가져야 훌륭한 미래가 있다는 이야기를 강연이나 글에서 접할 수 있습니다. 그러나 방향 설정이 잘못된 열정은 젊은이들의 삶을 올바른 길로 안내하지 못할 수 있습니다.

　우선, 단순히 열정을 갖는 것 이전에 삶의 방향에 대한 결정이 선행되어야 합니다. 스스로 어떠한 삶을 살 것인지에 대한 생각이 우선되어야 합니다. 타인에 의해서가 아닌, 자신의 가슴이 이야기하는 삶의 의미를 들어야 합니다. 즉, 자신 존재에 대한 의미의 발견이 우선되어야 합니다. 삶의 의미를 찾는다면 열정은 자연스럽게 생길 것이고, 그러한 열정은 지속될 수밖에 없습니다. 열심히 노력하는 것보다 중요한 것은 방향 설정입니다. 바르지 못한 방향의 열정은 삶을 헛되게 할 것이며, 때로는 돌이킬 수 없는 잘못으로 인도할 수도 있습니다.

다음으로, 삶은 단기적 여행이 아니라는 사실입니다. 오랜 기간, 죽음을 맞이할 때까지 삶은 지속되어야 하며, 그 순간까지 젊은이로 살아야 하는 것이 진정한 열정입니다. 그러나 우리 사회는 너무 많은 것을 빠른 시간 안에 성취하는 것에 가치를 두고 있습니다. 전력질주의 삶이 정상이며, 이 기준으로 스스로를 착취하게 하는 사회가 되어가고 있습니다. 그러기에 젊은 나이에 의욕이 저하된 사람들을 흔하게 볼 수 있습니다. 나이 들어도 열정적으로 활동하는 나이 든 젊은이들을 보기 쉽지 않은 사회가 되고 있습니다. 빨리 가기보다 천천히 갈 때, 지치지 않고 더욱 멀리 갈 수 있다는 것을 잊지 말아야 합니다.

마지막으로, 삶에서 가장 중요한 것은 균형입니다. 자신의 미래는 삶을 가능케 하는, 주변과의 균형이 없으면 지속가능하지 않기 때문입니다. 주변 사람들에 대한 배려와 소통은 인간과 사회를 성장시킵니다. 또한, 휴식을 통하여 새로운 방향과 힘을 얻을 수 있습니다. 삶의 활력이 안정적이며 지속가능한 미래를 만들어 나가는 데에 힘을 주기 때문입니다. 직업과 삶의 조화가 현대 사회에서 가장 중요한 덕목으로 떠오르고 있다는 사실을 인지할 필요가 있습니다.

이제 우리는 과거처럼 남을 쫓아가기에 바빴던 시대가 아니라, 스스로 미래를 만들어가야 하는 시대에 살고 있습니다. 확실성이 높은 시대에는 빠름이 중요하였으나, 불확실한 미래를 만들어 나아가야 하는 개방적 시대에서는 방향 설정이 더욱 중요합니다. 지속가능한 세상의 가치가 중요시되고 있는 시대로, 같은 일을 반복적으로 하는 부분은 기계가 대신하는 인공지능의 시대로 접어들고 있다는 현실을 직시해야 합니다.

힘들어도 기회는 다시 옵니다

"인간의 영혼은 위장에 뿌리를 내리고 있습니다." 소설가 찰스 부코스키의 이 말에 가슴 어딘가 먹먹해진다면 아마도 IMF를 겪은 세대일 것입니다. 지금부터 20여 년 전, 그때의 청년들은 우리 사회의 모든 것이 무너지는 광경을 속절없이 지켜봤습니다. '먹지 못하고 이상과 가치만으론 버틸수 없다'는 걸 실존적으로 절감했습니다. 다행히 힘든 시간은 지났고, 상처도 많이 아물었습니다. 새파란 뺨의 청년은 자신의 한 뼘 땅을 일궈내는사이 머리 끝자락이 희끗해졌습니다. 지금 힘든 때를 보내는 청년들에게조금 할 말도 생겼습니다. 그러나 '꼰대'로 오해받을 수 있으니 조심해야할것 같습니다.

IMF 관리체제 직전 우리나라는 거품의 끝자락에 있었습니다. 돈이 구석구석 굴러다니며 사회에 열기를 공급했습니다. 취업원서만 내면 취직시켜

주겠다는 기업들이 줄을 섰고, 대학생들은 너도나도 해외연수를 다녀왔습니다. 너도나도 해외 명품 하나쯤은 갖고 있었습니다. 원화가치가 심하게 고평가돼 있었습니다.

하지만 어느 날 돈이 땅으로 꺼지듯 사라졌습니다. 1997년 11월 우리 정부가 국제통화기금(IMF)에 구제금융을 요청하면서부터입니다. 처음에는 다들 어리둥절했습니다. 이듬해 들어 기업들이 줄줄이 부도를 내고 문을 닫자 국민들은 그제야 충격을 실감하기 시작했습니다. 언론에선 생계 고민 끝에 자살을 택한 일가족의 얘기가 매일처럼 보도됐습니다.

제가 아는 사람은 1998년 그 해에 고시 공부를 하고 있었습니다. 그러다 아버지 회사가 부도났다는 말을 들었습니다. 결국 공부를 포기하고 돈을 벌어야만했습니다. 그는 법조인의 꿈을 접고 취업 전선에 뛰어들었습니다. 또 어떤 이는 대학 4년 내내 IMF에 짓눌려 살았습니다. 주변에선 휴학생이 속출했습니다. 가세가 기운 학생들은 영영 대학에 돌아가지 못했습니다. 그 때 대학생들은 아르바이트와 장학금을 위해 정신없이 살았습니다. 등록금 때문에 ROTC[*]로 대학생활을 보낸 이들도 많았습니다.

---

* ROTC는 Reserve Officer's Training Corps의 약자입니다. 남북 분단 상황에서 국가 안보의 강화 및 군사력 증진을 위해, 1961년부터 미국의 ROTC 제도를 도입했습니다. 학도군사 훈련단(약칭 학훈단)이라는 이름으로 창설된 한국의 ROTC는 그해 6월 1일 3,175명의 후보생을 선발했습니다. 이 이름은 1972년 학생군사교육단으로 변경되었고, 지금까지도 약칭 학군단으로 불리고 있습니다. 학군단 후보생은 1983년부터 제1국민역의 신분을 가지게 되었으며, 후보생 기간 중에는 '학군사관후보생'으로 부르게 되었습니다. 한편, 2011년부터는 여학생들도 학군사관후보생에 지원할 수 있게 되었습니다. 숙명여대를 시작으로 성신여대, 이화여대에도 ROTC가 설치되었고, 2013년 첫 여성 학군출신장교를 배출했습니다. 학군사관후보생 지원 자격은 만 20세 이상 27세 이하의 대학생으로서 2학년 과정 이상을 수료한 자에게 주어집니다. 필기고사·대학성적·인성검사로 구성되는 1단계 전형을 거쳐 2단계에서는 체력 및 신체검사와 면접을 시행한 뒤, 3단계에서 최종 합격자를 선발합니다. 후보생은 교내 교육으로써 대학 수업과 동일한 방법으로

저는 늦은 나이에 우여곡절 끝에 아르바이트를 해가면서 대학에 다니고 있었습니다. 앞날이 걱정되고 불안했습니다. 저만 힘든 게 아니라 다들 힘들었고, 저보다 더 힘든 이들이 많다보니 어디 가서 힘들다는 말도 하기 어려웠습니다. 저는 그 때 막연하지만 아무리 춥고 힘든 겨울도 언젠가는 끝이 나고 봄이 오는 것처럼 다시 기회가 올 거라 믿었습니다. 온 국민이 금 모으기 운동을 하는 걸 보고는 희망이 찾아올 것이라고 확신했습니다.

저는 그 때 힘들 때에 포기하기 보다는 참고 기다리다보면 반드시 희망이 오고 기회가 온다는 확신을 가졌습니다. IMF의 겨울은 생각보다 빨리 흘러갔습니다. 2001년 8월 불과 4년여 만에 차입금 전액인 195억 달러를 조기 상환했습니다. 역사상 가장 빠르고 성공적인 대출 프로그램 졸업이라는 평가가 언론 헤드라인을 장식했습니다. 이 일을 보면서 늦더라도 서둘지 말고, 어렵더라도 자기 길을 가는 것이 맞는다고 여겼습니다. 그 당시 취업이 어렵다보니 적성을 생각지 않고 '일단 취직하고 보자'는 생각에 취직을 하는 일들이 많았습니다. 일단 취직을 해서 어떻게 적응하면 되겠지 하는 마음으로 어렵게 취업에 성공했지만 이런 이들 중 대부분은 결국 직장을 그만두고 말았습니다. 살다보면 돌발 상황은 있습니다. 열심히 해도 안 되는 게 있습니다. 기다려야할 때가 있습니다.

나무가 성장하는 원동력은 흔들리기 때문입니다. 오직 살아있는 나무, 살아가려고 안간힘을 쓰는 나무만이 흔들립니다. 흔들리는 나무라야 쓰러

군사 기초 교육을 받습니다. 교내 교육 외에 훈육, 기초 군사 훈련, 하계 입영 훈련, 동계 입영 훈련이 병행됩니다. 의무복무기간은 2년(공군의 기본병과는 3년)으로 하되, 국가가 학비를 부담하여 수학한 자에 한해서는 그 수학기간에 해당하는 기간을 가산하여 복무하게 할 수 있습니다.

지지 않으려고 더 깊은 뿌리를 내립니다. 깊은 뿌리는 많이 흔들려본 경험 덕분입니다. 죽은 나무는 흔들리지 않습니다. 다만 부러질 뿐입니다. 뿌리 없는 나무는 흔들리지 않습니다. 다만 뽑힐 뿐입니다. 나무도 사람도 흔들리면서 자라납니다. 뿌리가 깊어집니다. 대나무가 자랄 때 중간에 마디가 형성되는 시기는 유난히 더딥니다. 그러나 그 마디들이 없다면 그렇게 가늘기만 한 나무가 그렇게 높이 올라갈 수 없습니다. 남들에게 뒤처짐을 불안해하지 않고, 순간의 멈춤을 두려워하지 않고, 스스로의 성장을 기다려줄 수 있는 인내와 의지……. 자존감이란 그렇게 스스로를 믿어주는 것입니다. 열심히 하는데도 성과 없이 지지부진하다고 느껴지거나 잘 풀리지 않아 괴로워 잠을 설치는 날들이 있지요? 곧 얼마 후 튼튼한 마디가 완성되어 하늘로 솟아오를 것을 믿어봅시다.

이제 나이 오십이 되고 보니 지나온 삶의 궤적으로 얻은 인생 교훈이 있습니다. 힘들 때일수록 희망을 품고 참고 기다리면 기회가 오고, 곁을 지켜주는 건 역시 가족이었습니다. 그러니 가족이 있을 때 잘 해야겠습니다. 죽은 사람은 말을 할 수가 없습니다. 세상은 살아 있는 사람의 것이지 죽은 사람의 것이 아닙니다. 살아있음에 감사하고 살아있을 때 열매를 맺어갑시다.

살아있는 사람! 먹고 싶을 때 먹고 보고 싶을 때 볼 수 있는 이 순간의 생생함이 얼마나 찬란한지 모릅니다. 영롱한 물방울이 또르르 굴러가는 모습을 떠올려봅니다. 낙엽 한 장이 떨어지면서 속삭이는 소리를 떠올려봅니다. 살아있는 촉수를 기민하게 출동시켜 살아있는 순간순간을 놓치지 맙시다. 우리는 내일을 알 수 없는 나그네이기에 오늘 하루하루를 더욱 깊고 진하게 맛을 내며 살아야 하지 않을까요? 살아 숨 쉬는 순간을 알밤처럼 알차고 현금보다 귀하게 씁시다.

인생은 짧습니다. 그러니 가슴 안에만 담고 있는 말이 있다면 이번이 마지막 기회라 생각하고 오늘 한번 해봅시다. 살면서 해야 할 말을 못 하고 지나갈 때가 너무 많습니다. 사과, 감사, 사랑, 그 어떤 말이라도 담아둔 게 있다면 더 늦기 전에 전해봅시다. 마음이 평안해질 겁니다.

일회용 사회인가봅니다

젊은 직장인들이 커피를 손에 들고 담소를 나누며 천천히 걷습니다.
거의 예외 없이, 모두 투명한 일회용 플라스틱 컵으로 커피를 마십니다.
점심시간, 도심에서 흔히 보는 풍경입니다. 한해, 우리나라에서 이렇게 한
번 쓰고 버리는 컵은 얼마나 될까요? 무려 70억 개! 재활용 비율은 5% 남짓
합니다. 언제부터 이렇게 되었을까요? 가지고 간다고 할 때만 일회용 컵을
주던 때가 있었습니다. 언제부턴가, 머그컵에 달라고 하지 않으면 무조건
일회용 컵을 주기 시작했습니다. 요즘은 마시고 간다 해도, 일회용 컵을
주는 경우가 대부분입니다. 아예 머그컵을 없애버린 것입니다.

우리는 일회용 사회에 살고 있습니다. 우리가 한 번 쓰고 버리는 엄청난
양의 일회용품으로 지구가 점점 더 엄청난 쓰레기 더미로 변하고 있습니
다. 우리가 버린 쓰레기는 결코 없어지지 않습니다. 모든 것이 보이지 않

는 끈으로 연결되어 있는 세상에서, 버려서 없앨 수 있는 쓰레기란 없습니다. 우리가 버리는 것들은 우리에게 보이지 않는 어떤 곳으로 갈뿐입니다. 그리고 다시, 우리가 모르는 세상의 연결고리를 통해 세상 어딘가에, 누군가에게 영향을 미칩니다. 일회용품이 우리 사회에 만연하게 된 것은 편리함도 있지만 무엇보다도 '경제성' 때문입니다. 아무리 편리해도, 돈이 되지 않는다면, 일회용품을 이토록 남용하지는 않을 것입니다. 돈이 되니까, 아무리 문제가 있어도, 일회용품을 이렇게 마구 사용하는 것입니다. 돈이 우상이 되고, 시장이 새로운 독재자로 등장했습니다.

돈과 시장이 지배하는 사회는 모든 것을 돈으로 환산합니다. 하지만 세상에는 생명과 안전, 깨끗함이나 아름다움과 같이 돈으로 환산할 수 없는 것, 환산해서는 안 되는 소중한 것들이 있습니다. 그러나 이런 것들도 모두 돈으로 환산되어, 돈이 되지 않으면 무시되는 것이 오늘의 현실입니다. 그리고 그 결과는 세월호, 가습기 살균제, 조류 인플루엔자, 살균제 계란과 같은 참혹한 재난으로 우리에게 돌아오고 있습니다.

공론화 과정이 한창인 신고리 5·6호기 문제에서도 경제적 측면만 부각되고 있습니다. 이왕 공사를 시작한 것, 매몰비용을 생각해서 일단 건설하자는 얘기입니다. 안전은? 최신 기술을 적용한 신고리 5·6호기의 안전은 걱정할 필요가 없다는 건설 찬성측 주장은 너무나 쉽게 먹힙니다. 지금껏 드러난 원전에 대한 각종 비리, 부실 운영, 은폐 시도는 별로 관심 대상이 아닙니다. 신고리 5·6호기 건설로 부산과 울산 지역이 세계 최고의 원전 밀집 지역이 되어도, 활성단층이 지나가도, 반경 30km 이내에 382만 명이 살고 있어도, 현대자동차, 현대중공업, 울산석유화학단지와 같은 주요 산업시설이 있어도 별로 신경을 쓰지 않습니다. 돈이면 그만입니다.

한 번 쓰고 버리는 대상에 사람이 포함된 지도 이미 오래입니다. 각종 형태의 비정규노동자들이 대표적인 사례입니다. 하루 평균 노동자 5~6명이 죽어나가고, 사망자의 95%가 하청노동자라는 사실이 사람을 글자 그대로 쓰고 버리는 우리의 슬프고 끔찍한 현실을 극명하게 보여줍니다.

물건을 함부로 쓰고 버리는 일회용 사회에선 사람에 대한 예의도 기대할 수 없습니다. 어쩌면 벌써 우리는 잉여인간으로, 대체가능한 존재로 규정되었는지도 모릅니다. 저도 제게 주어진 역할에서 빠진다면 언제든 제 자리에 투입될 교사나 목사후보군이 많다는 생각이 드니 섬뜩합니다. 그저 이용가치로, 교환가치로 규정되고 평가되는 세상에서 제 역할은 대체가능한 기능인일 뿐일 지요. 최근 우리 사회는 비정규직이 특별하지 않은 일반적인 상황입니다. 기간제 근무, 파견근무, 시간제근무는 그야말로 1회용사회를 드러내는 우리 삶의 현주소일지 모르겠습니다. 이런 삶의 구조는 사람을 환경을 1회용사회임이 당연한 것으로 여기게 하는 비인간반생명문화로 하루 속히 철폐되어야 합니다.

'스튜핏'이라 말할 수 있을까요

그뤠잇! 방송인 김생민이 연신 외쳤습니다. 규칙은 간단합니다. 시청자의 영수증을 분석해 잘한 소비에는 '그뤠잇'을, 부적절한 소비에는 '스튜핏'을 외치는 프로그램입니다. 그의 앞에 펼쳐진 한 시청자의 영수증은 그야말로 '그뤠잇'의 연속이었습니다. 직장에서 퇴근한 뒤에는 식당의 고기 불판을 닦고 주말에는 건어물 포장 아르바이트를 한다는 그의 영수증은 근면함과 절약 정신으로 가득했습니다. 그러나 연신 '그뤠잇'을 외치던 김생민이 당황했습니다. 천 원짜리 복권… 쓰리잡을 뛰며 일해 온 그가 매일 복권을 한 장씩 구입하고 있었던 것입니다. 물론 복권을 구입한 사람들은 비단 그 시청자 뿐만은 아니었습니다. 복권 판매액이 2017년 역대 최고치를 기록해 4조 원을 돌파했다는 기사를 본 적이 있습니다. 복권 판매액은 증가세를 보입니다. 사람들은 그것이 허황되다는 사실을 알면서도 한편으로는 그래도 혹여나…하는 일확천금의 꿈을 꾸고 있었던 것이지요.

　요즘 세간의 시선은 바로 이곳으로 몰려있습니다. "물려받을 재산이 없는 흙수저가 재산을 불릴 수 있는 유일한 돌파구" 한 청년이 했다는 말입니다. 가상화폐 거래소 폐쇄마저 고려하겠다는 정부의 움직임에 청원은 빗발치고 국정지지율마저 영향을 받았습니다. 세상은 그 바람의 근원이 무엇인가를 함께 고민해야 할 시점에 이르렀습니다. 급등과 급락을 반복하고 일각에서는 '한탕주의'라는 우려와 비난마저 나오고 있다지만 여기에는 흙수저와 금수저라는 사회구조적인 문제까지 맞물려 모두를 고민에 빠뜨리고 있는 난제 중 난제입니다. 이른바 쓰리잡을 하며, 돈을 모으는 한편 매일 한 장씩 천 원짜리 복권을 구입했던 시청자. 그의 영수증을 바라보던 김생민은 결국 판단을 유보했습니다. 성실히 모은다 한들, 쉽사리 모아지지 않는 청년의 현실. 물려받은 돈 대신 일확천금이라도 꿈꾸어보고 싶은 기대를 그가 모르지 않았기 때문입니다.

　안타까운 현실은 가상화폐의 시장은 흙수저의 돈을 빼앗아 흙수저에게 몰아주는 구조입니다. 이것이 오늘 우리 사회의 난제(難題) 중의 난제입니다. 청춘에게 희망을, 흙수저에게 희망을 전해줄 방안은 없을까요?

청춘이 아름다운 이유

　자칭 삼포세대, 오포세대, 칠포세대를 넘어 N포세대가 된 청춘. 흔히 청춘이라는 단어와 함께 "무엇이든지 할 수 있는 시기", "고생을 사서 해도 괜찮은 시기"라고 말합니다. 하지만 실패를 해도 웃으면서 찬란하게 빛날 것만 같은 청춘이 이제는 없습니다. 취업 포털 사이트 잡코리아가 2017년 구직활동을 한 대학생 1,280명에게 '현재 본인의 상황을 가장 잘 표현하는 취업신조어'에 대해 질문한 결과, 약 60%의 대학생이 '흙턴'을 1위로 선택했습니다. 이어 '가장 불쾌한 취업신조어' 1위도 '흙턴'이 꼽혔습니다. 흙턴은 '일은 잘 배우지도 못하고 허드렛일이나 단순 노동만 하는 인턴'을 일컫는 신조어입니다. 시대와 환경의 변화에 따라 새로운 것을 표현하는 신조어가 최근 몇 년 간 늘어나고 있습니다. 청춘이 느끼는 불편한 현실을 반영한 신조어는 조금은 웃픈 공감을 얻고 있습니다.

제가 중학교 시절에 배운 국어 교과서에 실렸던 수필 '청춘예찬'이 떠오릅니다. "청춘! 이는 듣기만 하여도 가슴이 설레는 말이다. 청춘! 너의 두 손을 가슴에 대고, 물방아 같은 심장의 고동을 들어 보라. 청춘의 피는 끓는다."라는 도입부는 강한 충격이었습니다. 열정적이고 패기 넘치는 청춘이 되고 싶었고, 세상은 청춘만을 밝게 비출 것 같았습니다. 그러나 자라면서 깨달은 것은 중학교 시절 국어교과서에 나온 청춘은 이상일 뿐이고, 현실이 아니었습니다. 청춘의 피가 뜨겁게 타오를 현실은 없었습니다.

얼마 전, 어느 초등가정학습 프로그램의 설문조사 결과를 보고 착잡한 마음이 들었습니다. 교실 짝꿍과의 소소한 말다툼을 고민할 것 같은 초등학생들의 최고 고민이 '미래의 직업'이라는 내용이었습니다. 학교에선 "오늘은 숫자 1부터 9까지 세어볼게요."라는 내용을 가르치지만, 학생들은 "나중에 커서 뭐하지?"를 고민한다는 것입니다. 초등학교를 입학하는 8살부터 약 12~20년 뒤의 취업을 걱정한다는 이 결과가 충격적이었습니다.

2017년 오늘 우리의 청춘은 청춘예찬이 아닌 '청춘힐난', 황금시대가 아닌 'N포시대'로 표현하면 적절할 것 같습니다. 청춘은 오늘도 먹구름 같은 앞날을 바라보며, 자신과의 끝없는 이어달리기를 계속하고 있습니다. "아프니까 청춘이다"와 같은 같잖은 조언은 조심스럽습니다. 이 악물고 버티는 청춘의 시간을 '그땐 다 그래'라며 일반화시키지 말아야 합니다. 대한민국의 미래라고 불리는 청춘들, 대한민국의 현실 덕분에 힘이 듭니다. '청춘'이라는 단어가 조금은 풋풋하고 설렘이 느껴질 수 있는 날이 오길 바랍니다. 청춘은 실패로 시작해서 포기로 끝나는 뻔한 결과일지 모르나 그래도 멈추지 않고 달리면 좋겠습니다.

'청춘예찬'은 "청춘은 인생의 황금시대다."라는 문장으로 마무리됩니다.

저는 이 글을 쓴 이가 살았던 시대나 삶이 꽃밭길이었기에 그런 것이라 여겼습니다. 그런데 이를 확인해보려고 찾아보니 그게 아니었습니다. 우보(牛步) 민태원이 수필을 쓸 당시는 1930년대였습니다. 그는 동아일보 기자로서 그 누구보다도 암울한 일제강점기의 현실을 바라본 사람입니다. 그가 살았던 시대는 청춘이 인생의 황금시대가 아니었습니다. 그럼에도 그가 그렇게 청춘을 예찬한 것은 너무도 암담한 현실에 굴복하지 않으려는 처절한 몸부림이었는지도 모르겠습니다. 힘들지만 어렵지만 희망을 잃지 않는 한 청춘은 아름답습니다.

저는 봄이 오는 소리가 참 좋습니다. 눈을 감고 귀 기울이면 들려옵니다. 봄이 오는 소리가요. 삭풍을 몰아내고 사뿐사뿐 걸어오는 소리가 차갑게 식어버린 마음에 온기를 불어 넣어주는 따뜻한 바람이 온몸을 휘감습니다. 봄은 그렇게 우리 모두에게 시나브로 다가옵니다. 나비가 투명 쟁반 위에 부채를 펼치듯 사뿐 사뿐, 햇살을 받은 매화꽃은 종잇장 백금 보석입니다. 겨울은 많이 춥습니다. 하지만 때가 되면 어김없이 봄은 우리 곁으로 다가옵니다. 지금 아무리 형편이 좋아도 언젠가 나빠질 수도 있고 지금 힘들고 어려워도 그 고난이 지나가면 다시 새로운 날을 찾을 수 있습니다. 그리고 그 고난 속에서 배움과 깨달음과 행복을 찾을 수도 있습니다. 가장 어두운 시간은 해뜨기 바로 직전의 시간입니다.

청춘은 흔히 칭송 받습니다. 나이가 들수록 청춘이었던 그 시절은 찰나와 같다고 느낍니다. 그래서 더 아득하기만 하여 점점 미화되기도 합니다. 청춘을 가리키는 말들에는 온갖 미사여구가 넘쳐나고 아쉬움이 잔뜩 묻어납니다. 대부분 '청춘을 돌려다오'라 부르짖는 '어른'들의 말입니다. 비록 요즘은 '아프니까 청춘이다'라고 말 했다가는 젊은 당사자들에게 지탄 받는 엄혹한 시대이기는 하나, 그렇다 하더라도 꽃봉오리에 비유되는 청춘에 찬사를 멈출 수 없습니다. 그 시절은 확실히 아름답고 눈부신 시간입니다. 일 년 열두 달 중 청춘을 가장 닮은 달을 굳이 꼽으라면 단연 3월입니다. 이 3월의 느낌이 충만한 곳, 아무리 여러 곳을 떠올려 봐도 3월의 교정만한 곳이 없습니다. 낯설고 두렵지만 따뜻하고 활기찼던 3월의 학교. 새로운 환경에서 다시 꾸게 될 꿈과 그에 따르는 기특한 다짐들이 넘쳐났던 곳입니다. 저는 매년 3월 신학기를 맞으면 풋풋하게 피어나는 청춘들을 보는 게 즐겁습니다.

11여 년 전, 2007년일 겁니다. 그 당시 청춘을 '88만원 세대'라고 불렀습니다. 대학 졸업 후에도 적은 임금에 비정규직을 전전해야 하는 청춘을 대변하는 말이었습니다. 그로부터 11년이 흘렀지만 그때의 88만원 세대도 결혼과 출산을 합니다. 요즘 3포, 5포 세대에 이어 7포, 9포 다포 세대라며 패러디 개그까지 등장했지만 아직 희망을 포기하긴 이르지 않을까요? 청춘이여! 힘을 냅시다! 그대들과 함께 하려는 기성세대도 있답니다.

많이 흔들려본 사람만이 세상을 남다르게 뒤흔들 수 있습니다. 흔들린다는 것은 내 삶의 중심을 흔들어본다는 것입니다. 나무의 중심은 뿌리입니다. 흔들어서 뿌리가 잘 버티고 있는지를 점검해보는 것입니다. 그렇지 않으면 나무의 중심이 얼마나 튼튼하게 자리 잡고 있는지 알 길이 없습니다. 나무는 흔들리면서 자랍니다. 흔들려야 뿌리가 튼튼해지고, 뿌리가 튼튼해야 줄기도 튼튼해집니다. 사람도 사회도 역사도 흔들리면서 진화합니다. 폭풍과도 같은 세찬 바람에 뿌리까지 흔들리면서 앞으로 미래로 전진합니다. 우리는 서로 관대하지 않으면 안 됩니다. 왜냐하면 우리는 모두 연약하고 무분별하고 변하기 쉽고 실수가 많은 존재들이기 때문입니다.

우리가 어떤 사람인지는 우리가 더 잘 압니다. 서로서로 보듬고 살아야 합니다. 사람들은 고통의 날, 힘겨움이 결코 내 것이 되어서는 안 된다고들 치를 떱니다. 하지만 그 힘듦 역시 지금의 내 위치에 오기까지 함께한 시간입니다. 때론 그 힘듦이 '지긋지긋'하다 말하지만, 실상은 내가 더욱 맛깔나게 살게 한 양념이었습니다. 반찬에 양념이 없으면 정말이지 못 먹을 반찬이 되듯이 말입니다. 아하! 그렇다면 '지긋지긋'이 나와 평생 원수로만 여길 것 아니라 원수를 사랑하라는 말씀처럼 적을 동지로 만들고 친해질 수 있는 이유도 될 수 있겠습니다.

패기가 없다면 청춘이 아니랍니다

자칼이라는 동물이 있습니다. 작은 몸집과 빠른 몸놀림이 특징으로 개과에 속하는 동물입니다. 이 녀석의 사냥법은 독특합니다. 자신보다 훨씬 큰 몸집을 가진 동물을 가운데 세워두고 발목만 살짝 가볍고 빠르게 물어뜯고 도망가는 것을 수십 번 반복합니다. 결국 사냥감은 제대로 된 반격한번 하지 못한 채 출혈을 견디지 못하고 주저앉게 되고 자신보다 힘이 훨씬 약한 자칼의 먹잇감이 됩니다.

꼬마 다윗이 거인 골리앗을 쓰러뜨린 것을 흔히들 기적이라고 합니다. 하지만 조금만 생각해 보면 이것은 다윗에게 너무도 당연한 승리였습니다. 창과 방패로 중무장하고 다윗이 다가오기를 기다리던 골리앗에게 다윗은 멀리 떨어져서 투석 주머니로 돌을 날려 그의 이마에 명중시켰기 때문입니다. 상대방이 원하는 싸움이 아니라 자신에게 절대적으로 유리한 방식으로 싸운 다윗은 이길 수밖에 없는 게임을 한 것이었습니다.

정말 무서운 경제 분석 기사들이 줄을 이어 나오고 있습니다. '취업난'을 넘어서 '취업대란'이라는 말이 나오고 있습니다. 우리나라는 지금 경제활동인구가 급격하게 줄어들기 시작했습니다. 세계 각국의 사례를 비추어 볼 때 향후 7~9년간 실업률이 증가할 거라는 전망이 강합니다. 산업 구조상 적어도 2025년에나 취업 시장 상황이 나아질 것이라는 말입니다. 이것은 지금 구직활동을 벌이고 있는 20대 중·후반 청춘들에게 취업은 어려운 것이 아니라 아예 불가능할 수도 있다는 말입니다. 몇 해 안에 직장을 구하지 못하면 나이만 많고 경력은 없다는 이유로 고용시장에서 외면을 당할 수도 있습니다.

'N포 세대', '흙수저', '헬조선' 같은 우리 사회에 대해 자조와 비하가 섞인 극단적인 말들에 전적으로 동의하지는 않지만, 시간이 갈수록 우리 청춘에게 세상이 더 힘들어지고 있다는 것을 느끼고 있습니다. 이미 학교를 졸업하고 꽤 괜찮은 능력을 가진 수많은 청춘들이 높은 취업 문턱에서 좌절하는 모습을 직접 보고 있습니다. 제가 몸담는 교육계도 임용고사 경쟁률이 하늘 높은 줄 모르고 치솟는 것을 보면 조금은 두렵기도 합니다. 이 땅의 청춘들은 가슴이 답답하고 한치 앞도 보이지 않는다고 말합니다.

그럼에도 희망은 있으며, 끊임없이 자신의 길을 모색해 가는 사람들에게 미래는 밝습니다. 조금 힘들고 어려워도 그것이 어쩌면 삶의 본질에 가까운 모습이 아닐까 싶습니다. 힐링보다는 열정을 추구했으면 좋겠습니다. 세상이 정한 방식을 거부하고, 세상의 시선을 신경 쓰지 않고 자신만의 방법으로 길을 찾는 청춘들에게 아직 세상은 그렇게 어려운 곳이 아니라고 말하고 싶습니다. 세상의 모든 청춘들이 자칼이나 다윗처럼 누구나 길을 찾을 수 있음을 믿습니다. 아무리 어려워도 청춘은 청춘다워야 합니다. 패기가 없다면 청춘이 아니고, 오기가 없다면 젊음이 아닐 것입니다.

　코끼리는 더울 때 귀로 부채질을 하거나 목욕을 합니다. 또는, 침을 잔뜩 괴었다가 코로 들이마신 후, 몸에 뿌리는 식으로 더위를 피하기도 하며 햇볕을 피해 나무 그늘을 찾아서 몇 시간이고 꼼짝 않고 서서 지내기도 합니다. 사람들은 치아 건강을 위해 보통 하루 세 번 양치질하듯이 코끼리는 이빨을 튼튼하게 하려고 대나무를 즐겨 먹습니다. 단단한 통 대나무를 으깬 다음, 코로 말아 올려 먹기도 하고, 그냥 입으로 '우지직' 씹어 먹기도 하면서 부족하기 쉬운 영양소까지 섭취합니다. 아프리카 케냐 엘곤산(Mount Elgon)에는 코끼리 동굴이라 불리는 '키툼동굴'이 있습니다. 이곳의 토양은 일반 흙보다 칼슘과 나트륨 함량이 100~200배 많다고 합니다. 지형이 매우 험난하여 사람들도 접근을 꺼리는 곳인데, 미네랄과 광물질이 풍부한 동굴 속 토양을 섭취하기 위해 코끼리들은 1년에 몇 차례씩 먼 거리를 걸어 이 험한 곳을 찾아오고 있습니다. 코끼리는 자신이 가지고 태어난 것과 자연이 주는 것으로 모든 것을 극복하고 있습니다.

　코끼리는 달콤한 야자열매만 찾아다니지 않습니다. 코끼리는 때로는 억센 대나무를 씹기도 하고 칼슘을 섭취하기 위해 멀고 험한 여정을 떠나기도 합니다. 자신에게 주어진 것 중 하나도 낭비하지 않고, 필요한 것을 위해서는 노력을 아끼지 않습니다. 바로 그것이 혹독한 야생에서 살아남는 그들만의 비결입니다. 우리의 삶도 마찬가지입니다. 달콤하고 안주하는 삶은 결국 파멸에 이르는 길에 도달하게 됩니다. 때로는 힘들고 험한 일이 닥쳐와도 결국 그것을 이겨내는 결단과 노력이 있다면 성공에 이르게 됩니다. 자연이 어떻게 역경을 헤쳐 나가는지, 끊임없이 스스로 새롭게 하는 것을 지켜보았다면, 당신은 배울 수밖에 없습니다. 오늘 아침 든 생각입니다.

>일어난다. 잠에서 일어난다.
>일어난다. 다시 시작하기 위해.
>일어난다. 새로워지기 위해.
>일어난다. 쌓아가기 위해.
>일어난다. 넘치기 위해.

오늘도 잠에서 일어날 수 있다는 것 얼마나 큰 축복인지요. 희망을 품고 일어납시다. 고난을 이긴 청춘은 희망을 버리지 않는 청춘은 꽃보다 아름답습니다. 철조망에 갇힌 장미가 웃고 맹수 호랑이에 놀란 토끼가 도망다녀도 내일이 숨 쉬고 있습니다. 하늘을 나는 새들이 노래하는 이유는 길가의 이름 모를 풀이 밟히고 또 밟혀도 살아남는 이유는 희망을 품고 있기 때문입니다. 해가 뜰 때 붉은 이유는 옥수수가 알이 꽉 찬 이유는 얼마든지 살아 볼 가치가 있기 때문입니다.

아! 살아있는 청춘이여! 가슴에 온기가 남아있는 청춘이여! 깨진 유리조각 속에 자신이 보이는가? 청춘은 참 행복합니다. 지금 내가 여기 살아 숨 쉬고 살아 있다는 찬가를 쓰는 것부터가 행복이랍니다. '수도선부'(水到船浮)라는 말이 있습니다. 수도선부는 물이 불어나면 배는 저절로 떠오른다는 뜻으로 너무 조급해 하지 말고 꾸준히 노력하다 보면 배가 뜨듯이 자기가 원하는 일을 이룰 수 있다는 의미입니다. 즉 기회의 때를 기다린다는 것은 막연한 기다림이 아닙니다. 준비된 사람만이 기회를 잡을 수 있으

며 그 기회로 뜻을 이룰 수 있다는 것입니다.[*]

이는 송서(宋書)와 남사(南史)의 '종각전(宗愨傳)'에 실려 있는 고사입니다. 이는 주자
(朱子)가 문인을 훈도(訓導)할 때 사용한 말로 주자전서(朱子全書)에서 유래되었습니
다. 종각(宗愨)이 어릴 때, 그의 숙부 종병(宗柄)은 "장차 무엇이 되고 싶냐"고 물었다.
이에 종각은 "거센 바람을 타고 만 리의 거센 물결을 헤쳐 나가고 싶습니다(願乘長風
破萬里浪/원승장풍 파만리랑)"라고 대답하였다고 하는 데서 유래합니다. 당연히 숙부
는 탄복할 수밖에 없었습니다. 장풍파랑(長風破浪)이라고도 합니다. 남북조시대의 송
(宋)나라 사람 종각은 어려서부터 무예가 출중했습니다. 종각이 14세 때, 그의 형 종필
(宗泌)이 혼례를 치렀는데, 그 날 밤 그의 집에 떼강도가 들었습니다. 종각은 강도들과
맞서 싸웠고, 10여 명의 강도들은 어린 종각을 당해 내지 못하고 낭패해서 도망쳤습니
다. 나중에 종각은 임읍(林邑: 지금의 베트남)을 정벌하기 위한 원정길에 부관으로 수행
했습니다. 임읍의 왕은 코끼리 떼를 앞세워 공격하였는데, 송나라 군대는 이를 당해
내지 못하여 곤경에 처했습니다. 이때 종각이 묘책을 내어, 병사들을 사자처럼 꾸며
코끼리 떼 앞에서 춤을 추게 했습니다. 그러자 코끼리 떼는 놀라 달아났고, 송나라 군대
는 그 틈을 놓치지 않고 임읍을 공격했습니다. 이처럼 종각은 지용(智勇)을 겸비한 인물
이었습니다.

청춘의 열정으로 도전하는 삶

우리 사회는 불확실성과 혼돈으로 가득 찬 것처럼 보입니다. 언론에서는 대졸자 취업문제, 청년실업, 3포세대, 5포세대라는 것을 부각하여 마치 여러분들의 미래가 암울할 것이라는 절망의 메시지만 던지고 있습니다. 하지만 어둠이 깊을수록 별은 더욱 빛나는 법입니다. 거칠고 험한 미래의 불확실성 앞에서 '나약한 지성'이 아니라 미래를 힘차게 헤쳐 나가는 '개척하는 지성'으로 빛을 냅시다. 빅토르 위고는 "미래는 약한 자들에게는 불가능이고, 겁 많은 자들에게는 불확실이며, 용기 있는 자들에게는 기회이다"라고 말했습니다.

이제 우리는 더 이상 선배들이 이루어온 경제성장의 업적에 편안히 기대어 안주하려고 하는 나약함을 버려야 합니다. 50여 년 전 우리나라의 대학졸업생들은 미래가 보이지 않았습니다. 일인당 국민소득 100여 불의 사회에서 6%밖에 대학진학을 하지 않았던 대학졸업생들이 독일 광부로, 간호사로 앞이 보이지 않는 미래를 개척하기 위해 떠났고, 베트남 전쟁터에서, 열사의 나라 중동에서 피땀을 흘리며 미래를 개척했습니다. 그 결과 전 세계가 지난 50년간 6.6배의 경제성장을 이루는 동안 우리나라는 400배의 경제성장의 기적을 만들어냈습니다. 선배들이 만들어놓은 경제성장의 따뜻한 품안에서 인생을 즐기려고 하는 나약한 지성의 굴레를 벗어버리고, 우리나라의 새로운 역사를 쓰기 위해 새롭게 개척하는 지성으로 성장해야 합니다.

청춘은 지혜롭게 미래를 준비해야 합니다. 그것은 바로 "개척하는 지성"을 키우는 것입니다. 개척하는 지성은 단지 똑똑하거나 성실한 것을 의미하지 않습니다. 남들이 가지 않았던 곳에 가보려고 도전하고, 보지 못했던 것을 보려고 노력하는 것이 개척하는 정신입니다. 20세기 산업사회의 일자리가 수백만 개 없어지는 것을 두려워하지 맙시다. 21세기 지식사회의 일자리가 수백만 개가 새롭게 생기는 것에 주목합시다. 개척하는 자만이 미래를 얻을 수 있습니다.

우리는 바다와 같은 넓은 세상에서 살아갑니다. 우리의 삶의 돛대는 순풍에 돛을 다는 황포돛배가 될지, 태풍에 닻을 내리는 포구의 닻줄이 될지 알 수 없습니다. 동계올림픽 종목인 컬링은 가고자 하는 방향의 앞을 닦아주면 어느 정도 의도한 대로 스톤의 방향을 바꿔줄 수 있지만, 세상이라는 바다에서 우리는 가야 할 목표를 정하고 항해해도 풍랑을 만나기 마련입니다. 이 풍랑 속에서 일곱 번 넘어져도 여덟 번 일어나는 강인한 정신을 끝끝내 지켜나가야 합니다. 모든 벽은 문입니다. 벽이 있다는 것은 다 이유가 있습니다. 벽은 우리가 무언가를 얼마나 진정으로 원하는지 가르쳐 줍니다.

긍정의 힘은 무한대입니다. 성공은 '할 수 있다.'는 말을 하는 사람을 찾아오고, 실패는 '할 수 없다'는 말을 하는 사람을 찾아옵니다. 긍정의 단어, 평화의 언어가 최고의 소통 수단입니다. '할 수 있다' '될 수 있다'는 생각으로 목표를 향해 달려갈 때 꿈은 반드시 이루어집니다. 긍정적인 말과 생각으로 불평불만이 아닌 감사와 감동으로 자신을 사랑하고 미래를 꿈꿉시다. 청춘은 '실패'에 익숙하지 않은 세대입니다. 도전하다 실패하고, 그리고 또 다시 일어나 도전하는 것이 청춘의 특권임에도 그동안 조금이라도 실패를 하지 않기 위해 애쓰며 살아왔습니다. 하지만 사회에서는 그 '실패'의 경험이 더 값질 수 있습니다.

실패를 해본 사람만이 위기를 헤쳐 나갈 수 있는 방법을 보다 잘 찾을 수 있습니다. 대표적인 혁신가 스티브 잡스도 애플에서 쫓겨났을 때가 인생에서 가장 창조적인 최고의 기간이었다고 회고하기도 했습니다. 성공해야 한다는 무거운 강박감을 벗어버리고 새 출발할 수 있다는 기대감으로 가장 가벼운 시기를 맞은 것이 자기가 창업한 애플에서 쫓겨났을 때라고 했습니다. 쫓겨난 다음 그는 21세기 세상을 바꾼 스마트폰을 이 세상에 처음으로 내놓았습니다. 실패는 성공의 어머니라고 했습니다. 실패나 좌절이 있어도 끝없이 새롭게 도전하는 개척하는 지성으로 성장합시다.

십자가 없이는 면류관이 없습니다. 고통 없는 성공은 없습니다. 참고 인내하면서 성실할 때 성공할 수 있습니다. 피와 땀과 눈물이 우리 삶에 삼위일체가 되어 어우러질 때 우리는 꿈을 이룰 수 있습니다. 젊은 날들은 순수하기에, 경험부족 때문에 더 많이 상처받을 수 있습니다. 인생에서 벽을 만날 때, 절망의 벽으로 보지 말고 그 벽 속에서 희망의 문을 발견할 수 있어야 합니다.

긍정의 첫발을 내디딜 용기가 있느냐 없느냐에 따라 인생이 달라집니다. 성공은 또 하나의 출발점일 뿐 종착점이 아니듯, 실수는 삶의 성공을 위한 필수과목입니다. 도전해야 변화하고, 바뀌어야 새로운 기회의 창이 열립니다. 어지럽고 험한 세상일수록 우리는 사회를 돌보기보다는 개인의 이익을 우선시하는 '비겁한 지성들'이 주위에 많은 것을 보게 됩니다. 지식을 자신의 이익을 지키기 위한 정당화의 논리나 사익 추구의 도구로 사용해서는 안 됩니다. 개인의 이익을 버리고 공적인 이익을 우선해야 큰 인물이 되고 이웃에게 도움이 되는 사람이 될 수 있습니다.

사회를 혁신하는 Social Innovator가 되어야 합니다. 혁신이라고 하는 '혁(革)'의 한자는 같은 가죽이라는 뜻을 가진 '피(皮)'를 무두질하여 만든 가죽입니다. 이런 가죽은 시간이 지나면 해어지고 딱딱해지기 때문에 계속해서 새롭게 무두질하여 사용해야 합니다. 그것이 혁신입니다. 영어의 innovation도 'novus'라고 하는 새로움을 'in', 즉 안으로 계속해서 집어넣는 작업을 의미합니다. 단순히 물질적 이익만을 추구하기 위해 일하는 노동의 종속자가 되지 말고 즐거움과 호기심으로 많은 사회적 문제들을 풀어 나가는 사회혁신가가 되어 봅시다.

많은 사람들이 오늘 우리 사회와 시대를 위기라고 합니다. 하지만 위기라고 생각해서 혼란과 걱정에 빠질 것이 아니라, 이 위기 때 오히려 우리는 체질을 강화하고 기회를 만들어 나갈 수 있습니다. 물론 미래를 담보할 확실한 것은 아무것도 없습니다. 그럴수록 우리는 변화의 조류를 잘 읽고 더 나은 미래를 위한 변화를 주도할 수 있는 용기와 지혜를 모아야 합니다. 꿈꾸는 인생 드라마의 주인공이 되어봅시다. 각자 주어질 삶에서 보람된

역할이 있습니다. 그 역할로 자신은 물론 국가와 사회를 위대하게 변화시키고 발전시킵니다. 세상에서 가장 행복한 사람은 '자기가 하고 싶은 일과, 해야만 하는 일과, 하고 있는 일이 일치하는 사람'이라고 합니다. 그러한 세 가지 일치는 자신이 선택한 전문성과 스스로의 가치를 갖출 때에 가능합니다. 지혜로운 선택과 노력이 우리를 주인공으로 만들 것입니다.

인생이란 폭풍이 지나가길 기다리는 것이 아니라 빗속에서도 춤을 추는 것입니다. 고난과 어려움. 피하거나 기다린다고 해결되는 것이 아닙니다. 고난에서 뜻을 읽고 어려움 속에서 길을 찾는 사람, 그가 곧 빗속에서도 춤을 추는 사람입니다. 삶은 아름답습니다. 솟아오르는 불꽃을 봅니다. 불꽃은 결코 뒤돌아보지 않습니다. 한 번의 삶과 한 번의 불꽃. 깨끗이 태울수록 설렘은 꿈틀댑니다. 타올라 비워내는 열정의 불꽃이 아름답습니다. 한 번 뿐인 우리의 삶도 불꽃의 모습과 닮지 않았나 싶습니다. 우리 삶도 치열하기에 더 아름답습니다. 예술가나 과학자 그리고 정치가에 이르기까지 그들의 삶이 위대한 이유는 그만큼 치열하게 살아냈기 때문입니다.

울창한 숲을 봅시다. 서로 다른 나무들이 어우러져 서 있지만 사실은 치열한 싸움의 흔적들이 나무에 고스란히 베어져 있습니다. 처음 땅 위에 뿌리를 내릴 때는 그리도 여리고 여린 묘목이었거늘 지금은 육중한 나무로 서 있습니다. 모진 비, 바람과 싸우고 더위와 추위에 굴하지 않으며 때론 인간사 이익 다툼에 번번이 희생당하면서도 굳게 서서 절개를 지키고 있습니다. 치열하게 삶을 살기에 누구누구 할 것 없이 내로라하는 대그룹 경영자뿐 아니라 단칸방 생활보호대상자의 삶도 그 자체만으로 위대합니다. 목표가 분명해야 가는 방향, 가는 길도 분명해집니다. 그렇지 않으면 바람에 파도에 출렁이며 표류할 따름입니다. '작심삼일'도 괜찮습니다. 한 번이라도 목표를 세워본 경험, 실패한 경험이 다음 목표를 다시 세울 때 도움이 되기 때문입니다. 두려움 같은 것일랑 털어내고 목표부터 세워 나갑시다.

청춘의 새로운 풍속도

2030세대 보험가입자들이 갈수록 줄어들고 있다고 합니다. '인생은 단한 번뿐(You Only Live Once)'이라는 욜로족이 늘어나면서 젊은층을 중심으로 보험을 포기하는 경향이 확산되는 모양새입니다. 젊은층의 지속적인보험가입 감소세는 2030세대의 생활패턴과 맞닿아있습니다. 1인가구가늘어나면서 결혼과 자녀에 대한 부담이 해소돼 보험니즈가 떨어진 것으로풀이됩니다. 특히 '즐기는 인생' 풍조가 확산됨에 따라 보험에 대한 매력도는 점차 저하되고 있습니다. 이 같은 젊은층의 보험 패싱(passing; 건너뛰기) 현상이 확산될 것입니다.

20대의 경우 취업난으로 보험 가입이 어려운 경우가 많고, 30대는 비혼(非婚)이 늘어나 보험의 필요성을 크게 느끼지 못하는 추세입니다. 이에따라 업계의 고민은 깊어지고 있습니다. 젊은층의 보험가입 감소로 보험

상품을 통한 보험사의 자산운용 이익 축소가 불가피 하기 때문입니다.

취업은 청춘에게 불가피한 단어입니다. 너무나도 익숙해진 문제, '취업난' 그 곳에서 오늘 우리의 청춘들은 현재 어디쯤 서 있을까요? 최근 유행하는 트렌트 중 하나로 꼽히고 있는 '욜로(YOLO)족'의 개념은 취업에도 영향을 미치고 있습니다. 화제가 된 신조어로 '자비청'이라는 말이 있습니다. 자비청은 '자발적 비취업 청년'의 줄임말입니다. 그들은 사회와 자신에 대한 뚜렷한 가치관을 바탕으로 취업 자체를 거부하고 있습니다. 또한 자비청 중에는 우리나라 노동 현실에 대해 비판적인 입장을 지닌 사람이 많습니다. 그들은 미래를 위해 '인내'한다기보다는 현재 자신이 좋아하거나 하고 싶은 일을 하며 행복을 느끼는 것을 더욱 중요하게 생각합니다. 자비청은 사람들이 그들에게 갖고 있는 편견에 대해 얘기합니다. '게으르다', '놀고먹는다', '철이 없다' 등이 그것입니다. 하지만 그들은 경제적 대가에 얽매이지 않고 자신이 좋아하는 일을 합니다. "좋아하는 일이 꼭 '돈 되는 일'이어야 할 필요는 없지 않나요?"라고 반문합니다.

그러나 많은 청춘이 자신 있게 비취업을 선택하는 것은 아닙니다. 미래에 대한 선택의 기로에 선 청춘이 고민하게 되는 가장 큰 이유는 실제적인 문제로 경제적인 어려움이 있기 때문입니다. 그들 모두 경제적인 문제로 인해 망설이는 경우가 잦습니다. 어쩌면 자비청을 자청한 이들은, 상당한 용기를 필요로 했던 것일지도 모릅니다. 취업 준비생들이 취업 준비를 하다가 '다른 걸 해볼까' 생각한 적이 있지만 이를 실천에 옮긴 청춘은 많지 않을 것입니다. 생각만 하고는 실천에 옮기지 못하는 게 현실입니다. 2018년 현재 현재 취업을 하지 않았지만 구직활동도 하지 않는 '비경제활동인구'에 속하는 우리나라 청춘이 510만 4,000명에 이른다고 합니다. 이처럼 점점 늘어나고 있는 자비청은, 지금도 어디선가 확고한 가치관으로 자신만의 인생을 개척하고 있을 것입니다.

청춘이라면 누구나 안고 있을 하나의 고민은 분명 취업입니다. 불명확하게만 보이는 자신의 미래 속에서, 사실 명확한 답을 찾기는 쉽지 않습니다. 취업과 비취업 중 원하는 해답이 있는 건 아닙니다. 미래에 대한 자신만의 특별한 그 선택이, 하나의 가치 있는 행위로 받아들여지는 사회가 되기를 소망해 봅니다. 어떤 선택을 하든 마지못해서가 아니라, 진정으로 자신의 빛깔과 향기에 맞는 길에 대한 선택이기를 바랍니다. 부디 우리 청춘들이 그 어떤 선택을 하든 그 선택이 행복의 길이 되는 미래이기를 기대해 봅니다.

오늘의 불행을 청춘의 열정으로

100만의 사람이 모였습니다. 불상사도 없었습니다. 새로운 시위문화였습니다. 군부독재 때의 시위는 어깨동무를 하듯 스크럼을 짜고 달리는 형태였습니다. 뭉치는 것이 위주였던 시절이었습니다. 경찰은 최루탄을 무기로 썼고, 이에 대항하는 시위대는 화염병을 던졌습니다. 1980년대 학생운동의 모습이었습니다. 세기가 바뀌면서 최루탄과 화염병은 사라졌지만 이를 대신하는 물대포와 쇠파이프는 여전히 우리의 시위를 상징했습니다. 때문에 안타까운 일은 계속 일어났습니다. 경찰은 폴리스라인이라는 명분으로 시위대를 통제했고, 시위대는 분노를 경찰버스에 풀었습니다.

2016년 11월 12일, 혁명이라고 불릴만한 대규모 시민이 운집했습니다. 대중가수도 나왔고, 유모차도 나왔습니다. 할아버지도 나왔고 어린 학생도 나왔습니다. 그러나 그들 누구도 폭력적이지 않았습니다. 국민은 분노했지만 행동은 차분했습니다. 돌과 막대기를 촛불이 대신했습니다. 촛불은 폭력이 아니라 기도이자 염원이었습니다. 열망은 폭력보다 강한 법입니다. 다시 돌아가 1980년 5월의 봄, 대학의 정문을 탱크가 지키고 교정에는 군대가 진주했습니다. 이후, 80년대 내내 경찰은 학내에서 신문지에 싼 무전기를 들고 오가며 정보를 채취했습니다. 전단이라도 뿌려지면 단 5분 안에 주동자를 체포하고 제압하는 것이 그들의 임무였습니다. 잠시의 함성에 이은 오랜 침묵이 대학가의 일상사였습니다. 그래도 목소리는 멈춰지지 않았습니다. 거리에는 경찰의 불심검문이 창궐했지만 민주주의에 대한 열망은 쥐불처럼 번져나갔습니다.

1987년 6월 항쟁은 빼앗겼던 대통령직선제를 다시 찾아오기 위한 싸움이었습니다. 넥타이부대라고 불리는 회사원들이 거리로 나섰고, 함께하지 못한 사람들은 고층건물에서 시위대에 대한 지지의 뜻으로 휴지를 뿌렸습니다. 마치 함박눈이 내리는 것 같았습니다. 세계가 주목했습니다. 그리고는 대한국민이 주권을 쟁취하는 쾌거에 감탄했습니다. 당시의 대통령 후보는 약속했습니다. "나를 만화의 주인공으로 삼아도 좋다."고. 결국 그는 신문만평의 단골이 되었습니다.

최근 'n포' 시대의 청춘들이 거리로 나오고 있습니다. 취업과 결혼 그리고 출산만을 포기한 것이 아니라 모든 것을 포기한 젊은이들이 정치를 말하고 있습니다. 국가를 말하고 주권을 말합니다. n포에서 적어도 정치 하나만큼은 빠지는 n-1포의 징조가 나타나기 시작합니다. 진정한 변혁은 목소리를 내지 않던 사람이 소리를 높일 때 비로소 이루어집니다. n포 시대의 청춘들이 의견을 내고 그들의 입장을 관철시킬 때, 우리의 미래는 밝습니다. 아기의 울음소리가 들리지 않는 집안은 망합니다. 세계가 또다시 주목하고 있습니다. 우리 모두가 대한민국의 얼굴이 되었습니다. '정치는 삼류, 국민은 일류'라는 표어는 '정치는 상류, 국민은 일류'라고 읽힙니다. 금수저 상류층만의 정치로 뼈 속까지 일류인 국민을 이끌기는 틀렸습니다. 상류는 신분이지만, 일류는 실력입니다.

오늘 우리 정치지도자들은 밉습니다. 그러나 반면교사가 되어 우리에게 정치를 포기하지 않게만 한다면, 우리 청춘들이 정치적 승리의 기쁨을 단 한 번만이라도 느낄 수 있게 해준다면, 그리고 자리를 두고 싸우는 정치인들이 진정 우리 청춘들의 목소리에 귀 기울이게끔 해준다면, 정치인들의 역할은 그것으로 족합니다. 포기하지 않는 것이 하나둘씩 늘어나 언젠가는 n-n포 시대가 될 수만 있다면, 마침내 0포 시대가 될 수만 있다면, 아니 -n포기를 넘어 +n희망의 시대로 돌아갈 수만 있다면, 오늘의 불행은 더 이상 불행이 아닐 것입니다. 이 땅의 정치, 사회, 경제, 종교, 교육 모든 분야의 민주화는 정의가 그냥 이루어지는 게 아니고, 불타는 청춘의 힘으로 이룩해야할 것들입니다.

청년들 왜 고달플까요?
소득 적은데, 주거비에 허덕입니다

서울에서 대학에 다니는 학생은 지방에서 올라와 학교 근처에 방을 얻었습니다. 매달 55만원씩 월세를 내야 하는데 부모에게 전부 손을 벌리기 어려운 상황이라 아르바이트를 하고 있지만 생활비를 충당하기에는 **빠듯**합니다. 한 달에 5~6만원씩 나오는 핸드폰 요금도 연체하기 일쑤입니다. 내년부터 본격적인 취업 준비를 하게 되면 나갈 돈이 더 많을 텐데 정말 빚이라도 내야 하나 생각 중이라고 합니다.

대학 졸업 후, 프리랜서로 디자인 일을 하며 취업을 준비하는 청년은 요즘 고민이 많습니다. 지금은 부모와 함께 생활하고 있지만 취업에 성공해서, 서울에 혼자 나가 살게 되면 주거비 부담이 커질 수밖에 없기 때문입니다. 급여 수준이 한 달에 200만원 남짓인데, 월세 비용에 50~60만원, 관리비와 교통비, 핸드폰 요금 등 고정 비용에 30~40만 원 정도를 써야 하니 실제로 손에 쥐는 돈이 많지 않기 때문입니다. 정작 벌 수 있는 돈이 크지 않은데, 취업을 해도 걱정입니다. 잠을 포기하든지 무언가 포기를 해야 할 것 같습니다. 다들 그렇게 살지 않느냐고 스스로를 위로해보지만 앞날이 걱정입니다.

청년들의 주머니 사정이 넉넉할 리는 없겠지만 과거와 달리 취업 기간이 길어지면서 요즘 청년들의 삶은 더 녹록지가 않습니다. 취업만 하면 금방 돈을 모을 수 있다는 것은 옛날에나 통하는 말이 돼버렸습니다. 청년들의 빚이 급속도로 불어나는 동안 소득은 늘어나기는커녕 오히려 뒷걸음질 쳤습니다. 소득이 줄어든 원인은 최근 실업률이 늘고 있는 점에서 가늠해 볼 수 있습니다. 저임금의 비정규직 일자리만 늘고, 제대로 된 일자리는 문이 좁다 보니 청년층의 소득 수준이 나아질 리가 없습니다. 엎친 데 덮친 격으로 주거비 부담은 만만치가 않습니다. 서울 대학가 원룸의 평균 월세는 49만원, 보증금은 1378만원입니다. 당장 주거비와 생활비 등을 써야 하는데 소득이 뒷받쳐 주지 못하니 빚을 내는 청년들이 늘고 있습니다. 이미 학자금 대출을 받은 청년이라면 어렵게 취업을 했더라도 삶이 팍팍할 수밖에 없습니다.

결국 빈곤한 청년들의 삶을 해결하기 위해서는 정부의 질 좋은 일자리 확대와 금융지원 정책 등이 필요합니다. 보다 근본적인 해결을 위해서는 청년 부채를 바라보는 사회적 인식 자체가 바뀌어야 합니다. 그동안 '빚으로 해결하면 된다는 식'의 정책 등으로 청년들이 더 쉽게 빚을 안게 된 측면도 있습니다. 대출받아 학교도 다니고, 창업도 하고 모든 것을 빚으로 해결하라는 그동안의 정책 기조 때문에 청년들이 빚을 과도하게 안는 경우가 있었습니다. 청년들이 돈을 헤프게 써서 부채를 늘린 것 아니냐는 인식을 보내기 보다는 부채를 경감하고 제대로 사회적 역할을 할 수 있도록 지원책을 마련해줘야 할 것입니다. 이제는 청년들의 눈물을 닦아줄 때가 되지 않았나 하는 마음입니다.

20대 행복하게 살 수는 없을까요

　"꿈을 먹고 살겠다고 결정했을 때, 이제부터 내 인생은 깜깜한 터널을 혼자 걷는 일이라고 생각했었다. 그래도 이렇게까지 깜깜할 줄은 몰랐다. 그래도 이렇게까지 외로울 줄은 몰랐다." 2017년 인기리에 막을 내린 한 드라마 속 대사입니다. 이 대사는 이른바 'N포세대(N가지의 것들을 포기한 세대)'라 불리는 20대의 심경을 표현한 것으로 많은 시청자의 공감을 얻은 바 있습니다. 하지만 드라마 밖 20대가 살아가는 현실은 더욱 처참합니다. 20대들의 목소리에서는 불공정한 사회에 대한 분노, 끝없는 취업 경쟁, 알 수 없는 불안감, 우울증 등을 들을 수 있습니다.

　어렵게 취업이라는 관문을 통과한 20대에게 우리 사회는 엘리베이터가 고장 난 건물과 같이 느껴지기도 합니다. 계층 간 수직 이동이 거의 불가능합니다. 평생 돈을 벌어도 집 한 채 살 수 있을지 모르겠고 취업 자체도 너무 힘들게 느껴집니다. 화목한 가정을 꾸리고 싶어도 경제적 부담에 걱정부터 앞섭니다. 계약직으로 근무하는 20대들은 '금수저'를 바라보면서 상대적인 박탈감을 느낍니다. 금수저로 태어나지 않는 이상 평생 일해도 서울에 집 한 채 갖기 힘든 것이 현실입니다. 꼬박꼬박 걷어가는 국민연금은 돌려나 줄지, 결혼이나 노후 계획은 세울 수나 있을지, 행복하게 살 수는 없는 건지, 모든 것이 막막하고 걱정입니다. 이처럼 취업에 대한 불안감과 가까스로 취업을 했어도 개선되지 않는 삶, 뉴스에 등장하는 각종 금수저의 행태는 사회에 대한 불신과 분노 급기야 각종 질환, 우울증까지 이어집니다. 사회가 제시한 방향과 해결책이 모두 거짓이었고, 지금도 계속 속고 있다는 생각마저 듭니다.

고등학교 때는 '좋은 대학', 대학교 때는 '좋은 직장'에 들어가면 삶이 나아질 것이라고 믿고 노력했는데, 막상 취업에 성공한 지금도 불안감이 없어지지 않습니다. 이런 시기에 자신이 좋아하는 것을 찾거나 시도하려고 하면 '네가 지금 그럴 때냐', '그럴 시간에 토익이나 올려라'라는 시선이 느껴져 엄두도 못 냅니다. 상황이 이렇다보니 우울증을 호소하는 20대가 늘어가고 있습니다. 20대 청년의 공황장애 환자도 급증하고 있습니다. 우울증과 알코올중독증으로 병원을 찾은 20대도 많습니다. 이 같은 우울증은 20대에서 취업과 밀접한 관계를 가지고 있습니다.

문재인 정부는 대통령직속 일자리위원회를 구성, 오는 3월 로드맵을 발표할 예정이다. 문재인 대통령은 2018년 1월 25일 청와대 충무관실에서 열린 '청년일자리 점검회의' 모두발언에서 "저는 청년 실업 문제가 국가 재난 수준이라고 할 만큼 매우 시급한 상황임을 여러 번 강조해 왔습니다."면서 "인구 구조의 변화로 더욱 어려워질 청년 일자리 문제에 대해 향후 3~4년간 특단의 대책 마련하지 않으면 안 됩니다."고 강조 한 바 있습니다. 이처럼 20대 청년문제는 심각성을 더해가고 있습니다. 이 문제는 정부정책만으로는 안 됩니다. 우리 기성세대가 함께 고민하고 해결점을 찾아나서야 합니다. 우리가 이해하고 양보하고 짐을 나눠지는 노력이 필요합니다. 더 늦기 전에 20대 청춘에게 희망을, 살 길을 열어줘야 합니다. 누가요? 우리 모두가 함께 말입니다.

사랑은 세상에서 가장 강한 힘

미국 위스콘신 주(州) 85번 국도를 지나다 보면 자그마치 길이만 7.2km에 달하는 해바라기 밭을 볼 수 있습니다. 그 넓은 땅에 해바라기가 빽빽이 피어 넘실거리는 모습은 황금빛의 바다가 파도치는 듯한 장관입니다. 그런데 더욱 놀라운 건 이 아름다운 해바라기 밭은 한 남자의 손으로 이루어졌습니다. 2006년 남자의 사랑하는 아내가 말기 골수암에 걸려 2개월이라는 시한부 판정을 받게 되었습니다. 하지만 남편은 아내를 포기하지 않는다는 희망의 표시로 집 주변에 아내가 좋아하는 해바라기를 심으며 병간호에 최선을 다했습니다. 그 정성과 사랑 때문이었는지 아내는 암 판정후 무려 9년을 더 남편과 함께 살 수 있었고 2014년 11월 66세를 일기로세상을 떠났습니다.

그렇게 아내는 떠났지만, 아내를 잊지 못하는 남편은 그 후에도 아내가 좋아했던 해바라기를 계속 심어나갔습니다. 지금은 50만 평이 되는 광대한 해바라기 밭이 되었으며, 해바라기에서 얻은 수익금을 암 연구 기관에 기부하고 항암 치료가 필요한 어려운 이웃을 돕고 있습니다. 사람의 사랑은 7.2km보다 길고 50만 평보다 넓습니다. 진실한 사랑의 마음은 제아무리 크고 넓은 공간이라도 담을 수 없는 법입니다. 우리 모두 그 커다란 사랑을 할 수 있습니다. 그리고 그 커다란 사랑을 마음속에 담을 수 있습니다. 50만 평의 땅이 아닌 당신의 마음속에도 해바라기 밭을 만들 수 있습니다. 더 많이 사랑하는 것 외에 다른 사랑의 치료약은 없습니다.

미국의 시인이자 철학자인 '랄프 왈도 에머슨'의 이야기입니다. 어린 시절 에머슨은 집에서 기르는 송아지가 외양간을 나와 어슬렁거리는 모습을 보고 송아지를 붙잡았습니다. 하지만 어린 에머슨의 힘으로는 아무리 밀고 당겨보아도 송아지는 꼼짝도 하지 않았습니다. 에머슨은 아버지에게 도움을 요청해 한 사람은 밀고 한 사람은 당겨 보았지만, 꿈쩍도 하지 않았습니다. 송아지는 비록 작아 보이지만 한두 명의 힘으로 끌고 갈 수 있는 동물이 아니었습니다. 그 모습을 가만히 지켜본 연세 많은 할아버지가 다가와 자신의 손가락을 송아지 입에 물려주었습니다. 송아지는 젖을 빨듯이 손가락을 빨기 시작했습니다. 그리고 자기 손가락을 물린 채로 천천히 외양간으로 들어가자 송아지는 할아버지를 따라 외양간으로 들어갔습니다. 그 모습이 너무 신기했던 에머슨은 어떻게 그렇게 간단하게 송아지를 유인한 것이냐고 물었더니 할아버지가 대답했습니다. "송아지는 잠시 자기 어미의 젖을 물고 있다고 착각을 한 거지. 자기를 사랑해주는 어미가 이끄는 곳이라면 어디든 함께 따라가기 마련이란다." 따뜻한 사랑의 힘이야말로 세상에서 가장 강한 힘입니다. 사랑은 그저 따뜻한 손길로 만져

주는 것만으로도 변화시키는 힘을 가지고 있습니다.

　사랑하면 함께 하고 싶은 것들이 있습니다. 둘이 함께 보고, 함께 먹고, 함께 걷고…….그래서 좋은 것을 두 개씩 사게도 됩니다. 그러다가 '내가 없어도 그가 가지면 돼!', '나는 못 먹어도 그가 먹으면 행복해!' 하는 생각을 불현듯 하게 됩니다. 이것은 더 사랑한다는 증표입니다. 누구나 마음속에 사랑이 있습니다. 우리 모두의 마음속에 세상에서 가장 강한 힘을 가지고 있는 것입니다. 우리가 가진 이 엄청난 힘을 어디에 쓰고 쓸까요? 사랑은 사람 사귐의 최후의 진리이며 최후의 본질이요, 최상의 가치요, 최고의 의미입니다. 더 사랑스럽고 더 사랑할 실천하는 사랑의 실천자가 되어봅시다. 사랑을 전하는 것은 어렵지 않습니다. 짧은 인사말, 환한 미소, 상냥한 손짓 등 말로 하지 않아도 사랑을 담아 전할 수 있는 많은 것들을 이미 우리는 가지고 있습니다. 우리가 세상에 뿌린 아름다운 사랑은 비록 우리가 세상을 떠나도 언제나 세상을 밝히며 남아있을 겁니다. 인생에 있어서 최고의 행복은 우리가 사랑받고 있음을 확신하는 것이랍니다.

사랑은 아름답습니다

옛날 어느 나라에 사람이 많이 모여 사는 한 마을이 있었습니다. 그런데 이 마을 사람들은 헐뜯는 것을 좋아하다 보니 서로 간의 신뢰가 전혀 없었습니다. 어느 날, 왕이 이 마을을 방문하여 마을 사람들에게 말했습니다. "나의 사랑하는 자녀가 할 일이 있어 당분간 마을에서 지내게 되었으니 잘 부탁하오." 자녀가 누구인지 알려달라는 마을 사람들의 간곡한 부탁에도 끝내 왕은 자녀가 몇 살이며 마을 어느 곳에서 머물지 전혀 밝히지 않고 마을을 떠났습니다. 그 뒤 마을 사람들은 어느 아이가 자녀인지 어느 곳에서 사는지 몰라 거리에서 만나는 모든 아이에게 친절과 사랑으로 다정하게 대했습니다. 아이들을 사랑으로 대하다 보니, 어른들끼리도 헐뜯지 않고 마침내는 서로 웃으며 인사를 나누게 되었습니다. 1년이 지난 후 왕이 다시 이 마을을 방문했습니다. 그러자 마을 사람들이 왕에게 말했습니다. "얼굴도 모르는 자녀분 덕분에 우리 마을이 확 달라졌습니다. 이제 저희에게 누구신지 밝히시고 궁으로 데리고 가셔야 하지 않겠습니까?" 마을 사람들의 말을 들은 왕은 웃음을 터뜨리며 대답했습니다. "궁전에 잘 있는 자녀들을 어디로 데려간다는 말인가. 내가 이곳에 남겨놓고 간 것은 사랑이라는 이름의 자녀일세. 그 자녀가 잘 커서 마을을 아름답게 만들었는데 내가 어찌 데려가겠는가!"

말의 어긋장은 다툼을 일으키고 마음의 어긋장은 이별을 예고하고 행동의 어긋장은 다시 볼 일 없게 합니다. 같은 것을 보고도 꼭 이렇게 어긋장 놓는 사람들이 간혹 있습니다. 그대는 화기애애한 분위기에 어긋장을 놓아 얼음덩어리 던진 적은 없는지요? 살면서 마주치는 모든 이들이 소중한 사람이고, 존귀한 사람이라는 생각으로 살아간다면 우리가 만나는 모두에게 사랑과 친절, 웃음으로 대할 수 있을 것입니다. 인생이란 소유하는 것이나 받는 것이 아닙니다. 사람이 되는 것입니다. 더 좋은 사람이 되는 것입니다.

컴퓨터를 켜고 '사람'을 입력하려다 실수로 '삶'을 쳤습니다. 그러고 보니 '사람'에서 슬며시 받침을 바꾸면 '사랑'이 되고 '사람'에서 은밀하게 모음을 빼면 '삶'이 됩니다. 세 단어가 닮아서일까? 사랑에 얽매이지 않고 살아가는 사람도 사랑이 끼어들지 않는 삶도 없는 듯합니다. 사람은 사랑해야 삶의 의미를 깨달아 행복해할 수 있습니다. 우리가 가장 원하는 것은 '사랑'입니다. 돈이나 물건, 명성, 재산보다도 사랑을 더욱 원합니다. 존재의 깊은 곳에서는 사랑이야말로 우리를 행복하게 하는 유일한 것임을 알고 있습니다. 행복을 찾아 나서는 모든 여정은 결국 사랑을 찾는 길입니다. 우리가 살아가면서 여러 가지 원하는 것이 많습니다. 그리고 그 원하는 것의 우선순위에 따라 그 사람의 가치와 행복순위도 달라집니다. 우리 삶의 우선순위는 무엇일까요? '사랑'의 길로 함께하면 참 좋겠습니다.

영화 '노트북' 대사 중에 나오는 말입니다. "사랑하는 앨리, 최고의 사랑은 영혼을 일깨우고 더 많이 소망하게 하고 가슴에는 열정을 마음에는 평화를 주지 난 네게서 그걸 얻었고…… 너에게 영원히 주고 싶었어." 사랑은 이토록 아름답습니다. 그리고 그 사랑을 통해 우리는 완성되어 가고 또한 성숙해져 갑니다. 운동선수들의 작업은 인내 그 자체입니다. 하나의 목표를 위해 매일매일 연습에 최선을 다합니다. 이는 요리사도, 콘크리트 기사도, 농부도, 그러합니다. 인내가 필요한 것은 사랑도 마찬가지입니다. 상대를 소중히 생각한다면 그의 행동이 마음에 들지 않더라도 견딥니다. 절대로 포기하지 않습니다. 인내는 보이지 않는 곳에서 사람을 받들어주는 힘입니다. 사랑과 인내는 한 몸처럼 붙어 있습니다. 사랑해야 오래 인내할 수 있고, 인내해야 사랑을 완성할 수 있습니다. 사랑해야 일도 더 잘 할 수 있고, 인내해야 일도 더 잘 할 수 있습니다. 오래 참아주고 인정해주는 사랑이 아름답습니다.

기쁨을 주지 못하는 관계는 참사랑이 아닙니다. 상대를 하루 종일 울게 한다면 참사랑이 아닙니다. 상대를 행복하게 해줍시다. 상대가 진실로 필요한 것이 무엇인지 알아야 합니다. 사랑과 이해가 충만할 때 모든 순간이 운전하는 중이든, 정원에 물을 주거나 일상의 무슨 일을 하는 중이든 기쁨의 순간이 될 수 있습니다. 사랑하는 사람과 오늘도 기쁨을 나누고 있나요? 아니면 딱딱한 돌멩이처럼 서로 다투고 부딪치며 아파하고 슬퍼하며 울고 있나요? 진정한 사랑은 기쁨을 나누는 것입니다. 삶의 모든 것이 기쁨의 재료가 될 수 있습니다. 일상의 모든 순간이 기쁨의 순간들입니다.

2장

공감하기로 함께하기

존중과 배려가 아쉬웠던 평창 동계올림픽

우리 사회는 전반적으로 학연, 지연, 혈연, 인정이 뿌리 깊게 작동합니다. 여기에는 스포츠도 예외는 아닙니다. 스포츠계에 만연한 정실주의와 파벌의식이 충격적인 형태로 표출된 것이 지난 2018년 평창 동계올림픽에서 벌어진 여자 팀추월 경기였습니다. 팀추월 경기는 3명이 한 팀으로 트랙을 돌며 각 팀에서 가장 늦게 들어온 선수의 기록으로 순위 경쟁을 하는 것입니다. 일반적으로 마지막 선수가 뒤처지면 동료가 밀어주고 끌어주는 팀 경기로, 이 규칙을 알고 있는 사람들이라면 다 분개한 사건이었습니다. 경기 이후 김보름, 박지우 선수에 대한 비난이 폭주했습니다. 경기 후 인터뷰가 더욱 논란이 됐습니다. 김보름 선수가 인터뷰에서 노선영 선수와의 격차를 언급하며 비웃는 듯한 모습을 보여 당시 인터뷰를 시청한 국민들은 충격적으로 다가올 수밖에 없었습니다. 그럼에도 빙상연맹 관계자들이나 선수들은 우리 국민들이 왜 그렇게까지 크게 분개했는지를 잘 모르는 것 같았습니다. 다음날 김보름 선수와 백철기 감독이 기자회견하는 것을 보면서 참 안타까웠습니다. 정확히 뭐 때문에 사람들이 화를 내는지 알면 거기에 맞춰 대응할 수 있을 텐데. 국민들이 가진 의문에 전혀 다른 답을 한 기자회견이었습니다.

백철기 감독의 말처럼 노선영 선수가 마지막 주자로 오는 것이 작전상 합의라 치더라도 노선영 선수가 뒤떨어지고 있다면 앞의 두 선수가 맞춰주는 게 맞습니다. 기록보다는 팀 동료에 대한 배려 정신을 보여줬더라면 이런 사건이 발생하지도 않았을 것입니다. 작전 여부는 문제의 핵심이 아닙니다. 팀 내 갈등이 경기에서 모두에게 드러난 것이 문제였습니다. 이번 사건은 우리 사회 저변에 있는 의식들이 표출된 것이었습니다. 사실 국민들이 스포츠를 통해 얻고자 하는 것은 감동입니다. 물론 경기 성과가 좋으면 더 좋지만 순위 경쟁에서 이기는 것만 바라는 것은 아닙니다. 아름다운 팀워크로 감동을 전해야 할 스포츠마저도 순위 경쟁에 매몰된 모습이 실망을 안겼습니다.

같은 팀끼리 왜 그랬을까요? 아무리 좋은 팀이라도 불화와 갈등은 있습니다. 하지만 팀 킬은 가장 어리석은 것입니다. 자신은 억울하고 속상하겠지만 남의 눈에는 '저 팀은 형편없는 팀'으로 보일 뿐입니다. 서로의 사인을 알아차리려는 노력, 좋은 팀을 만들기 위한 희생과 배려가 필요합니다. 팀워크가 좋은 팀은 어떤 상황이 닥쳐도 서로를 탓하지 않고 좋은 방향으로, 승리하는 방향으로 계속 나아갈 수 있습니다.

생각해보면 이승훈 선수가 '2018 평창 동계올림픽'에서 첫 선을 보인 스피드스케이팅 매스스타트 종목에서 초대 금메달리스트가 된 것도 이것이 꼭 자랑스러운 일인가하는 생각이 들기도 합니다. 올림픽 헌장 정신에 위배됩니다. 올림픽 헌장 1조 6장에 보면 대회의 경쟁은 개인이나 팀의 경쟁이지 국가 간의 경쟁이 아니라고 돼 있습니다. 엄연히 매스스타트는 개인 경기인데 정재원 선수가 이승훈 선수가 금메달을 딸 수 있도록 유리한 환경을 조성해서 페이스메이커를 했나 봅니다. 끝나고 나서 선수들의 인터뷰, 언론 보도를 보면 매우 아름다운 협동인 것처럼 이야기를 했습니다. 그러면 그게 꼭 훌륭한 것일까요? 국적이 같다고 해서 둘 이상의 선수가 역할을 나눠서 한 선수가 다른 선수 메달의 밑받침을 해줘도 되는 것인가요? 이게 진짜 스포츠맨십에 맞으며 올림픽 헌장 정신에 맞느냐를 바라봐야 하는 데 국익이 우선이고, 메달만 따면 된다는 생각이 우선인 것만 같습니다.

금메달보다 더 값진 팀 스피릿

"영미야~ 영미영미영미." 지난 2018 평창 동계올림픽대회에서 대한민국의 여자 컬링 팀은 우리의 마음을 뜨겁게 그리고 하나가 되게 해주는 남다른 팀워크를 보여주었습니다. 저는 올림픽을 보면서 우리 인생 순례의 축소판이라고 느꼈습니다. 올림픽에 참가하는 선수는 개인이 임의적으로 혼자 온 경우는 없습니다. 각 나라를 대표해서 감독과 코치, 후견인들의 네트워크 속에서 개인 경기든 단체 경기이든 간에 '함께하는 스피릿'을 나눕니다. 마치 우리가 부모를 통해서 생명을 받아 인생 순례를 시작하고, 가족과 친구 이웃 간 네트워크 없이는 인생순례를 제대로 할 수 없는 것처럼 말이죠. 수많은 선수들이 메달리스트가 되는 것을 목표로 달리지만, 올림픽 정신은 경기에 이기는 것이 아니라 참가하는 데 있습니다. 이는 우리모두가 지녀야할 거룩한 마음입니다.

남과 북이 단일팀을 이루어 출전하는 경기를 지켜보면서, 메달권의 실력은 아니었지만, '남과 북이 모처럼 함께하는' 모습에 감동했습니다. 올림픽을 마치고 서로가 눈물로 헤어지는 모습은 그것을 바라보는 국민들에게도 진한 여운으로 남았습니다. 북핵 문제와 미국의 압박이 가라앉지 않은 한반도의 불안한 상황 속에서 '민족의 화해와 세계 평화'라는 화두를 대면하며 살아가야 하겠습니다. 한편, 남녀 빙속 팀추월 경기는 우리 모두에게 커다란 교훈을 주었습니다. 서로 얼음판의 코너를 멋지게 돌면서 힘들어 속도가 쳐지는 선수의 엉덩이를 살짝 밀어주며 '함께하는 모습'은 우리에게 한 줄기 빛처럼 다가왔습니다. 여자 팀추월 문제는 어쩌면 우리 한국 사회와 교육의 아픈 단면으로 와 닿기에 우리는 우리 자신의 일상을 깊이 대면하고 성찰하게 되었습니다.

우리는 조선조 오백 년 동안 장원급제만을 추켜세우며 1등만을 기억했던 '집단강박증'에 사로잡혀 살았습니다. 타인을 무시하고 나만 더 높이 올라가고자 하는 개인이기주의, 집단이기주의에 빠져 살았습니다. 더욱이 과거시험 응시 자체가 차단된 신분제에 따른 비양반과 여성에 대해 눈감았습니다. 우리는 그런 경쟁과 성적제일주의에 빠져서, 능력과 업적을 위한 무한 경쟁에서 남들보다 더 앞서 나가도록 자신과 자녀들을 압박하며 살아왔습니다. 이웃을 짓밟고 사다리를 하나하나 올라가는, 정화되지 못한 쾌감을 축복으로 여겼습니다. 나보다 저 멀리 뒤쳐져 있는 형제자매를 바라보며 '함께 동반하는 마음'을 갖지 못하고 살아온 속 좁은 삶을 함께 반성해봅니다.

인생은 짧지만 만남은 깁니다. 물리적 시간이 짧은 만남이라도 그 만남이 갖는 의미의 시간에는 백 년, 아니 천 년이라도 응축될 수 있습니다.

사람을 만난다는 것, 그건 너와 나 사이에 별이 뜨는 것과 같습니다. 우리 사이에서 '제피로스*'가 노래하고 오로라가 춤추는 것입니다. 만남은 시공간을 초월합니다. 하루가 천 년 같고, 천 년이 하루 같습니다. 바람처럼 변화무쌍하고, 오로라처럼 휘황찬란하기도 합니다. 언제 어떻게 변할지 모르는 인생길, 그 길을 함께 걷기 위해서는 둘 사이에 별이 떠야 합니다. 그래야 같은 방향으로 걸어갈 수 있습니다. 천 년의 꿈을 함께 꾸는 것입니다. 가장 적당히 만든 불후의 명작, 손을 잡아야 살도록 만들어진 반쪽, 때론 어수룩하여 실수도 하고 절대 혼자 살 수 없도록 만들어진 미완성, 이 절묘한 걸작품은 사람입니다. 가장 적당하게 부족한 걸작품! 바로 사람입니다. 혼자서는 살지 못하도록 만들어진 사람! 하지만 너무나 소중합니다.

올림픽정신은 개방적인 공동체팀 스피릿을 살아가도록 일깨워 주었습니다. 일방적 지시와 명령, 위계와 권위, 외압과 배제에 의한 수직적 관계가 아닙니다. 쌍방적 소통과 공감, 평등과 자발성, 동반과 포용에 의한 수평적 관계입니다. 오늘날 우리 사회가 대면하고 있는 고통과 위기는 일방적인 위계적 관행으로 공동체의 스피릿을 가로막고 있습니다. 권위에 길들여진 지도층은 군림하며 명령하기를 당연시합니다. 이제는 이런 지도자는 아웃입니다. 나보다 낮은 사람, 나이가 적은 사람의 목소리에 귀를 기울이고 권한을 내어맡기며 함께 성장하도록 동반하는 지도자가 요구되는 시대입니다.

우리 모두가 인생살이 순례 여정에서 아파하고, 힘들어 지치고, 쓰러지

---

* 그리스 신화에 나오는 '바람의 신'입니다.

고 넘어지고, 메달권에서 멀어진 이들이 루저(낙오자)가 아니고 우리와 같은 존엄성을 지닌 소중한 사람임을 깨닫고 이를 실현해가는 삶으로 나아가면 좋겠습니다. 비바람이 몰아칠 때 옆 사람에게 겉옷을 벗어 줄 수 있나요? 이웃이 견딜 수 없는 아픔으로 울고 있을 때, 어깨를 감싸 줄 수 있나요? 매몰차야 할 상황에서 상대방이 내민 손을 잡아 줄 수 있나요? 아픔에 같이 아파하고 기쁨에 같이 기뻐해 주며 같은 보폭으로 발맞춰 걸어준다면 우리야말로 진정한 동행자입니다.

독설 아닌 배려예능으로 송은이가 떴습니다

송은이가 드디어 떴습니다. 하하. 저는 개인적으로 송은이가 참 좋았습니다. 작은 키에 미인이라고 하기는 어렵지만 묘한 매력이 있었습니다. 그것은 송은이가 갖고 있는 은근한 매력이었습니다. 늘 웃는 인상이 보기 좋았습니다. 개그가 언제부터인가 자기위주의 튀는 행동이나 남을 짓밟거나 자기학대를 통한 인기몰이가 대세인데 송은이는 그렇지 않았습니다. 뚜렷하게 인기를 끄는 것은 아니나 그렇다고 잊히는 방송인이 아니었습니다. 꾸준히 방송활동을 해왔습니다. 늘 보면서 아쉬움으로 이런 생각을 해보곤 했습니다. '송은이가 뜨면 참 좋은데…….' 송은이 팬클럽이 있는지는 모르지만 있다고 해도 나이 오십에 팬클럽에 가입해서 활동하기는 뭐하고 하지만 그래도 마음으로 송은이가 뜨기를 염원했습니다. 그러면서 조금씩 세상이 밝아지고 투명지니 송은이 같은 이들이 결국은 빛을 보리라 믿었습니다.

드디어 제가 보기에 이제 송은이가 뜨는 것 같습니다. 이 얼마나 바람직한 현상인가 싶어 즐겁습니다. 송은이는 요즘 은근히 방송가의 대세입니다. 방송진행자로, 가수로, 기획자로 활동하며 눈에 띄는 성과를 잇달아 내놓고 있습니다. 1993년 KBS 공채 개그맨으로 데뷔한 그녀가 25년 방송생활 동안 가장 바쁜 일상을 보내고 있는 것 같습니다.

송은이는 예전부터 동료들로부터 아이디어 뱅크라는 말을 들어왔습니다. 하지만 그녀의 활약상은 강한 스포트라이트를 받지 못했습니다. 그것은 개그계를 비롯한 방송계가 지닌 특성 때문이었습니다. 그러나 이제는 송은이의 진정성이 실력이 빛을 발하는 시대입니다. 그녀의 기획력은 '김생민의 영수증'이라는 프로그램에서 도드라졌습니다. '김생민의 영수증'은 애초 송은이가 김숙과 함께 하는 팟캐스트 '송은이 김숙의 비밀보장'의 작은 코너로 만들어졌습니다. 이후 유행어 '스튜핏'과 '그뤠잇'을 만들어내며 지상파 방송에까지 진출했고 방송인 김생민에게 생애 최고의 인기를 안겨줬습니다.

사실 김생민도 송은이와 비슷한 점이 있습니다. 화려하지 않고 뚜렷하지 않으나 꾸준한 방송인이었습니다. 그리고 남을 비방하거나 자기를 학대하는 그런 방식으로 방송을 하지 않았습니다. 묵묵히 자기자리를 지키고 자기관리를 철저히 해온 성실한 방송인이었습니다. 무려 10여년을 개그무대가 아닌 리포터로 활동하는 비주류였지만 그 일에 최선을 다했고 근검절약하는 생활습관과 사람향기나는 인간관계로 아는 사람은 다 아는 좋은 사람이었습니다. 언젠가 방송에서 김생민이 알뜰하게 영수증을 챙기고 하는 모습에 독설을 강점으로 하는 김구라가 비난을 퍼부었다가 많은 시청자들이 김생민 편을 들고 김구라를 비난했던 일이 있었습니다. 이 사건은 이제 자신의 기준으로 다른 사람을 평가하고 비난하고 해서 자신을 드러내는 모습이 환영받지 못함을 보여준 것 같아 반가웠습니다. 김구라는 냉정한 논리를 펼칠 줄 아는 지적인 이미지를 구축한 사람입니다. 이것이 지닌 강점이 분명히 있습니다. 그러기에 김구라가 오랜 무명생활에서도 대세로 우뚝 솟을 수 있었습니다. 그는 짚고 넘어갈 것을 예리하게 파헤치는 집념과 지혜를 지녔습니다. 그러나 이것과는 다르지만 분명 김생민이 지닌 강점이 인정받아야 합니다. 김생민을 인정받게 하는 숨은 일꾼이 바로 송은이였습니다.

'김생민의 영수증'의 깜짝 성공기 뒤에는 후배들이 개성을 발휘할 수 있도록 판을 깔아주는 송은이의 배려가 있었습니다. '김생민의 영수증' 녹화 모습을 지켜보면 송은이의 숨은 리더십을 찾아볼 수 있습니다. KBS2 예능 프로그램 '김생민의 영수증'은 개그우먼 송은이와 김숙이 진행한 온라인 방송 팟캐스트 '송은이 김숙의 비밀보장'의 한 코너로 시작된 것입니다.

송은이는 방송 전에 미리 가서 준비하고 분위기를 잡아나갑니다. "아이고, 많이 추우시죠? 녹화 보는데 괜찮으시겠어요?" 촬영을 시작하기 전 스튜디오로 들어서는 송은이가 기자를 살뜰히 챙깁니다. '연예인 영수증' 녹화를 앞두고 한창 준비 중인 초대 손님에게 다가가 말을 걸며 긴장을 풀어주기도 합니다. 프로그램 진행 중에도 그녀는 초대 손님의 말에 고개를 연신 끄덕이며 호응해줍니다. 김생민의 말에 자신의 경험과 재치를 곁들여 풍성하게 해줍니다. 출연자의 영수증을 분석하고 진단을 내리는 건 분명 방송인 김생민입니다. 그러나 송은이는 김생민은 물론 초대 손님과 고정 출연자와 기자들과 스텝을 아우르면서 분위기를 화목하게 만듭니다.

누군가에게 면박을 주며 자신만을 돋보이게 하는 '독설 개그'는 멀리하고, 재치 있는 발언으로 화기애애한 분위기를 만드는 게 바로 송인의 강점입니다. 이런 송은이의 강점은 출연자와 오랜 기간 알고 지내면서 쌓은 믿음의 결과입니다. 송은이는 방송 장비도 잘 다뤄 스스로 앵글을 맞추는 등 현장을 적극적으로 끌어가는 준비된 방송인입니다.

송은이는 평소에 후배들의 말을 허투루 듣는 법이 없습니다. 가볍게 던진 말도 늘 잘 새겨놓고 있다가 방송에서 적재적소에 활용합니다. 그러니 송은이가 '같이 하자'고 하면, 그 말에는 그동안 함께 한 세월과 깊은 신뢰가 들어있는 것이기에 다들 기쁨으로 함께합니다. 주변 사람을 존중하고 배려하는 송은이의 성격이 '착한 예능'을 만들고 성공시키는데 큰 역할을 합니다. 연예인의 집을 찾아가 씀씀이를 분석하고 해법을 제시하는 코너 '출장 영수증'에서도 배려심이 돋보입니다. 촬영을 할 때 아무리 후배라도 집 안 물건을 함부로 만지지 않고 일일이 "살펴봐도 되겠냐"고 묻고 허락을 구해 상황을 매끄럽게 풀어갑니다. 평소 동료와 후배들에게 신망이 두텁다보니 그런 부분이 자연스럽게 방송에서도 반영됩니다.

오래 전부터 송은이는 후배들을 모으고 새로운 프로젝트를 기획하는 걸 좋아합니다. 자신의 성공보다 후배들의 길을 닦아주는 데 큰 보람을 느낍니다. 송은이는 뭔가 거창하게 준비하는 게 아닙니다. 그저 평소 후배들과 대화를 많이 하다 보니 자연스럽게 나온 기획들이 대박이 되곤 합니다. 무언가 성과를 보여주고 싶어서 기획에 나선 것이 아니라 오랜 시간 동료들과 함께 지내며 형성된 공감대를 바탕으로 재미있는 일을 해보자는 생각이 성공으로 이어집니다. 송은이가 후배 개그우먼 신봉선, 안영미, 김영희, 김신영과 결성한 걸그룹 '셀럽파이브'도 자신이 제작한 웹예능 '판벌려'에서 구상됐습니다. 셀럽파이브는 음악 방송 프로그램에 출연한 후 온라인 실시간 검색어 1위에 오르고 각종 예능 프로그램에 초대되며 인기를 모으고 있습니다. 셀럽파이브는 반응이 좋아 기한을 정하지 않고 활동을 지속하고 있습니다. '김생민의 영수증' 시즌2에는 재미있는 아이디어들도 많습니다. 아이돌 가수가 버는 돈을 잘 관리하고 있는지 확인해달라는 소속사 관계자 등 다양한 분야에서 여러 상황에 놓인 의뢰인들의 제안이 쏟아지고 있습니다.

'송은이 김숙의 비밀보장'은 김숙이 갑작스러운 방송하차 통보로 절망할 때, 송은이가 "절대 잘리지 않는 방송을 해보자"고 응원하면서 시작한 것입니다. 송은이는 김숙의 강점을 잘 알고 있었고 자신과 조화를 이루면서 펼쳐나가면 작품이 되겠다는 확신이 있었습니다. 이렇듯 송은이의 번뜩이는 기획력과 배려와 협력의 행보는 계속 이어질 것입니다.

송은이는 능력 있는 개그맨이 많은데 창구는 점점 줄어드는 안타까운 마음에 그저 손 놓고 절망하지 않았습니다. 방법을 바꿔 온라인 콘텐츠 제작에 나섰습니다. 그리고 자신 혼자가 아니라 재능 있는 후배들의 강점을 살려주는 일에 집중했습니다.

이런 송은이를 보면 마치 판소리에서 쓰는 말로 1고수 2명창이라는 말이 떠오릅니다. 판소리에서 중요한 사람은 눈에 보이는 소리꾼이 아닙니다. 사실은 소리꾼이 잘 할 수 있도록 분위기를 이끌어주고 격려하는 고수입니다. 그래서 고수는 명창 2명 몫을 감당하는 사람입니다. 이는 야구에서도 투수가 잘 할 수 있도록 유도하는 포수의 역할과도 같습니다. 이처럼 1인자가 아니지만 1인자를 돕는 사람, 선배이나 후배를 격려하고 존중하고 돕는 사람, 변화된 흐름을 간파하고 새로움에 도전하는 사람, 자신보다 남을 높게 여기는 겸손한 사람이 대세인 세상이 온 것 같아 좋습니다. 그리고 송은이와 같은 사람이 송은이 혼자가 아니라 이미 국민 MC로 유느님이라는 찬사까지 받는 유재석도 그렇고, 김국진도 그래왔기에 좋습니다. 이들이 오래오래 사랑받는 방송문화가 이어지기를 기대해 봅니다.

집착하기와 비우기

장면 하나: 한동안 잊혀있던 칠십대의 전직 국회의원이 국민과 시대의 부름에 응한다면서 최근의 선거에 무소속으로 출마하여 기세를 부리다가 극소수의 득표에 그친 채 다시금 사라져갔습니다.

장면 둘: 직장에서 보직의 임기를 마친 김 부장은 자신이 재임 중 시작한 일이라며 후임 부장을 제쳐둔 채 그쪽 부서의 업무에 계속 관여하려다가 무안만 당하고 물러섰습니다.

임기를 끝나고 일상으로 돌아온 전직 국회의원이나 김 부장은 여러 가지 면에서 못내 아쉬웠을 것입니다. 자신의 능력을 더 이상 알아봐 주지 않는 주변 사람들이 퍽이나 원망스러웠을지도 모릅니다. 어쩌면 자신에게 닥친 신분상의 새로운 변화가 스스로에게는 고난이요 시련으로 생각되었기에, 그것을 극복해 내기가 말처럼 쉽지 않았을 것입니다. 사람은 누구에게나 크고 작은 욕심이 있게 마련입니다. 또 그 같은 욕심은 어느 정도 그 사람의 삶에 활력을 부여합니다. 그러기에 경쟁에서 이기는 사람만이 살아남는 이 세상에서 다시 올 것만 같은 기회를 꿰차기 위해 때로는 시쳇말로 칼을 갈며 기다리곤 합니다. 여러 사람들에게 군림하던 그 맛을 잊지 못할수록 나를 비우는 일은 상상할 수도 없습니다.

그런데 자신을 비우고 작아지는 것, 때에 따라서는 조용히 사라져주는 것이 정말 지는 것일까요? 그것을 오히려 겸손이나 인내로 보면 틀린 걸까요? 사실 오늘날의 사회에서 겸손하게 살기란 상당히 어렵습니다. 겸손을 지속하는 것도 어려워 보입니다. 간혹 겸손한 사람들 중에서도 세상이 살기 힘들어져서 그런지 스스로 부족하고 겸허한 모습을 보이는 듯하다가, 느닷없이 자신을 드러내거나 인정받으려 애쓰며 돌변하는 모습을 봅니다. 참으로 겸손을 미덕으로 여기고 살아온 건지, 아니면 그 자체가 살아남기 위한 또 다른 묘책이었는지 헷갈리게 하면서 말입니다.

따지고 보면 우리네 삶이 언제 그렇게 인간적인 논리에 맞게만 흘러가던가요? 올림픽 경기에서 금메달감으로 점쳐지던 선수가 예선에서 탈락하고, 예상에 없던 선수가 기적처럼 금메달을 따는 게 삶이 아니던가요? 자신이 남보다 낫다는 생각에 끝없이 집착하다보면 마침내 행복을 손에 거머쥐게 되던가요? 참으로 풍요로운 사람은 그 무엇에도 '소유당하지 않은 사람'이라고들 하지 않던가요? 벚나무는 고작 봄날의 며칠 간 꽃을 피우기 위해 긴긴 일 년을 기다립니다. 자신을 비우고 오래도록 내면을 가꾸는 데 충실하였기에 잠깐이나마 그처럼 화사한 외면을 보여줄 수 있는 게 아닐까요?

　프랑스 소설가 조르주 베르나노스의 『어느 시골 신부의 일기』가 떠오릅니다. 작은 시골 성당에 부임한 젊은 신부가 야심찬 도전으로 출발했지만 안팎의 갈등과 고뇌 속에서 자신을 비워가며 지내다가 불치병으로 짧은 생을 마치면서 던진 독백입니다. '아무려면 어떤가. 모든 것이 은총인 걸.' 자신을 비우는 일이 그 자체로 누구에게나 아름다운 것만은 아니겠지만, 그 일을 통해서 한층 더 성숙해질 수 있다는 진리를 되새겨 봅니다.

절반의 빵이 풍성해졌답니다

미국이 경제공황 때 많은 사람이 힘든 삶을 살았습니다. 많은 사람이 취업을 위해 일자리를 찾아 헤맸으나 일자리를 찾기도 힘들었고 가난과 궁핍을 벗어나기도 힘들었습니다. 한 청년도 일자리를 얻지 못하고 있었습니다. 그리고 청년의 주머니에는 지폐 한 장 달랑 남게 되었습니다. 그 돈으로 한 끼 식사를 해결할 빵 한 덩어리를 샀지만 이걸 먹고 나면 내일부터 어떻게 살아야 할지 암담한 상황이었습니다.

집으로 돌아가던 청년은 구걸하는 노인을 보았습니다. 측은한 마음이 든 청년은 자신이 가진 전부라 할 수 있는 빵을 반이나 잘라 노인에게 주었습니다. 청년은 노인이 빵을 허겁지겁 먹을 줄 알았는데, 노인은 지나가던 구두닦이 소년에게 받은 빵의 반을 주었습니다. 오랫동안 굶은 듯 마른 구두닦이 소년은 노인과 청년에게 "감사합니다"라고 인사하고 뛰어갔습니다. 그런데 빵 냄새를 맡았는지 어디선가 강아지 한 마리가 달려와 뛰어가던 소년의 다리에 매달려 낑낑거리는 것이었습니다. 잠시 고민하던 소년은 자신이 받은 빵의 반을 잘라 강아지에게 주었습니다.

한 번 빵의 맛을 본 강아지는 이제 가장 큰 빵을 들고 있는 청년에게 달려와 다시 낑낑거렸습니다. 청년은 강아지와 자신의 처지가 비슷하다는 마음이 들어 남은 빵을 조금 떼어 강아지에게 나눠주었습니다. 그러던 중 개목걸이에서 강아지 주인의 주소를 확인했습니다. 청년은 강아지를 안고 주인을 만나러 찾아갔습니다. 그는 큰 회사를 경영하는 사람이었습니다. 잃어버린 강아지를 찾아 기뻐하던 주인은 청년에게 사례금을 주고 이렇게 심성이 좋은 사람이라면 함께 일하고 싶다며 일자리까지 주었습니다.

우리가 세상을 향해 베푼 나눔은 절대로 사라지지 않습니다. 오히려 다른 사람들의 아름다운 나눔이 더해지고 커져서 언젠가 부메랑처럼 우리에게 되돌아옵니다. 서로가 서로에게 도움을 주고 베풀고 정을 나눈다면 분명 아름다운 세상이 될 것입니다. 나눔은 우리를 '진정한 부자'로 만들며, 나누는 행위를 통해 자신이 누구이며 또 무엇인지를 발견하게 된답니다.

어린 시절 빛났던 사람이 자라면서 그 빛이 바랠 수도 있고, 어린 시절 주목받지 못했던 사람이 나이가 들면서 빛을 발할 수도 있습니다. 어느 쪽이 좋은 것이라고 단정 지어서 말할 순 없습니다. 많은 것을 갖고 태어난 사람은 잃는 것부터 배워야하고 가진 것 없이 시작한 사람은 획득을 먼저 배웁니다. 가진 것 없이 태어나 스스로 소중한 것들을 얻어 누리며 살다보니 가지게 된 모든 게 당연히 주어졌다고 착각하기도 합니다. 때로는 획득할 수도, 때로는 잃을 수도 있습니다. 어느 쪽이 좋은 것이라고 단정 지어서 말할 순 없습니다. 그때마다 감사한 마음을 담아내면 됩니다.

50년을 참아온 눈물

영국 BBC방송 프로그램에 한 노신사가 초대되었습니다. 왜 자신이 이 프로그램에 초대되었는지도 모르는 노신사에게 아나운서는 놀라운 자료를 보여 주었습니다. 바로 그 노신사에게 보여준 것은 2차 세계대전 동안 체코 프라하의 유대인 수용소에서 669명의 유대인 아이들을 영국으로 입양시킨 증거서류와 사진들이었습니다. 노신사의 이름은 영국의 쉰들러라 불리는 니콜라스 윈턴입니다.

방청객들은 그에게 찬사를 보냈지만 그는 오히려 부끄러워했습니다. 전쟁 당시 29살 은행원이었던 그는 아이들까지 갇힌 나치의 난민 캠프의 실상을 보고서는 사비를 털어 669명의 아이를 영국으로 데리고 오는 데 성공했지만, 나치의 폴란드 침공으로 마지막 250명의 아이를 태운 기차는 출발조차 못 했으며, 그 아이들은 지금까지 생사를 확인할 수 없습니다.

구한 아이들 보다 구하지 못한 아이들에 대한 심한 죄책감을 느낀 그는 이 일을 아무에게도 말하지 않았습니다. 50년 후, 그의 아내가 관련 서류를 우연히 발견하여 방송에 알리지 않았다면 아직도 아무도 모르고 있었을 것입니다. 자신의 방송에 불편해하는 그를 보며 아나운서가 말했습니다. "혹시 방청객 중에 여기 있는 니콜라스 윈턴 씨가 생명을 구해주신 분이 있다면 일어나 주세요."

그러자 그의 주변에 앉아있던 사람들이 모두 벌떡 일어났습니다. 그 아이들이 그를 위해 그 자리에 모인 것이었습니다. 그는 그들과 함께 50년 동안 참아왔던 눈물을 흘렸습니다. 그가 구한 669명의 아이들과 그들이 낳은 자녀와 손자들까지, 약 6,000명의 가족들을 '니키의 아이들'이라고 부릅니다. 2002년에는 '니키의 아이들' 5,000명과 만남의 자리를 가졌으며, 2003년에는 영국 왕실로부터 기사 작위를 받았고, 2008년에 체코 정부는 그를 노벨 평화상 후보로 추천했습니다. 2014년에는 최고 권위의 백사자 훈장을 수여했습니다.

'영국의 쉰들러'인 니콜라스 윈턴은 가족들이 바라보는 앞에서 2015년 7월 1일 106세의 나이로 세상을 떠났습니다. 아직도 체코 프라하 중앙역에 있는 그의 동상에는 그를 기억하는 사람들이 추모하고 있습니다. 아무도 알아주지 않았지만, 타인을 위해 노력하는 삶을 살아온 영웅입니다. 남에게 해준 일보다는 해주지 못한 일을 괴로워하는 성자였습니다. 그 아름다운 인생에 존경과 찬사를 보냅니다. 삶의 참된 의미는 나무를 심으며 훗날 그 나무 그늘에 앉아 쉴 것을 기대하지 않는 것입니다.

나우루 공화국의 비극

　일반 국민들이 자가용 비행기를 타고 해외로 나가 쇼핑을 하는 나라가 있습니다. 이 나라는 도로 위에 람보르기니와 포르쉐가 즐비한 나라입니다. 전 국민에게 매년 1억 원의 생활비를 지급하는 나라이기도 합니다. 주거, 교육, 의료비가 모두 공짜인 나라이고 세금을 내지 않는 나라입니다. 오세아니아 미크로네시아에 위치한 나우루 공화국의 이야기입니다.

　인구 1만 명 정도에, 울릉도의 1/3 크기의 작은 이 섬나라는 인광석이라는 희귀자원이 풍족한 섬이어서 1980년대에는 1인당 국민소득 2만 달러를 넘어가는 부자나라였습니다. 이렇게 된 계기는 섬에 지천으로 널린 새똥 때문이었습니다. 철새들의 중간 기착지였던 이 섬에 오랜 세월 쌓인 새들의 똥은 산호층과 배합되어 인광석으로 되었던 것입니다. 나우루 공화국은 인광석으로 벌어들이는 막대한 돈을 국민에게 공평하게 분배하는 파격적인 정책을 시행합니다. 덕분에 나우루 공화국 국민들은 아무 일도 하지 않고 그저 소비하는 생활만 할 수 있었습니다. 인광석을 채굴하는 일도 외국인 노동자들을 들여와 일하게 하고 모든 가정에는 가정부와 집사를 고용해 편하게 생활했습니다. 심지어 공무원들까지도 외국인들로 고용했다고 합니다. 국민이나 정부나 남는 게 돈이었기 때문입니다.

그 상태로 30년이 지나자 나우루 공화국 사람들은 집 안 청소하는 방법도, 요리하는 법도 모두 다 잊어버렸습니다. 섬나라 나우루엔 어선이 사라졌고, 전통문화가 없어졌으며 일이라는 개념 자체가 실종돼버렸습니다. 그들은 그저 먹고 놀고 여행하는 습관만 남게 되었습니다. 나우루인들의 결국 80%가 비만에 시달렸고 비만율, 당뇨병 사망률 1위 국가로 자리 잡게 되었습니다. 그리고 2003년 인광석의 채굴량이 갈수록 줄어들면서 나우루 공화국의 인광석 또한 결국 고갈되었습니다. 가난해진 나우루 공화국 국민들은 처음부터 다시 시작해야 했습니다. 청소하는 법, 요리하는 법을 다시 배워야 했고, 고기잡이를 다시 시작했습니다. 하지만 오랜 기간 놀고 먹던 국민들에게는 쉽지 않은 일이었습니다. 일하는 즐거움을 잊어버린 그들에게는 나태함과 무기력만 남았기 때문입니다.

이뿐만이 아니라 나우루 공화국은 존재 자체를 위협받기 시작하는데, 무리하게 땅을 파헤쳐 섬의 고도가 낮아진 것입니다. 그 때문에 만약 수면이 높아질 경우 섬이 통째로 가라앉을 위기를 맞고 있다고 합니다. 세상에 영원한 것은 없습니다. 바다 건너 먼 나라 일이 아닐지도 모릅니다. 풍족함은 언젠가는 사라지게 될 것이고, 미래를 준비하지 않으면 나우루 공화국 사람들처럼 후회하게 될 것입니다. 가장 적은 것으로도 만족하는 사람이 가장 부유한 사람이랍니다.

6800억 부자 베컴, 아들은 시급 4600원 커피숍 알바

미국 할리우드의 한 유명 피자집 안에 들어선 손님들의 눈이 휘둥그레졌습니다. 영화 '사랑보다 아름다운 유혹(1999년)' 등으로 이름을 알린 유명 배우 리스 위더스푼과 쏙 빼닮은 어린 여직원이 손님을 응대하고 있었기 때문입니다. 실제로 그는 할리우드 스타 커플인 위더스푼과 라이언 필립의 딸 아바 필립(17)이었습니다.

흰색 티셔츠, 감색 팬츠 차림으로 친절히 메뉴를 설명하고 포크와 나이프를 식탁 위에 가지런히 놓는 그의 '평범한 일상'은 파파라치에게 촬영돼 공개됐습니다. 어머니를 닮은 외모 덕분에 한때 배우·모델 데뷔설이 돌았던 아바는 주위 시선에 아랑곳하지 않고 '방학 알바(Summer job)'에 한창이었습니다.

할리우드 배우·팝스타 등 유명 인사 부모 아래에서 유복하게 자란, 이른바 '할리우드 키드'들입니다. 이들이 또래와 다를 바 없이 궂은 아르바이트로 일상을 보내는 모습이 종종 현지 언론에 포착돼 화제가 되곤 합니다. 이런 배경에는 "땀을 흘리며 돈의 가치를 깨달으라"는 부모의 교육 철학이 있습니다.

팝스타 마돈나의 아들 로코 리치(17)는 음식 배달로 '반성의 시간'을 보냈습니다. 2016년 9월 영국 런던의 고급 주택가에서 대마 소지 혐의로 체포된 그는 "예전처럼 바르게 생활해 달라"는 마돈나의 간청에 고민에 빠졌습니다. 그가 반성의 수단으로 택한 건 음식 배달 아르바이트였습니다. 그는 고급 레스토랑 음식을 고객 집의 현관까지 배달해 주는 서비스 앱 회사인 '델리벌루'에 취업했습니다. 런던 시내 곳곳을 돌며 자전거로 음식을 배달하는 그의 모습이 포착됐습니다.

영국 축구스타 데이비드 베컴·빅토리아 베컴 부부의 맏아들 브루클린(18)도 3년 전 런던 시내 한 커피숍의 '알바생'이었습니다. 그가 받은 시급은 단돈 2.68파운드(당시 환율로 약 4600원)이었습니다. 미성년자의 근무 시간을 엄격히 제한하는 노동법 때문에 7시간 이상 일하지 못했던 그는 하루에 3만원 남짓을 벌었습니다. 베컴의 자산은 5억 파운드(약 6800억원) 이상으로 추정됩니다. 그런 집 아들이 카페에서 설거지 등 궂은일을 하게 된 것 역시 베컴 부부의 남다른 교육철학에 따른 것입니다. 묵묵히 커피숍 구석구석을 청소하고 접시를 닦는 그의 모습이 공개되자 인터넷·소셜네트워크서비스(SNS)에서 "대견하다"는 칭찬이 쏟아졌습니다.

정치인 집안의 자녀들도 아르바이트로 사회 경험을 쌓습니다. 버락 오바마 전 미국 대통령의 딸 사샤(16)는 2016년 8월 매사추세츠주 유명 휴양지에 위치한 아버지의 단골 해산물 음식점 '낸시스 레스토랑 앤드 스낵바'

에서 시간당 12~15달러(약 1만3500원~1만6900원)를 받고 일했습니다. 주로 테이크아웃 코너에서 계산을 맡았다고 합니다. "딸들이 독립적이고 자신감 넘치며 스스로 좋은 삶을 개척할 수 있는 젊은 여성이 되길 바란다"는 어머니 미셸 오바마의 평소 철학을 따른 것입니다.

이런 일들이 우리나라에서도 있었으면 좋겠습니다. 우리나라 부모는 자식사랑이 지극한 것으로 유명합니다. 그런데 이것이 좀 지나치곤 해서 문제가 되기도 합니다. 내 자식만큼은 고생 한 번 안시키려는 마음이 지나치게 강합니다. 그러다보니 "젊어서 고생은 사서도 한다."는데 그렇지 않습니다. 재벌가나 유명 인사들의 자녀들은 귀공자녀들로 부귀영화를 손쉽게 누립니다. 아무런 노력이나 성취 없이 부모의 자산을 그대로 물려받습니다. 그것을 부모나 자녀나 당연시 여깁니다. 그러면서 상속세나 증여세를 아까워하면서 법을 빠져나가려고 기를 씁니다. 이런 모습을 보면 착잡합니다. 높은 사람일수록 겸손하고, 누린 사람일수록 나누고, 가진 사람일수록 나누는 모습을 찾아보기 어렵습니다. 부와 권력과 명예는 얻기보다 지키기가 더 어렵습니다. "부자 3대를 못 간다."는 말도 있습니다. 이제는 이런 미숙한 모습에서 벗어났으면 합니다. 그러려면 귀한 자녀에게 돈보다 더 값진 땀과 눈물의 가치, 성실과 열정의 성과, 나눔과 인내와 절제와 겸손을 스스로 체득하도록 하는 교육이 필요합니다.

희망의 전달자

쉽게 포기하고 좌절하는 이 시대의 아이들에게 절망할 수밖에 없는 척박한 환경 속에서도 굴하지 않고, 희망의 메시지를 전해주는 이야기가 있습니다. 삼중(三重)의 장애를 극복한 사람이 있습니다. 그가 헬렌 켈러입니다. 헬렌은 1880년, 미국 앨라배마에서 태어났습니다. 아버지는 면화 농장을 경영하며 언론 활동을 하는 분이었지요. 부유한 가정에서 남부러울 것 없이 자라던 헬렌은 2살 때 성홍열이라는 큰 병을 앓아 갑자기 인생이 바뀌어버렸습니다. 활달하고 귀여웠던 아이가 갑자기 보지도, 듣지도 못하는 장애아가 된 것입니다. 답답한 세상 속에 갇힌 헬렌은 접시나 포크를 집어던지고, 주위 사람들을 마구 때리는 난폭한 성격으로 변해갔습니다. 고민하던 헬렌의 부모는 농아를 가르치는 알렉산더 그레이엄 벨 박사를 찾아갔습니다. 그에게서 애니 설리번 선생을 소개받았습니다.

장애특수교사였던 설리번 선생은 삼중의 장애를 가진 헬렌을 사랑과 인내로 보살폈습니다. 그리고 몇 년 후, 헬렌은 더듬거리게나마 자신의 생각을 말로 표현할 수 있게 되었습니다. 그것은 거의 기적과 같았지요. 헬렌은 처음 언어를 배우던 날의 기억을 다음과 같이 고백하고 있습니다.

"우리는 우물 근처로 산책을 나갔습니다. 누구군가 우물에서 물을 퍼 올렸고 선생님은 제 손등에 물을 붓게 하셨습니다. 차가운 물살이 쏟아져 내리는 가운데 선생님은 다른 쪽 손등에 '물'이라고 쓰셨습니다. 한번은 천천히 쓰고, 그 다음에는 빨리 쓰셨습니다. 저는 당황했습니다. 도대체 무엇을 하는 건지 알 수 없었습니다. 선생님은 같은 동작을 수십 번 반복하셨습니다. 저는 손등에 느껴지는 손가락의 움직임에 정신을 집중했습니다. 갑자기 무언가 잊고 있었던 생각이 희미하게 되살아나는 듯한 느낌이 들었습니다. 당시 상황을 정확히 설명하기는 어렵습니다. 하지만 제게는 바로 그 순간이 언어의 신비가 밝혀지는 순간이었습니다. 선생님이 손등에 쓰고 있는 '물'이라는 단어는 바로 다른 쪽 손등으로 쏟아져 내리는 시원한 무언가를 의미하고 있었던 것입니다. 그 살아 있는 단어는 제 잠든 영혼을 깨우고 빛을 던져주었으며, 기쁨과 희망을 안겨다주었습니다. 그리고 그것은 저를 자유롭게 만들어주었습니다."

헬렌은 래드클리프 대학을 우등으로 졸업하고, 자신처럼 듣거나 보지 못하는 이들을 위해 일생을 바쳤습니다. 전 세계를 돌며 강연 활동도 펼쳤습니다. 1937년에는 우리나라를 방문하기도 했습니다. 그런 헬렌의 곁에는 언제나 설리번 선생이 함께 있었지요. 여러 권의 책을 쓴 그녀의 글귀

중에 이런 것이 있습니다. "제가 만약 사흘 동안만 눈을 뜰 수 있다면, 첫날에는 사랑하는 사람들의 얼굴을 하루 종일 바라보며 제 기억 속에 새겨둘 것입니다. 둘째 날에는 박물관과 미술관과 극장을 찾아가 역사와 예술을 한껏 즐길 것입니다. 마지막으로 셋째 날에는 마음껏 시내를 돌아다니며 일상의 소소하고 아름다운 풍경을 마음 깊은 곳에 언제까지나 언제까지나 담아 둘 것입니다."

우리는 건강한 몸을 가지고도 가끔씩 불평을 합니다. 그럴 때, 헬렌 켈러를 떠올려 봅시다. 다시 힘이 날 테니까요. 헬렌은 '기적의 사람'이라 불립니다. 불가능을 극복한 그녀의 모습이 많은 이들에게 깨달음을 주기 때문입니다. 『타임』지는 그런 그녀를 20세기의 인물 중 한 사람으로 선정했습니다. 헬렌은 전쟁으로 시각 장애인이 된 사람들을 위로하기 위해 세계를 순회하기도 했습니다. 그 결과, '헬렌켈러국제상'이 생겨났습니다. 그리고 가슴에서 우러난 여러 개의 명언을 남겼지요. "행복의 문이 닫히면, 대신 다른 쪽 문이 열립니다. 하지만 우리는 닫힌 문만 바라보기 때문에, 새롭게 열린 문을 보지 못할 때가 많습니다.", "세상에서 가장 좋고 아름다운 것은 볼 수도 만질 수도 없습니다. 다만, 가슴으로 느껴질 뿐입니다."

1968년, 헬렌 켈러는 88세의 나이로 숨을 거두었습니다. 하지만 그녀가 전해준 사랑과 감동과 희망의 메시지는 우리들의 가슴속에 영원히 살아있답니다. 아직은 다듬어지지 않은 보석 같은 우리 아이들이 현실의 한계를 바라보지 말고, 고난의 진리를 통하여 고난의 가치를 알아가고, 바른 가치관이 바로 세워지기를 소망합니다.

행복의 길이 아름답습니다

　다른 사람을 행복하게 하는 것은 그 사람에게 향수를 뿌리는 것과 같습니다. 사람들은 성공, 행복을 위해 사는 것 같습니다. 그러나 오늘날 어수선한 시기에 나만이 아닌 공동체를 위해 생각하고 싶은 말이 있는데 여기에 맞는 '우·행·시'란 말이 있습니다. '우·행·시'란 '우리의 행복한 시간'을 줄여서 부르는 말입니다. 몇 해 전 나온 공지영의 소설 제목이기도 하고 건배사 구호로도 자주 사용하는 말입니다. 이 소설은 영화로도 제작되었습니다. 간결한 세 글자가 주는 뉘앙스가 좋습니다. 아니 그보다 더 좋은 건 이기주의, 개인주의가 팽배한 오늘날에 나만의 행복을 말하는 나·행·시가 아니고 우·행·시라서 더욱 좋습니다.

　삼라만상을 망라하고 모든 인간사에는 시작과 끝이 있게 마련입니다. 이제 새 봄과 함께 국가나 사회적이나, 나 개인에게도 어렵고 지루한 날이 지나고 새 힘이 솟는 날들이 되었으면 좋겠습니다. 이 좋은 계절에 우리의 행복한 시간을 이야기한다는 것은 또 하나의 행복한 시간입니다. 오늘 우리의 현실에서 위대함은 무엇일까요? 한여름의 매미가 나무에 매달려 제 할 일을 다 하고자 죽기 살기로 울어대다가 목숨을 다함이 위대한 일입니다. 조그마한 트럭에 수박을 가득 싣고 "달고 시원한 수박 사라"고 고래고래 외치던 수박장수의 힘든 일상이 위대합니다. 자그마한 식당을 운영하여 장학금을 내놓는 삶이 위대함입니다. 거창한 구호가 난무하는 이 시대에 조그마한 목소리에 겸손하게 제 할 일을 묵묵히 수행하는 이들이 위대합니다. 이렇게 위대한 이들은 힘 안 들이고도 주변에서 쉽게 찾을 수 있습니다. 묵묵히 제 할 일을 다 하며 사는 사람들이 많은 살만한 세상이면 좋겠습니다.

유대인의 격언에 "다른 사람을 행복하게 하는 것은 그 사람에게 향수를 뿌리는 것과 같다."란 말이 있습니다. 다른 사람에게 향수를 부릴 때 자기에게도 몇 방울의 향수가 떨어진다는 의미입니다. 우리가 남에게 유익한 일을 도모하며 열심히 일할 때 몸은 피곤할 수 있습니다. 그러나 우리의 마음은 뿌듯하며 표현하기 힘든 행복감이 몰려옵니다. 산다는 것은 신나는 일입니다. 그런데 남을 위해 산다는 것은 더욱 신나는 일입니다. 지금 이 시간, 나 아닌 다른 사람에게 유익을 주는 삶을 사는 것이 진정 행복해지는 길이 아닐까 싶습니다.

덴마크가 행복지수 1위의 나라가 된 이유 중 하나는 자유와 협력이라는 두 마리의 토끼를 모두 잡고 있기 때문입니다. '스스로 선택하니 즐겁다'는 철학이 '스스로 선택하여 더불어 함께하니 더욱더 즐겁다'로 이어지기 때문입니다. '스스로, 더불어, 즐겁게.' 우리나라 행복지수는 어떨까요? 57위.

한 번쯤 돌아봐야 할 수치입니다. '나'도 소중하지만 '남'도 소중하게 여기는 것, '스스로'에서 시작되지만 더불어 함께 가는 것, 함께 가되 서로 찡그리지 않고 하루하루 더 '즐겁게' 만들어 가는 것, 그것이 우리의 행복지수를 높이는 일, 아닐까 싶습니다.

우분투는 남아프리카 반투어 계열의 단어로 '우리이기에 내가 있습니다.'라는 뜻입니다. 우리이기에 내가 있습니다? 그게 무슨 뜻일까요? '우리가 존재해야 나도 존재합니다.'는 말입니다. 쉽고 참으로 멋진 표현입니다. 줄루족과 코사족 등 수백 개의 부족들이 서로에 대한 존중과 사랑을 전하는 인사말이라고 합니다. 아프리카를 나타내는 상징적인 정서인 셈입니다.

사람은 관계 속에서, 그 관계가 만든 공동체 안에서 살아갑니다. '우리'라는 공동체가 있어야 '나'도 있습니다. 그 첫걸음은 '나'와 '너'의 관계입니다. '나'가 '너'를 진정으로 존중하고 사랑하는 마음으로 대할 때 좋은 우리, 좋은 공동체를 만들 수 있습니다. 아프리카의 '우분투' 정신이 지금 우리에게도 필요합니다. 아니, 절실합니다. 우리에게 내재된 공동체 의식은 우주적 감정이며 우리 안에 살고 있는 전 우주와 우리가 연결되어 있음을 반영하는 것입니다. 그것은 인간 존재의 고귀한 특성입니다. 그것은 우리에게 자신을 몸 바깥에 있는 사물들과 일치시킬 수 있는 능력을 선사합니다. 우리는 공동체 안에 있습니다. 가족, 학교, 직장이라는 공동체 속에서 삽니다. 국가, 지구, 우주라는 공동체 안에서 살아갑니다. 넓고 큰 마음의 공동체입니다. 물리적 시공간을 떠나 언제 어디서든 우주적 감정을 나눌 수 있습니다. 나 하나에만 머물지 않고 우주로까지 확장되는 공동체 마음을 갖는 것이 우주적 감정입니다. 마음을 넓고 깊고 크게 가져봅시다.

독약 구조대와 황금팔을 가진 사나이의 멋진 모습

1902년 워싱턴 DC 농무부 사무실 지하에 열두 명이 모였습니다. 이들 모두는 식사하기 모였지만 웬일인지, 표정이 그리 밝지 않습니다. 사실 이들이 먹을 음식에는 붕사가 들어 있기 때문이었습니다. 지금은 유독물질로 분류돼 음식에는 전혀 쓸 수 없고 유약이나 세제에 주로 사용되는 성분입니다. 이 자리에 있는 청년들은 붕사를 끼니마다 챙겨 먹어야 했습니다. 붕사를 직접 먹고 유해성을 증명해내야 했기 때문입니다. 도대체 이들이 누구이기에 이런 무모한 짓을 했을까요? 이들의 정체는 바로 '독약 구조대'였습니다. 당시만 해도 황산, 황산구리, 폼알데하이드 등 지금은 독약처럼 받아들여지는 성분을 식품 만드는 데 널리 쓰던 시절이었습니다.

화학 교수로 농무부 화학국에 부임한 하비 와일리는 1880년부터 유독성

식품 첨가물 사용을 규제하고자 노력했지만, 매번 로비스트들의 힘에 막혀 좌절하곤 했습니다. 그는 이런 식품첨가물이 몸에 해롭다는 사실을 알리기 위해서 직접 먹어보기로 했습니다. 와일리는 의회로부터 5천 불을 지원받아 신체적으로나 정신적으로나 모두 건강한 운동선수, 군인, 과학자 등을 모았습니다. 그러나 아무리 건강한 사람이라도 그들의 생활은 쉽지 않았습니다. 이들은 식품첨가물의 부작용으로 복통과 두통 등을 겪어야 했습니다. 그리고 매 식사 전, 몸무게와 혈압, 체온을 측정해야 했으며, 수시로 대변과 소변, 머리카락과 땀을 모아야 했습니다. 게다가 주는 음식 외에는 다른 음식도 먹을 수 없었고, 머리카락 자르는 것도 승인을 받아야 했습니다. 수많은 식품 첨가물을 먹어본 이들은 마침내 일부 식품 첨가물의 유해성을 밝혀냈고, 이들의 노력은 1906년 빛을 발했습니다. 이렇게 해서 건강에 해로운 식품과 약품의 유통을 막을 수 있었습니다.

독약 구조대는 5년간의 활약을 마치고 역사 속으로 사라졌습니다. 이름도 없이 빛도 없이 사명감으로 독약을 먹었던 이들……이들의 숭고한 희생이라는 밑바탕이 있었기에 우리는 안전하고 건강한 식사를 할 수 있게 되었습니다. 우리는 어디에선가 보이지 않는 누군가의 노고와 희생이 있음을 알아야 할 것입니다. 작은 경첩으로 큰 문이 움직이듯, 한 사람의 희생으로 공동체에 생명의 불이 지펴집니다.

1951년 호주의 한 병원에서 14살 소년이 대수술을 받았습니다. 하지만 13ℓ에 달하는 대량의 수혈이 필요한 상황이었고 소년의 혈액형은 아주 희귀한 RH-A형이었습니다. 수술을 받지 못한 소년에게서 희망이 점점 사라져갈 때 의료진은 거의 기적적으로 필요한 혈액을 모을 수 있었고 무사히 수술을 받아 건강을 되찾을 수 있었습니다. 그렇게 목숨을 건진 소년은 결심했습니다. 얼굴도 모르는 수많은 사람이 조금씩 피를 모아 살려준 인생이니, 나 역시 다른 사람들을 위해서 살아야겠다고 말입니다. 건강을 회복한 소년은 결심한 바를 실천하기 위해 헌혈을 했습니다.

그런데 헌혈한 소년의 피는 희귀한 RH-A형이 아니라 RH+A형으로 바뀌어 있는 것이 아니겠습니까? 지난 수술에서 의료진의 실수로 소년에게 RH+A형의 피가 수혈되었고 그 결과 소년의 혈액형이 바뀌어 버린 것이었습니다. 보통 이런 수혈을 하면 사람은 사망합니다. 그런데 이 소년은 피에서 발견된 특이한 항체 덕분에 살아남았습니다. 바로 레소스병(RH병)을 치료할 수 있는 항체였습니다.

레소스병은 임신한 엄마와 아이의 혈액형의 RH가 다를 경우 태아의 세포가 파괴되는 병으로 100명의 아이 중 17명의 목숨을 앗아가는 무서운 병이었습니다. 자신의 피로 아기들의 생명을 살릴 수 있다는 것을 알게 된 소년은 그 후로 반세기 넘는 동안 1,000번이 넘는 헌혈을 했습니다. 이를 기념해서 호주 시민들은 그에게 명예 훈장을 수여하고, '황금팔을 가진 사나이'라는 칭호를 주었습니다. 이제는 80세 노인이 된 소년의 이름은 제임스 해리슨입니다. 그 덕분에 240만 명의 아기가 목숨을 건졌습니다. 지금도 쓰이고 있는 Anti-RhD백신은 모두 호주산이며 제임스의 피에서 만들어졌다고 합니다. 보이지 않는 어딘가에, 우리가 가진 무언가가 어려운 이웃을 돕고 살릴 수 있는 능력일지도 모릅니다. 얼마나 많이 주었느냐가 아니고 주는 행위 속에 얼마나 많은 사랑이 담겨있는지가 중요합니다.

공자는 "산을 움직이려 하는 이는 작은 돌을 들어내는 일로 시작한다"고 했습니다. 크고 화려한 것이 아니라 작고 사소한 것에서부터 귀한 일을, 꼭 필요한 일을 시작하면 좋겠습니다. 뜻 맞는 이들이 함께라면 더 좋지만 없다면 일단 우리 자신부터 작게라도 시작해봅시다. 넘어지면 넘어진 김에 쉬었다 가고 상처 나고 찢기면 치료하고 다시 가고 말입니다. 더디더라도 포기하지 말고 쉼 없이 가다보면 언젠가는 이룰 날이 있음을 믿고서 말입니다. 길이 아니라도 가다보면 길이 되고 혼자라서 외롭고 힘들다고 느낄 때 주위를 보면 누군가 따뜻하게 바라봐 주고 손잡아 주는 이가 있습니다.

저는 키울 수가 없습니다

자신을 초등학교 5학년생이라고 소개한 어린 학생이 동물병원 앞에 고양이 4마리와 사료 그리고 편지를 두고 갔습니다. "새끼 고양이들이 불쌍해 보여서 75일 동안 사료를 주며 키웠지만, 할머니와 둘이 사는 저는 키울 수가 없습니다. 원장 선생님, 이 고양이들 분양을 부탁드립니다. 아직 예방접종도 하지 않았습니다." 마지막으로 학생은 다시 한 번 간곡하게 이렇게 적었습니다. "원장 선생님, 제발 좀 제 부탁을 꼭 좀 들어주세요." 마지막으로 고양이들의 특징을 살려 그린 자그마한 그림은 얼마나 학생이 고양이를 아꼈는지를 그대로 보여주었습니다. 할머니와 단 둘이 사는 어려운 가정형편에도 불쌍한 동물을 돌보려는 어린 학생의 착한 심성에 네티즌들은 가슴이 뭉클했습니다.

오랜 시간 힘들게 모은 돈으로 빵 가게를 개업한 사람이 있었습니다.

그는 진열장에 놓여 있는 빵만 보고 있어도 배가 불렀고, 손님이 많은 날은 입가에 미소가 떠날 줄 몰랐습니다. 그런 그에게는 눈에 넣어도 아깝지 않은 열 살배기 어린 딸이 있었습니다. 그는 매일 아침 가장 맛있게 만들어진 빵을 두 봉지 챙겨 학교 가는 딸아이에게 간식으로 주었습니다. 그러던 어느 날 아침 따끈한 빵을 진열대로 하나둘 옮겨놓다가 금방 딸이 놓고 간 준비물을 발견하곤 뒤를 쫓았습니다. 멀리서 딸을 본 그는 딸의 행동에 놀라고 말았습니다. 딸아이가 편의점 주변에서 폐지를 수거하는 할머니에게 빵 두 봉지를 드리고 가는 것이었습니다. 빵을 받은 할머니는 딸아이를 보고 익숙한 듯 고맙다며 감사함을 표현했습니다.

딸아이는 그동안 매일 아침 아빠에게 간식으로 받은 빵 두 봉지를 폐지를 수거하는 할머니에게 드렸던 것입니다. 멀리서 딸의 행동을 지켜본 그는 가슴이 뭉클해졌습니다. 그는 다음 날부터 딸아이가 가져갈 두 봉지의 빵과 함께 할머니께 드릴 빵도 따로 만들어 두었습니다. 누군가를 돕는 것은 남을 위하는 마음 하나에서 시작됩니다. 타인을 생각하는 마음의 씨앗 하나가 떨어지면 배려심이 자라고 행동이 나오며, 습관이 되고 참된 인생이 됩니다. 남들에게 베푸는 일만큼 행복하고 고귀한 일은 없습니다. 오늘부터 그 대열에 합류해보시는 건 어떨까요? 착한 일은 작다 해서 아니 하지 말고, 악한 일은 작다 해도 하지 말아야 합니다.

어느 시골 장터에서 할아버지가 강아지들을 팔고 있었습니다. 흰둥이, 검둥이, 누렁이, 점박이 등 각자의 생긴 대로 이름을 가진 포동포동한 강아지들이 꼬물꼬물 움직이며 까맣고 동그란 눈망울을 반짝이고 있었습니다. 그 강아지들을 한참 구경하던 한 여학생이 흰둥이 한 마리를 들어 올리며 이 강아지를 사고 싶다고 할아버지에게 말했습니다. "아이고. 그 녀석이 왜 여기 끼어있지? 그 강아지는 다리가 아픈 애라서 팔지 않고 내가 키우려고 해. 여기 튼튼한 다른 강아지를 천천히 골라봐." 하지만 소녀는 다리가 아픈 이 하얀 강아지를 사고 싶다고 계속 말했습니다. "그래? 학생 그럼 돈은 안 받을 테니 그냥 데려가. 아픈 녀석 키우기 힘들 테지만 잘 보살펴주고."

인심 좋게 강아지를 준 할아버지는 강아지를 안고 걸어가는 학생의 뒷모습을 보고 순간 아무 말도 할 수 없었습니다. 학생은 다리를 절뚝거리며 걷고 있었던 것입니다. 역지사지(易地思之)! 다른 사람의 처지에서 생각하라는 뜻의 한자성어입니다. 다른 사람의 아픔과 괴로움을 이해할 수 있다면 다리가 아픈 강아지를 더 사랑할 수 있는 소녀처럼 세상에 더 많은 것을 사랑하고 그것을 위해 마음을 나눌 수 있습니다. 이해하지 못한 것은 소유하지 못합니다.

모차르트나 엘가 등 고전 음악의 거장들이 작곡한 아름다운 선율이 울려 퍼지는 공연장입니다. 그런데 울고 웃고 떠드는 아이들이 보입니다. 통로를 뛰어다니는 아이들도 보입니다. 버릇없는 아이들과 방관하는 부모들을 탓할 수 있습니다. 그런데 관람하는 사람들은 아무도 아이들을 제지하지 않습니다. 오히려 연주자도 관객도 모두 미소 지으면서 공연을 즐기고 있습니다. 이번 공연은 예술의전당에서 열린 서울시향 정기연주회에서 자폐성 장애를 가진 아동이 공연 도중, 비명을 질러 아이 엄마가 아이를 데리고 공연장을 떠나는 일이 있었습니다. 그 공연 이후 서울시향이 발달장애아를 위한 공연을 처음으로 기획해서 연주회를 하게 된 것입니다. 한 아이가 갑자기 벌떡 일어나 두 팔을 휘두르며 지휘를 합니다. 그리고 다른 아이는 무대 위로 올라가 춤을 춥니다. 공공장소에서 언제나 아이들의 손을 꼭 붙잡고 긴장과 함께 주변의 눈치만을 살피던 부모님들은 너무도 편하게 공연을 즐길 수 있었습니다.

"제 소원이 뭔지 아세요? 초원이 보다 하루 먼저 죽는 거예요." 영화 〈말아톤〉에서 자폐증 장애가 있는 초원이 엄마의 애절하고 가슴 아픈 소원입니다. 장애인들에 대한 사회적 시선과 관심이 예전보다는 많이 좋아졌다고 합니다. 하지만, 지금 보다 아주 조금만 더 배려하면 장애가 있는 아이와 지친 부모에게 단 몇 시간만이라도 긴장감과 마음의 힘든 짐을 잠시 내려놓고 아름다운 음악을 보고 즐길 수 있는 선물을 전할 수도 있습니다. 저는 다른 사람이 할 수 없는 일을 할 수 있고, 다른 사람은 제가 할 수 없는 일을 할 수 있습니다. 하지만 함께라면 우리는 멋진 일을 할 수 있습니다.

미국 해변서 '80명 인간 띠'로 조류 휩쓸린 일가족 구조

매일 쏟아지는 보도를 보면 좋은 소식보다는 인상을 찌푸리게 하는 사건과 사고가 대부분입니다. 그러다보니 왜 이렇게 세상은 문제투성이인지 싶은 생각이 들곤 합니다. 그래서 신문도 방송도 보고 싶지 않곤 합니다. 그러나 가끔은 훈훈한 미담이 전해지기도 합니다. 개인주의가 팽배하고 이웃 간의 소통이 드문 현실에 미국에서 전해진 훈훈한 소식은 하루 종일 기분 좋게 해 주었습니다. 역시 사람들의 마음엔 사랑이 깃들어 있나 봅니다. 순간적인 판단으로 모르는 사람이지만 열정적으로 돕고 협력한 이들이 정말 멋져 보였습니다.

미국 플로리다 주 해변에서 80여 명의 피서객이 손에 손을 잡고 '인간 띠'를 만들어 조류에 휩쓸린 일가족 9명을 구조하는 데 성공했습니다. 2017년 7월 11일 미국 CBS방송과 제휴사 WKRG TV, 일간 마이애미헤럴드에 따르면 로버타 우르슬리 가족은 최근 멕시코만 밀러카운티 피어에서 물놀이를 하다 조난 사고를 당했습니다. 로버타는 물놀이를 하던 중, 아들이 사라진 걸 알아채고 그를 구하러 바다로 뛰어들었습니다. 해변에서 얼마 떨어지지 않은 지점에 갑자기 조류가 빨라지는 구역이 있었고 로버타와 아들은 그곳에 갇혔습니다. 다른 가족 구성원 7명도 이들을 구하러 보드를 타고 나갔다가 조류에 휩쓸렸습니다. 바닷물 깊이는 4.5m에 달했습니다. 이들 가족이 빠져나오지 못한 채 익사 직전 상황이었을 때 해변에 있던 제시카 시몬즈라는 여성이 위급 상황을 목격했습니다. 시몬즈는 남편에게 알려 구조를 요청했고, 그의 남편은 주변에 있던 청년들에게 도움을 구했습니다. 이런 식으로 사람을 끌어 모아 만든 피서객 구조대는 어느새 80명으로 불어났습니다.

서로 모르는 사이였지만 손에 손을 잡고 해변에서부터 우르슬리 가족이 조난한 지점까지 인간 띠를 구축했습니다. 기지를 발휘한 시민들의 도움으로 우르슬리 가족은 무사히 익사 위험에서 빠져나올 수 있었습니다. 한 명이 심장마비를 일으켜 병원에 후송되고 또 한 명은 골절상을 입었지만 사망자는 없었습니다. 로버타는 "너무 감사하다. 이들은 하나님의 천사들인 것 같다."고 말했습니다. 시몬즈는 "우리 자신의 생명을 어떤 사람들의 도움으로 지킬 수 있다는 점에 감동 받았다. 도움을 요청했을 때 어느 누구 하나 거절하지 않고 자신의 일을 팽개친 채 달려왔다."고 말했습니다.

공감하기로 함께하기

미국의 미래학자 제레미 리프킨은 『공감의 시대』에서 인간이 근본적으로 공감하는 종(種)으로, 인류가 경쟁과 배타성의 문명에서 공감 능력을 상실해온 역사를 반성해 사회적 교감 능력을 회복하고 분산적 협력과 네트워크로 결합된 공감 시대의 패러다임을 읽어내야 한다고 말한 바 있습니다. '공감'이란 말은 단순히 '연민'이나 '동정심'처럼 어떤 상황에서 한 사람의 마음과 기분을 '머리'로 이해하는데 그치지 않고, 상대방의 느낌에 적극적으로 참여해서 내가 기꺼이 다른 사람의 경험의 일부가 되어 그들의 경험에 대한 느낌을 공유하는 것을 뜻합니다. 최근 공감이란 단어를 많이 쓰기 시작한 것은 인류가 지난 세기에 겪어온 배타적 투쟁과 이기적 욕망으로는 함께 살아가는 공존의 가치를 지키기 힘들어졌음을 깨닫고 있기 때문일 것입니다. 과거 전통적인 규율 사회가 이질적인 환경과 가치관들을 거부하는 '면역'체계가 체질화된 사회였다면, 현대사회는 나와 다름을 '틀림'이나 '오류'로 배척하지 않고, 다양함으로 수용하려는 대화와 협력, 공감의 시대로 발전하고 있다는 것이 21세기 시대정신이기도 합니다. 남들과 다르다고 결코 틀린 것이 아닙니다. 말 그대로 '다를 뿐'입니다. 우리 주변에 수많은 형태의 '다름'을 인정하고 받아들이는 따뜻한 세상이 되었으면 좋겠습니다. 달라도 괜찮습니다.

"행복은 전염된다."는 말처럼 내게 좋은 덕성은 타인과 깊은 신뢰 관계에 있을 때 상대방의 감각과 만나 옳고 그른 것을 식별해내는 '공동 본성'을 이루기 마련입니다. 유감스럽게도 모든 사람이 감각을 동일하게 표현하지는 않습니다. 다른 사람들의 좋은 덕성, 그들이 생활에서 보여주는 감각의 올바른 표현들과 공감하지 않는 사람들은 공감보다는 그들과 차별을 두는 것을 선호하기도 합니다. 나는 '그들과 달라'가 내 개성이고 관심이 되는 순간, 우월감이든 열등감이든 공동체 안에서 함께 나누는 기쁨은 사라지고, 불만과 불평이 일상화됩니다. 다름을 견뎌내는 것이 쉬운 세상이 아니기에 요즘 사회 일각에서 터지는 파열음이 끊이지 않고 있습니다. 국제 관계에서조차 공존하기 위한 방식을 대화와 합의보다는 투쟁과 대립으로 끌어가는 현실입니다.

따뜻한 동물 대피소가 있습니다

터키에 기록적인 폭설과 한파로 몸살을 앓고 있었을 때입니다. 지독한 추위에 인명피해가 발생할 정도였으니 주인 없이 길을 떠도는 동물들에게 얼마나 혹독한 시기였는지 모를 겁니다. 길에서 얼어 죽는 불쌍한 동물들을 보다 못한, 한 쇼핑몰 사람들이 고객들이 아닌 유기동물들을 위해 따뜻한 문을 열었습니다. 쇼핑몰 복도와 로비에는 골판지와 이불로 잠자리를 만들어주고 개와 고양이가 쇼핑몰 안으로 들어와 잠시나마 추위를 피할 수 있도록 도왔습니다. 지나가는 손님들 역시 음식을 가져다주며 유기 동물들이 생존할 수 있도록 협조해 주었습니다. 따뜻한 가게 안에서 편안히 뒹구는 동물들의 모습에 절로 미소가 지어집니다.

이규보가 지은 『동국이상국집』의 「슬견설(蝨犬說)」은 살아있는 모든 생명체가 그 자체로서 차별이 없이 모두가 소중함을 재치 있는 문체로 잘 드러냈습니다. 사람도 추우면 몸을 움츠리고 따뜻한 곳을 찾습니다. 하지만 맨몸으로 추위를 견디는 동물들에게는 더욱 힘이 드는 계절이 겨울입니다. 사람보다 동물이 고통스러워하지 않는다고 생각하지 맙시다. 오히려 그들은 스스로를 돕지 못하기 때문에 더 고통스럽습니다.

어느 낡은 건물에서 화재가 발생했습니다. 다행히 빠르게 도착한 소방차 덕분에 큰 피해 없이 진화되었습니다. 아직 건물에는 조금씩 연기가 피어 올라왔지만 안전 확보가 끝난 상황이라 소방관들도 잠시 안도의 한숨을 쉴 때였습니다. 그때 불을 피해 나온 할머니가 집 앞에서 발을 동동 구르며 소리를 쳤습니다. "집안에 개가 한 마리 더 있는데 총각 꼭 찾아서 구해줄 수 있을까?" 규모가 작다고 해도 화재현장은 어떤 위험이 숨어있을지 완벽하게 예측하기는 어렵습니다. 그러나 할머니의 애절한 요청에 개를 구하기 위해 소방관은 다시 들어갔습니다. 다행히 건물 안쪽 귀퉁이에 물에 흠뻑 젖어 떨고 있는 갈색 강아지 한 마리를 찾아 집 밖으로 무사히 데리고 나왔습니다. 할머니께 강아지를 건네 드릴 때 어디선가 큰 개가 천천히 다가와 연기로 까매진 소방관의 얼굴을 정성스레 핥는 것이었습니다. 바로 그 커다란 개는 소방관의 구해준 강아지의 어미였습니다.

생명의 크고 작음을 판단할 수 있을까요? 무리 짓는 야생동물의 사회에서는 병들고 작고 약한 개체는 매우 냉정하게 도태됩니다. 하지만 그렇게 냉정한 야생동물의 세계에서도 어미만큼은 자신의 허약한 새끼의 곁을 끝내 떠나지 못하는 모습을 종종 볼 수 있습니다. 동물도 새끼를 사랑하는 마음은 우리와 똑같습니다. 그리고 은혜에 대해 고마워 할 줄도 압니다. 인간의 생명은 둘도 없이 귀중한 것인데도, 우리는 언제나 어떤 것이 생명보다 훨씬 더 큰 가치를 가진 듯이 행동합니다. 그 어떤 것이란 무엇일까요?

늦게 얻은 딸을 너무 사랑했던 아빠가 있었습니다. 아빠의 취미는 인형을 좋아하는 딸에게 선물하기 위해 인형을 고르는 것입니다. 덕분에 딸의 방에는 예쁜 인형들이 가득 진열되어 있었습니다. 그리고 어느 날 새로운 인형을 사 들고 돌아온 아빠가 어린 딸에게 궁금해서 물었습니다. "우리 예쁜 딸은 많은 인형을 가지고 있는데 그중에 어떤 인형이 가장 좋아요?" 잠시 망설이던 딸이 가장 좋아하는 인형이라고 내미는 것을 보고 아빠는 의아하게 생각했습니다. 그 인형은 오래전 딸에게 사준 인형이라 지금은 매우 낡고 볼품이 없었습니다. 아빠가 왜 그 인형이 가장 좋은지 묻자, 딸이 대답했습니다. "이제는 이 낡은 인형을 좋아하거나 관심을 두는 사람이 없으니 불쌍하다는 생각이 들었어요. 그래서 내가 가장 좋아해 주는 거예요."

우리는 누구나 본능적인 욕구를 가지고 있습니다. 헌 것보다는 새것을 좋아하고 이왕이면 화려하고 멋진 것을 좋아합니다. 하지만 약하고, 부족하고, 불쌍한 것을 위하는 마음을 가지고 있는 것도 우리입니다. 이득이 없어도 누군가를 사랑하고 배려할 수 있는 것, 그것이 바로 우리입니다. 사랑은 눈으로 보지 않고 마음으로 보는 것입니다.

우리는 어디서 왔을까요? 사랑에서. 우리는 왜 소멸할까요? 사랑이 없으므로. 우리는 어떻게 자신을 극복할 수 있을까요? 사랑으로. 어떻게 오랜 세월 울지 않고 지낼 수 있을까요? 사랑이 있기에. 우리를 끊임없이 이어주는 것은 무엇일까요? 사랑을 함으로. 사랑은 내게 유익이 오게 하는 것이 아니라 타인에게 유익을 주려 하는 것입니다.

'일자리 샌드위치' 된 중산층 청년들

　중산층 가구 청년들이 취업 사각지대로 내몰리고 있습니다. 저소득층 가구 청년은 국가의 제도적 지원을, 고소득층 가구 청년은 집안의 경제적 지원을 발판 삼아 상대적으로 고용 시장에서 선전하고 있습니다. 하지만 중산층 가구 청년은 '나 홀로' 힘겨운 싸움을 벌이고 있습니다. 저소득층 가구 청년에 집중된 지원 대상을 중산층으로 확대해야 할 것 같습니다. 중산층과 저소득층 가구 청년 간 발생할 수 있는 역차별을 해소할 필요성이 있습니다.

　중산층 가구 청년의 고용률이 상대적으로 낮은 배경에는 사회 · 경제 · 제도적 요인이 복합적으로 영향을 미칩니다. 생계를 위해 이른 시일 내 일자리를 구해야만 하는 저소득층 가구 청년은 중산층 가구 청년보다 일자리의 질을 덜 따지다 보니 고용률이 높게 나옵니다. 아울러 저소득층 가구 청년은 중산층 가구 청년보다 국가장학금 제도, 정부의 취업 지원 프로그램 등을 보다 유리한 조건으로 이용할 수 있습니다.

저소득층 청년은 연간 520만원 한도로 장학금을 지원받을 수 있습니다. 정부의 취업 지원 프로그램 중 상대적으로 높은 수당과 훈련비를 제공하는 취업성공패키지(1유형)에 지원 가능합니다. 또 정부나 지방자치단체, 일부 민간 기업에 지원할 때 일반적으로 합격선이 낮은 저소득층 전형도 선택할 수 있습니다.

물론 중산층 가구 청년보다 고소득층 가구 청년에게 국가 차원의 혜택이 더 주어지는 것은 아닙니다. 하지만 고소득층 가구 청년은 집안의 도움으로 더 나은 교육과 훈련을 받을 수 있습니다. 취업 준비에 들어가는 비용을 굳이 스스로 벌 필요가 없다 보니 일자리를 얻는 데 요구되는 다양한 스펙과 경험을 쌓을 수 있는 시간적 여유도 가질 수 있습니다. 집안의 후광, 유무형의 취업 특혜 등도 이들의 고용률에 적지 않은 영향을 미치고 있기도 합니다.

저소득층 가구 청년에 대한 지원이 중산층 가구 청년을 배제하는 방식으로 이뤄져서는 안 됩니다. 소득을 기준으로 청년 취업 지원정책을 펴다 보면 자칫 우리가 생각하지도 못했던 문제들이 발생할 수 있습니다. 일자리 문제를 복지 차원에서 접근하는 게 맞느냐는 철학적 논쟁의 여지가 있지만, 적어도 취업 지원책의 자격 요건은 소득의 구분을 두지 않는 것이 바람직하다고 봅니다.

가정 폭력은 더 빈번하고 커지고 있습니다

최근 아동 폭력으로 사망한 사고 이야기를 들으면 가슴이 너무나도 답답합니다. 언젠가 인천 초등학생이 부모의 구타와 음식을 주지 않아서 16kg 몸으로 화장실 쇠창살을 통해서 탈출한 사건은 온 나라를 충격에 빠뜨렸습니다. 이 사건 이후에 장기 결석한 초등학생을 전수조사한 교육 당국은 부천에서 아들을 구타해서 사망하게 한 사건도 발견하게 됩니다. 언젠가는 가출한 여중생이 아버지로부터 5시간 동안 구타를 당하다 사망한 사건으로 또 한 번 충격을 주었습니다. 학교폭력에 이어서 이제는 가정 폭력까지 이 땅에서 나고 자라는 아이들은 여러 폭력에 노출되면서 자라고 있습니다. 심지어 어린이집에서 보육교사가 아이들을 발길질하고 부동자세를 취하게 하고는 겁박하는 장면이 보도된 적도 있습니다.

가정폭력은 예전부터 있었습니다. 제가 어렸을 때도 밤마다 옆집에서 부부 싸움하는 소리에 깜짝깜짝 놀라곤 했습니다. 부부싸움이 날 때마다 아버지와 어머니는 옆집에 가서 싸움을 말리곤 했습니다. 사실 반대인 경우도 있었습니다. 아버지와 어머니가 싸우면 옆집에서 말리러 오셨습니다. 가정내 폭력은 이렇게 옆집이 적극 개입을 하면서 크게 번지지 않고 쉽게 아물곤 했습니다. 가정폭력으로 인해 울고 있는 아이들은 다른 집에 잠시 머물면서 피신을 할 수 있었습니다. "응답하라 1988" 같으면 성동일이 딸들이 말을 안 듣는다고 덕선이나 성보라를 팼다면 주인집인 성균과 치타 여사가 내려와서 적극 말렸을 것입니다.

이웃집에 있는 숟가락 숫자까지 알던 1980년대는 골목문화라는 인정과 교류가 흐르는 강이 있었습니다. 같은 골목을 공유하는 이웃집은 우리 집의 확장이었습니다. 따라서 형이 없는 집 아이는 옆집 형을 친형처럼 따르기도 했습니다. 이런 인적 네트워크가 촘촘한 마을에서는 어떤 결손이 생겨도 그걸 잘 메꿀 수 있었습니다. 예를 들어 급한 일이 생겨서 부모가 지방에 내려갈 때는 옆집 아주머니에게 맡기고 갔습니다. 저도 이런 경우, 며칠 동안 옆집에 서 동생들과 함께 저녁을 해결하고 잠을 잤던 기억이 납니다.

그런데 지금은 어떤가요? 골목이 사라지고 아파트가 들어서면서 이웃집과의 교류는 거의 다 사라졌습니다. 옆집에서 큰 소리가 나도 무관심합니다. 한 번도 교류가 없으니 큰 관심도 기울이지도 않습니다. 특히, 가정 내 폭력 중 가장 심각한 아동 폭력은 아이들이 큰 소리도 내지 못하기에 더더욱 관심을 가지기 힘듭니다. 80년대에도 가정 내 아동 학대는 있었습니다. 그러나 아빠나 엄마가 때렸다는 것을 이웃집은 잘 알고 있었습니다. 그래서 조용히 타이르고 이야기를 들어주면서 좋은 방향으로 풀어주었습니다. 또한, 폭력을 가하는 부모도 이웃집에게 소문이 날까 봐 심한 아동 폭력을 행사하지도 않았습니다. 이런 눈치 보기가 촘촘하던 시절이 1980년대였습니다. 그러나 지금은 남을 의식하는 눈치 보기가 싹 사라졌습니다. 마을 공동체도 사라졌고 이웃의 눈길을 의식하거나 눈치를 보는 외부의 시선도 신경 쓰지 않아도 되는 세상이 되었습니다. 개인의 삶은 커지고 공동체의 삶은 축소되고 사라지고 있습니다. 이런 공동체의 삶이 붕괴된 자리에서 아동폭력은 더욱 빈번해지고 폭력의 강도도 커졌습니다.

이제는 학교의 적극적인 개입이 필요합니다. 예전엔 학교에 누가 등교하지 않으면 교사들이 가정 방문을 했습니다. 가정 방문을 하기 전에 같은 동네에 사는 학생에게 왜 등교하지 않았는지 알아보라고 지시를 합니다. 그래도 알아오지 못하면 교사들이 집까지 찾아가는 가정 방문을 했습니다. 이렇게 한 학생이 장기 결석을 하면 학교가 적극 나섰습니다.

제가 놀란 것은 인천 초등생 탈출 사건도 그렇고 부천 초등생 살해 사건도 여중생 구타 사망 사건에서 학교가 적극적으로 개입한 흔적이 없었습니다. 교사들은 매뉴얼에 따라서 전화와 서면 통보를 한 것으로 할 일 다 했다고 방관한 것 같습니다. 물론, 일부 교사의 행동이라고 하는 이들도 있습니다. 저도 교사 전체를 싸잡아서 비판하는 것은 아닙니다. 그러나 어떻게 3건의 아동 폭력 사건에 단 한 번도 학교의 적극적인 개입으로 인해 큰 피해를 막을 수 있었다는 소리가 없나 싶긴 합니다. 원천적인 문제는 교사에 있는 것이 아닐 수도 있습니다. 현재는 교사가 가정 방문을 한다고 해도 부모가 거짓말을 하면 실종신고를 할 권한이 없습니다. 이는 법으로 고쳐야 할 일입니다. 아울러 지역 종교기관이나 복기기관과 민간 단체들도 이 일에 관심을 갖고 관여했으면 좋겠습니다.

도시락 싸서 점심을 먹던 80년대에는 점심시간에 혼자 밥을 먹는 친구는 거의 없었습니다. 왜냐하면 도시락 속의 반찬이 많아야 2~3개 밖에 되지 않기 때문에 친구들과 모여서 먹는 것이 다양한 반찬을 먹을 수 있어서 효율적이었습니다. 경제학적으로도 이런 것을 위험분산이라고 합니다. 네트워크가 촘촘한 사회는 한 사람이 큰 상처를 받아도 그 피해를 한 마을이 그 상처를 보듬어서 상처가 아물 때까지 품어줄 수 있었습니다. 예전 마을 공동체가 그랬습니다. "응답하라 1988"에서 졸부인 치타 여사가 덕선이 엄마 몰래 덕선이 수학여행비 챙겨주는 장면이 바로 마을 공동체의 좋은 점이었습니다.

우리가 인터넷에 악플을 달고 못된 말을 쓰는 이유가 뭘까요? 인터넷은 모르는 사람들이 가득한 공간이기에 평판이라는 것이 존재하지 않습니다. 그래서 더 못된 짓도 못된 말을 많이 합니다. 그러나 마을은 아는 사람들의 연속이기에 하나의 평판이 존재합니다. 자유롭지 못하다는 문제가 있긴 하지만 옆집 부끄러워서, 마을 사람들 보기 민망해서 못된 짓을 할 수 없었습니다. 못난 짓을 하면 바로 소문이 쫙 퍼지니까요. 그러나 지금 한국 사회는 마치 익명 게시판이 가득한 세상이 되었습니다. 마을 공동체도 학교 공동체도 점점 희미해지고 있습니다. 이런 익명 게시판에는 악플이 가득가득합니다. 옆집에서 사람이 죽어도 모르는 세상이 되었습니다.

아프리카 속담에 이런 말이 있습니다. "한 아이를 키우려면 온 마을이 필요하다." 우리 한국이라는 마을은 아이들을 제대로 키울 능력과 시스템이 존재할까요? 내 새끼만 잘 크길 바라는 내새끼리즘만 가득한 것은 아닐까요? 아이들이 내가 낳지만 내 아이들은 마을 속에서 사회 속에서 커갑니다. 따라서 아이들이 바르고 건강하게 자라려면 그 사회가 깨끗해야 합니다. 과연 우리 마을은 깨끗한 어른들이 많은 마을일까요? 이 질문에 저는 고개를 숙일 수밖에 없습니다.

남의 말을 잘 경청합시다

높은 위치에 있는 사람일수록 자신을 조율하고 다스리는 능력이 뛰어나야 합니다. 38년 동안 미시간대학 총장을 지낸 J. B. 에인절이 바로 그런 사람 중 한 명이었습니다. 수많은 사람과 관계를 맺고 더 많은 문제를 처리해야 하는 자리에서 38년이나 훌륭하게 자리를 지킨 그의 가장 큰 무기는 바로 '경청'이었습니다. "오랫동안 그 어려운 총장 자리를 지킬 수 있었던 비결이 무엇입니까?"

그가 은퇴할 즈음 기자로부터 이런 질문을 받았을 때 에인절은 웃으며 이렇게 대답했습니다. "나팔보다 안테나를 높이는 데 있었습니다." 항상 아랫사람에게 나팔처럼 떠드는 것보다는, 안테나가 전파를 잡아내는 것처럼, 사람들의 의견을 잘 경청하는 것이 성공의 비결이었습니다. "웅변은 은이요, 침묵은 금이다."라는 말이 있습니다. 이것은 과묵한 사람이 되라는 뜻이 아닙니다. 다른 이의 의견을 잘 '경청'하는 사람이 되라는 뜻입니다. 물론 다른 사람들의 말을 무조건 받아들이는 예스맨이 되라는 뜻은 아닙니다. 좋은 의견은 잘 받아들이고, 나쁜 의견은 그것이 왜 나쁜 의견인지, 의견의 발안자와 의견을 듣는 자기 자신에게도 이해할 수 있도록 설명할 수 있어야 훌륭한 경청의 자세입니다.

얼마 전, 저와 이름이 같은 젊은 검사의 경청 이야기가 보도되어 흐뭇했습니다. 이 일로 딱딱하고 무섭게 느껴지고 정치권력의 하수인으로 여겨지기도 했던 검찰이 새롭게 보이기도 했습니다. 지난 2018년 1월 7일자 보도에 따르면 대검찰청은 검찰 본연의 업무를 수행하면서 이해와 공감, 선행과 친절을 보여준 한승진 대구지검 포항지청 검사(33·41기) 등 5명에게 '따뜻한 검찰인상'을 수여했다고 밝혔습니다. 한 검사는 진정과 고소·고발을 반복한 고소인들의 이야기를 수차례에 걸쳐 직접 들으며 오해를 풀어줘 고소를 취소 받았습니다. 그는 사문서위조·위조사문서행사 사건에 대한 검찰의 불기소처분을 납득하지 못해 14년간 79건의 진정·고소를 반복해 온 고소인을 7차례에 걸쳐 직접 면담했습니다. "위조된 사문서가 기록에 편철돼 있다"는 고소인 진술에 따라 과거기록을 검토하고 피고소인 대질조사를 진행해, 해당 문서가 기록에 편철돼 있지 않았다는 것을 직접 확인시켜 고소인의 의심과 의문을 풀어줬습니다. 고소인은 "공정하고 친절한 조사에 감사드린다"는 편지와 함께 피고소인 처벌이 어렵다는 점을 이해하고 고소를 모두 취소했습니다.

또한 한 검사는 무고·직권남용·직무유기 혐의에 대해 3년 동안 22건의 고소·고발을 반복해 온 고소인을 6회에 걸쳐 면담했습니다. 고소인은 불기소처분에 승복, 접수 사건을 모두 취소했으며 "자살을 생각할 만큼 너무 힘든 시간을 보냈지만, 모두 외면하던 자신의 말을 한승진 검사는 진정으로 경청해줬다"는 감사 편지를 보냈습니다. 이 일은 바쁘다는 핑계로 친절하지 않고 공감과 경청에 둔감한 이들에게 큰 경종을 울리는 것으로도 보입니다. 검사는 누구보다 바쁜 직책으로 민원인을 살뜰히 챙기기는 어렵습니다. 그러나 그는 이렇듯 성심을 다해 민원인의 이야기와 입장에 귀 기울여 주었습니다. 그것이 민원인에게 감동과 감격이었을 것입니다.

경청은 우정의 소산입니다. 평등한 사람들만 우정을 나눌 수 있습니다. 경청을 통해 깨닫는 건 자기 삶에 내재되어 있는 타자성(他者性)입니다. 그 타자성을 깨달았으므로 너와 나는 그 타자성을 공유(共有)한 사람으로 공통의 운명이 됩니다. 경청이야말로 하나의 말 걸기입니다. 경청이란 타자의 타자성에 귀 기울이는 것입니다. 우리는 많은 이야기들을 하며 살아갑니다. 그러나 진정한 소통이 이루어지고 있는지는 의문입니다. 진정한 소통이란 말하기보다 듣기, 곧 경청에서부터 시작되는 것이라 생각합니다. 진정한 우정을 나누고 싶다면 타인의 말에 귀 기울이는 것부터 시작해 봅시다.

열등감도 강점입니다

모든 사람의 생활에서 열등함을, 모든 결점을 걸머진 짐 덩어리로 간주해서는 안 됩니다. 그것이 장점인지 단점인지 여부는 오직 상황에 의해서만 결정됩니다. 열등함은 상대적입니다. 상황에 따라, 시대에 따라, 누구를 만나느냐에 따라 최고의 장점으로 바뀔 수 있습니다. 스스로 모자라다, 열등하다 느낀 것을 갈고닦아 날을 세우면 보석처럼 빛나는 강점으로 바뀝니다. 버락 오바마는 자신의 책 『내 아버지로부터의 꿈』에서 이렇게 말했습니다.

인도네시아의 말과 풍습, 그리고 온갖 전설을 배우는 데는 여섯 달도 채 걸리지 않았습니다. 저는 수두와 홍역을 이겨냈고, 학교 선생에게 맞는 대나무 회초리의 아픔도 이겨냈습니다. 농부와 하인과 하층 계급 사람들의 자식들이 가장 친한 친구들이 되었습니다. 우리는 함께 내달렸고 귀뚜라미를 잡았으며 온갖 개구쟁이 짓을 했습니다. 어린 소년의 삶은 이렇게 풍성한 모험들로 가득 차 있었습니다.

어린 시절 산간벽지에 산다고 걱정할 것 없습니다. 흙장난을 하고 놀기만 한다고 탓할 것 없습니다. 아무런 구속감 없이 개구쟁이처럼 뛰놀던 아이가 오히려 더 큰 인물로 우뚝 설 수 있습니다. 어린 시절은 책상에 앉아있는 시간보다 자연과 더불어 풍성한 모험들로 채워져야 합니다.

캔버스 위에 연필이 아니라 명주실을 붙여 밑그림을 그리고 핀을 꽂아 구도를 잡습니다. 이제 그 명주실과 핀을 손으로 더듬거리며 캔버스에 나무껍질을 붙여 나갑니다. 긴 시간이 흐르고 나면 어느새 캔버스 위에 당당한 소나무가 그려져 있습니다. 화가 박환은 이렇게 그림을 그립니다. 그가 이렇게 그림을 그리는 이유는 앞이 보이지 않기 때문입니다. 그는 촉망받는 화가였습니다. 하지만, 갑작스러운 교통사고는 그의 시력과 함께 많은 것을 앗아갔습니다. 화가에게 눈은 무엇보다 소중한 신체지만 그는 시각장애 1급으로 눈앞을 비추는 전등 불빛도 보지 못하게 되어 버린 것입니다.

절망한 그는 몇 번이나 생을 포기하려고 했습니다. 하지만 용기를 내어 다시 그림을 그렸습니다. 그렇게 시력을 잃고 처음으로 그린 그림은 삐뚤삐뚤한 동그라미였습니다. 그리고 그는 계속 그렸습니다. 손끝의 감각만 이용해서 텅 빈 캔버스를 악착같이 채워가며 본인만의 새로운 그림을 그렸습니다. 2017년 1월, '눈을 감고 세상을 보다'라는 제목으로 개인전을 열었습니다. 대부분 관람객은 시각장애인이 그린 것을 모르고 왔습니다. 관객들은 작품을 보며 눈물을 흘리거나 대단하다는 말을 하며 그를 붙잡고 희망을 줘서 고맙다고 했습니다. 남들보다 몇 배는 더딘 작업이 힘들지 않냐는 물음에 그는 대답했습니다.

> 예전에는 유명해지고 부유해지고 싶어서 그림을 그렸어요. 하지만, 지금은 숨 쉬며 살아갈 수 있는 것이 감사하고 그것만으로도 삶은 충분히 살아갈 이유가 있다고 생각해요. 나는 그림으로 희망을 전달할 수 있다고 믿어요. 작업 내용도 행복과 희망에 관한 내용이죠.

불굴의 정신을 가지고, 역경에 굴하지 않고, 자기 뜻을 이루는 사람은 언제나 존경받기 마련입니다. 그리고 절망에 지지 않고 자신의 희망을 잃지 않는 사람은, 타인에게 그 희망을 나누어 줄 수도 있습니다. 세상은 고통으로 가득하지만 한편 그것을 이겨내는 일로도 가득 차 있습니다.

중국 후난TV의 인기 프로그램인 '어메이징 댄스'는 아마추어 댄서들이 출연하여 경연하는 쇼입니다. 그 프로그램에 출연한 특별한 모녀가 있습니다. 12살 소녀 '지앙 쫭 지이'는 발레복을 입고 무대에 앉아 발동작이나 걸음걸이 없이 상반신과 손동작만으로 아름답고 예쁜 춤을 추고 있었습니다. 지이의 등 뒤에 나타난 지이의 엄마도 함께 춤을 추기 시작했습니다. 지이의 엄마가 지이의 몸을 들고 회전하며 춤을 추기 시작하자 관객들은 그만 놀라고 말았습니다. 어린 지이는 허벅지 아래로 양다리가 없었습니다. 지이는 6살 되는 해 교통사고로 양다리를 잃었습니다. 주변의 많은 사람이 안타까워하고 슬퍼했지만 오히려 지이는 엄마에게 당당하게 말했습니다. "엄마. 내 다리가 되어 주세요."

그리고 지이는 발레를 배우기 시작했습니다. 지이는 매일 지쳐 쓰러질 때까지 발레 연습을 했고 엄마도 딸을 위해 피나는 노력을 했습니다. 그리고 출연한 TV 프로그램 경연에서 모든 사람의 갈채와 환호를 받으며 당당하게 1위를 차지했습니다. 지이는 아직도 발레리나가 되는 꿈을 위해 노력하고 있습니다. 문득 이런 생각을 합니다. '안 되는 건 안 되지'라며 시도해 보기도 전에 포기합니다. 하지만 노력하면 이룰 수 있다는 말을 12살 소녀가 보여줬습니다. 다리를 잃은 소녀도 발레리나가 될 수 있습니다. 지금 우리가 진심으로 노력하고 포기하지 않는다면 무엇이든 이룰 수 있을 겁니다. 나약한 태도는 성격도 나약하게 만듭니다.

세상을 아름답게 만드는 당신

명절을 앞두고 내일부터 연휴라는 들뜬 생각에 퇴근을 서두르던 한 여성이 집에 돌아오고 나서야 지갑이 없어졌다는 것을 깨달았습니다. 하필이면 부모님 명절 용돈을 드릴 생각으로 은행에서 새돈으로 준비해서 넣어둔 지갑이었습니다. 돈도 돈이지만 신분증과 카드가 걱정되어 여기저기 찾아보았지만, 지갑을 흘린 곳을 도저히 기억해 낼 수가 없었습니다. 우울했던 명절이 끝나고 며칠이 지났습니다. 그런데 완전히 포기했던 지갑이 소포로 배달되었습니다. 지갑에 있던 돈도 신분증도 전부 그대로였습니다. 달라진 것은 편지가 한 장 들어 있었습니다.

당신의 지갑 속에서 한 장의 아동 사진을 보았습니다. 그리고 당신이 그 아동에게 후원하고 있다는 것을 사진 뒷장에 남겨진 메모를 통해서 알게 되었습니다. 당신은 아주 좋은 사람인 것 같아요. 그래서 저도 당신에게 좋은 일을 하고 싶습니다. 이 일이 당신을 행복하게 하고, 웃게 했으면 좋겠습니다.

누군가 잃어버린 물건을 주인에게 돌려주는 일은 좋은 일을 떠나서 당연한 일이기도 합니다. 당연한 일을 좀 더 많은 사람이 실천으로 옮기게 된다면 세상을 더 아름답게 만들 수 있습니다.

오래가는 행복은 정직한 것에서만 발견할 수 있습니다. 넘어진 사람을 일으켜 주는 모습, 참 아름답습니다. 남의 옷의 머리카락 떼어 주는 모습, 참 아름답습니다. 힘겹게 사는 사람의 옷깃을 여며주는 모습, 참 아름답습니다. 풀죽은 어깨를 두드려주는 모습, 참 아름답습니다. 욕을 바가지로 먹고도 빙그레 웃으며 커피를 타주는 모습, 참 아름답습니다. 상대의 마음을 완전히 이해하지 못해도 함께하는 모습, 참 아름답습니다. 세상에 말도 안 되는 것까지 사랑하는 모습, 아! 너무나 아름답습니다.

내 마음에 그려놓은 사람

용혜원

내 마음에 그려놓은
마음이 고운
그 사람이 있어서
세상은 살맛나고

나의 삶은 쓸쓸하지 않습니다.

그리움은 누구나 안고 살지만
이룰 수 있는 그리움이 있다면
삶이 고독하지 않습니다.

하루 해 날마다 뜨고 지고
눈물 날 것 같은 그리움도 있지만
나를 바라보는 맑은 눈동자 살아 빛나고
날마다 무르익어 가는 사랑이 있어
나의 삶은 의미가 있습니다.

내 마음에 그려놓은
마음 착한
그 사람이 있어서
세상이 즐겁고
살아가는 재미가 있습니다.

공유경제와 공유가치의 시대랍니다

'공유경제'에 대해 들어본 적 있으신가요? 공유경제라는 용어가 낯선 분들도 에어비앤비나 우버와 같은 서비스 플랫폼은 한 번쯤 들어보셨을 것입니다. 과거에는 내 집, 내 차 등 내가 '소유'하는 것이 사람들에게 중요한 가치였습니다. 차근차근 돈을 모아 내 차를 사고, 내 집을 가지는 것이 중요한 삶의 가치였습니다. 그런데 최근에는 이러한 가치 개념이 바뀌었다는 것을 사회 전반에서 느낄 수 있습니다. '공유'를 통한 가치 창출이 더 중요해지고 있습니다. 이러한 현상을 대변하는 개념이 바로 공유경제 (Sharing Economy/Collaboration Consumption)입니다. 쉽게 이야기하면, 공유경제란 제품을 개인이 소유하여 사용하는 것이 아니라 공유하는 모든 활동을 일컫는다고 할 수 있습니다.

공유경제의 개념은 불과 몇 년 전만 해도 에어비앤비나 쏘카 등 서비스 플랫폼에 국한되었지만, 최근에는 사회 전반에 걸쳐 여러 형태로 활용되고 있습니다. 어떤 사람은 이러한 현상을 보고 우리가 '공존의 매력에 빠졌다'고 말하기도 합니다. 그만큼 공유(Sharing) 코드는 빠르게 우리의 일상 속으로 스며들고 있습니다. 그리고 무엇보다도 공간 디자인과 마케팅 활동은 사람들의 행위가 직접 일어나는 '공간(Space)'이라는 매개체를 이용하기 때문에 이런 사회적 현상에 밀접하게 반응합니다. 공간에서 나타나는 '공유가치'에 대해 국내의 몇 가지 사례로 소개해보고자 합니다.

도시 라이프와 공유가치의 만남 '호텔 카푸치노'입니다. 공유 경제는 미래 경제를 이끌어갈 새로운 트렌드로 여겨지고 있습니다. 단순한 비용 절감을 목적으로 한다기보다는 합리적 소비를 추구하는 심리가 공유 경제를 만들었다고 보고 있기 때문입니다. 그렇기에 공유 경제의 목적은 이윤의 극대화가 아닌 자원 절약, 공동체 의식 회복, 지역 경제 활성화 등이 포함되어 있다고 합니다. 쉽게 말해 단순히 물질적인 나눔이 아니라 모두가 같이 상생하는 가치 나눔까지 공유 경제 모델에 포함된다고 할 수 있습니다. 에어비앤비가 공간 그 자체를 쉐어하는 모델이었다면, 공간을 사용하며 공유가치를 창출하는 사례가 있습니다. 지난 2015년 오픈한 라이프스타일 호텔, 카푸치노입니다. 지하 3층, 지상 18층 규모로 총 141개의 객실을 보유한 호텔 카푸치노는 공유가치를 이용하여 유니크한 'Urban lifestyle hotel'을 제시하고 있습니다.

호텔 카푸치노는 호텔의 운영을 통해 사회와 함께 성장할 수 있는 플랫폼을 만들기 위해 기획 단계부터 큰 노력을 기울였습니다. 호텔 곳곳에 다양한 서비스와 프로그램을 마련해 고객이 호텔을 이용하면서 자연스럽게 공유가치 창출에 참여하고 경험할 수 있도록 설계해 화제를 모았습니다. 소유에서 공유의 시대로, 공유가치가 반영된 공간이 바로 호텔 카푸치노입니다. 재활용 제품을 활용한 애견용품 전시 및 판매가 이루어지는 1층 호텔 카푸치노 로비 데스크, 로비 반대쪽 코너에 자리한 헌 옷 수거함. 로비의 한 쪽 코너에는 헌 옷을 모으는 대형 수거함이 자리하고 있습니다. 자선단체 옷캔(OTCAN)과 협력해 이곳에서 수거된 헌 옷을 기부하고 있습니다.

또한 호텔 내 레스토랑과 카페, 바에서 '엔젤 메뉴'를 주문하면 수익금 중 일부를 적립하여, 저개발 국가에 깨끗하고 안전한 물을 제공하는 'Water.org'에 기부합니다. 기부한 메시지가 새겨진 엘리베이터 내부, 도착과 동시에 엔젤 사인이 나타나는 엘리베이터 홀 바닥. 엘리베이터는 객실 카드키를 태깅할 때마다 500원씩 누적되고 체크 아웃시 기부할 금액을 정할 수 있습니다. 물 절약을 유도하는 엔젤 아이콘이 돋보이는 객실, 객실 대신 외부 복도에 비치된 공용 전화기. 공유가치의 아이콘 '엔젤'은 호텔 곳곳에 위트를 더해주는 디자인 요소로 활용되고 있습니다. 악마가 숙박 후 천사가 되었다는 재미있는 스토리텔링을 알게 되면 호텔 속 엔젤을 더 찾아보게 됩니다.

이외에도 객실마다 제공되는 E&G(Earn&Giveaway) Box는 불필요한 소비를 줄이고, 아낀 만큼 고객이나 사회에 환원한다는 뜻으로 박스를 사용하지 않으면, 커피 한 잔 또는 호텔에서 지원하는 단체에 기부하게 됩니다. 최근 중국 관광객 감소와 에어비앤비와 같은 공유 숙박 플랫폼으로 국내 호텔 업계는 레드오션이라 불리는 상황에서 호텔 카푸치노는 트렌디한 디자인과 더불어 공유 가치를 이용한 새로운 문화를 이끄는 어반라이프스타일 이미지를 통해 이슈화에 성공했습니다. 악마도 이곳에서 하룻밤만 지나면 천사가 된다는 설정처럼 누구나 숙박을 통해 공유가치에 참여할 수 있다는 점은 일석이조의 매력으로 사람들을 끌어들인 것입니다. 영리한 콘셉트라는 생각이 들었습니다.

다음으로 소규모 상점의 상생을 공간을 통해 도모한 '어쩌다 가게'입니다. 젠트리피케이션(gentrification)이라는 용어를 들어본 적 있을 것입니다. 뉴스에서도 이슈로 다뤄질 만큼 부정적인 사회 현상 중 하나입니다. 낙후됐던 구도심이 번성해 사람들이 몰리면서, 임대료가 오르고 원주민이 다른 곳으로 밀려나는 현상을 말합니다. 젠트리피케이션을 해결하면서도 서로 상생을 도모하고, 더불어 '공유 코드'를 통해 마케팅에도 성공한 사례가 있습니다. 바로 최근 서울시 망원동에 2호점까지 낸 '어쩌다 가게'입니다. 건물 명칭이 '어쩌다 가게'여서 재미있다고 생각했습니다. 서울 연남동 1호점의 입소문 성공에 힘입어, 최근 망원동에 2호점이 오픈했습니다.

대부분 1인 가게인 여러 소 상점이 옹기종기 모여 있는 어쩌다 가게 건물은 출입문도 따로 없는 '공동체의 건물'입니다. 특히 골목이 건물로 이어지는 구성으로, 출입문을 없애고 개방된 공간 구성으로 골목과 건물을 연결하여 자연스럽게 사람들을 끌어들이고 있습니다. 어쩌다 가게의 망원의 내부는 반 층씩 쌓아 올린 스킵플로어 설계를 적용하여 작은 가게들이 서로 마주보며 소통할 수 있게 구성돼 있습니다. 평범하고 아기자기하게 미래를 꿈꾸는 이들의 작은 공간을 표방하는 어쩌다 가게는 임대료를 5년간 동결하여 세입자들이 안정적으로 상업 활동을 할 수 있도록 보장하고 있습니다. 부동산 장사로 뛰어버린 임대료에 어쩔 수 없이 떠나게 되는 젠트리피케이션에 대한 메시지라 할 수 있습니다.

사실 최근에는 이로 인해 발생하는 문화백화현상*에 대한 문제점도 지적되고 있습니다. 어쩌면 공유를 통한 상생은 눈앞의 이익을 떠나 더 나은 미래를 위한 꼭 필요한 요소가 아닌가 생각됩니다.

마지막으로 오피스 트렌드의 변화 '공유 오피스-스튜디오블랙, wework' 입니다. 불과 10여 년 전만 해도, 학생들은 학내 공간이 아니면 외부에서 마땅한 모임 장소를 찾기가 힘들었습니다. 스타트업 기업들도 마찬가지였습니다. 애플의 스티브 잡스가 오피스를 빌릴 돈이 아까워 본인 집의 차고에서 애플을 처음 시작한 일화는 유명합니다. 이후 학생들이 차고를 이용해 새로운 사업을 시작하는 사례가 많아지자 'Garage Startup'이라는 용어도 생겼습니다. 그런데 이러한 이야기는 이제 조만간 구시대의 일화로 여겨질지 모르겠습니다. 최근 몇 년간 공유 오피스가 급격히 늘어났으니까요.

2017년 초 현대카드에서 오픈한 공유 오피스 스튜디오블랙의 사례를 보면 스튜디오 블랙은 작업실과 현대카드의 소수 상위 고객용 서비스 블랙을 결합해서 만든 이름에서 볼 수 있듯 공유 트렌드를 대변하는 공유 오피스 서비스를 자사만의 관점으로 새롭게 해석한 공간입니다.

스튜디오블랙은 총 5층(8~2층)으로 이뤄져 있습니다. 그중에서 10층은 라운지, 회의실, 수면실, 샤워실, 포토 스튜디오 공용 공간으로 구성되고 나머지 4개 층은 620석 규모의 사무공간으로 만들어져 있습니다. 스튜디오 멤버를 위한 업무공간은 전부 모듈형 구조로 설계, 상황에 따라서 다양한 방식으로 공간을 유연하게 활용 가능하며, 그 외에도 수면실, 3D 프린트실, 메일룸, 공유 라운지 등으로 구성되어 있습니다. 세계적인 공유 오피스 브랜드 wework도 서울에 지점을 내고, 새로운 오피스를 제공하고

---

* 개성 있던 동네가 좋아 찾았던 사람들이 개성이 사라지면서 떠나는 현상을 말합니다.

있습니다. 강남점, 을지로점에 이어 최근에 삼성점도 오픈했습니다. 스튜디오 블랙이나 wework 외에도 생산 활동을 할 수 있는 공유 공간들이 최근 많아지고 있습니다. 공간을 나누는 것이 아니라 디자인적으로도 멋지고, 기능적으로도 다양한 편의를 제공하는 공유 공간들이 전 세계적으로 다양하게 생성되고 있으며, 창의적인 인재들의 활동을 지원하는 것입니다. 이런 세태를 반영하듯 최근 대규모 기업들도 개개인에 맞춰 쉽게 바꿀 수 있고, 여러 창의적인 환경을 제공하는 오피스 구축에 더 많은 관심이 있습니다. 어쩌면 앞으로는 고정적인 오피스라는 개념도 사라질지 모르겠습니다.

이처럼 세상을 바꾸는 아이디어가 공유 가치(Sharing value)입니다. 개개인이 추구하는 바가 다양하고 트렌드가 빠르게 변화하는 요즘, 어쩌면 공유 가치 문화는 사람들의 심리를 가장 잘 반영하는 사회 트렌드라는 생각이 듭니다. 사실 공유 경제는 그 옛날 '아나바다' 운동의 발전된 형태 같습니다.

오늘날의 공유 가치가 예전과 다른 점은 이 문화가 비즈니스로 진화되어 영향을 미친다는 것입니다. 여기에는 IT 및 SNS의 발전으로 정보 및 물질의 공유가 더 쉬워졌다는 사회 배경도 한몫했다고 봅니다. 미래를 바꿀 수 있는 트렌드로 인식되는 공유 가치, 내가 가진 것 중에 상대방과 나눌 수 있는 게 무엇이 있을까요? 우리 모두 한번 생각해보면 좋겠습니다.

중년기, 인생의 도약기랍니다

요즘 '인생 2모작'을 많이 강조하지만, 뜻밖의 인생 2모작도 있습니다. 퇴직 후 새로운 일을 하는 사람이 늘어난 것처럼, 배우자를 바꾸고 국적을 바꾸는 사람도 증가 추세입니다. 다양한 분야에서 2모작이 아닌 'N모작', 즉 다모작 시대에 접어든 것입니다. 그런 움직임은 한국이라고 예외는 아닙니다. 분명 중년기는 인생의 위기입니다. 중년기의 위기는 부부관계에서 소통의 단절이 있습니다. 그동안 배우자의 철저한 무관심에 지칠 대로 지쳤거나, 사회생활하느라 거의 대화 없이 살아왔던 부부 관계에 위기가 옵니다. 가장 가까운 줄 알았던 배우자와 소통하기가 가장 어렵다는 것을 발견합니다. 결혼 뒤 각자 다른 영역에서 독립적으로 보내는 시간이 훨씬 많다가 어느 날 갑자기 남편이 끼어드니 아내로서는 당황스러운 상황입니다. 남자는 '관심'이라고 하지만 아내는 '간섭'으로 받아들입니다.

중년기에는 흔히 '중년위기'라 말하는 증상이 찾아옵니다. 앞만 보고 열심히 달려오던 어느 날 갑자기, 자기가 걸어온 길에 극심한 회의를 느끼고 새로운 도전에 강렬한 유혹을 느낍니다. 몸은 35살에 정점을 맞고, 마음은 49살에 정점이라고 했던 아리스토텔레스의 견해를 받아들여 서양에서는 전통적으로 그 사이에 벌어지는 심리적 갈등을 중년위기라 보았지만, 평균수명이 많이 늘어난 현대 사회에서는 그 기간이 더 확대되고 있습니다.

중년기는 알 수 없는 분노, 서러움, 새로운 인생에 대한 막연한 동경 같은 것이 터져 나오기도 합니다. 많은 이들이 알 수 없는 불안과 초조함, 그리고 상대를 가리지 않고 터져 나오는 분노를 하소연합니다. 단테의 작품 〈신곡〉 초반에 나오는 유명한 문장입니다.

우리 인생길 반 고비에
올바른 길을 잃고서 나는
어두운 숲에 처해 있었네
아, 이 거친 숲이 얼마나
가혹하게 완강했는지
얼마나 하기 힘든 말인가!
생각만 해도 두려움이 새로 솟는다….

이 글을 쓸 때 단테의 나이도 서른다섯 살, 그가 살았던 14세기에는 중년에 해당합니다. 물론 종교적 모티브를 가진 작품이긴 하지만, 21세기라는 관점에서는 중년위기라고 해석합니다. 같은 피렌체 출신 위대한 예술가 미켈란젤로는 40살부터 55살까지는 이렇다 할 명작을 남기지 못했습니다. 독일을 대표하는 작가 괴테는 38살 생일잔치를 하자마자 10년 동안 봉직했던 궁중생활을 뒤로하고 홀연히 이탈리아로 떠났습니다. 『열하일기』를 쓰던 연암 박지원도 마찬가지였습니다. 혹독한 중년위기 증상을 앓았습니다.

미국 작가 게일 쉬이의 『통로(Passages)』는 미국 의회 도서관이 선정한 이 시대 가장 영향력 있는 10권 중의 한권으로 선정되었는데, 주제가 바로 중년위기입니다. 그녀의 연구에 따르면 여자들이 남자들보다 조금 더 빨리 중년위기 증상을 겪는다고 합니다. 그녀는 이렇게 말했습니다. "우리가 변하지 않으면 성장하는 게 아니고, 우리가 성장하지 않으면 우리는 진짜 살아 있는 게 아닙니다." 그렇습니다. 중년위기란 인생의 중간평가 시간입니다. 단테, 괴테, 미켈란젤로, 연암 모두 중년위기 증상을 겪은 뒤 오히려 더 생산적인 시기를 맞았습니다. 사춘기의 격동 뒤에 어른이 되는 것처럼, 중년위기 뒤에 진정한 창조가 찾아옵니다. 그 풍랑은 반드시 나쁜 것만은 아닙니다.

어차피 맞이하는 중년기입니다. 애써 부정하고 피한다고 될 일이 아닙니다. 이왕 맞이할 것이라면 그 의미를 알고 현명하게 준비하고 대처하는 것이 지혜로운 방법입니다. '피할 수 없으면 즐기라'는 말처럼 위기를 기회로 여기고 이를 통해 더욱 성숙한 삶을 모색해보는 것이 좋겠습니다.

중년 남성, 슬픔 속 희망 찾기

2017년 7월 7일 인터넷 검색 1위였던, 한 중년 개그맨의 자살 소식을 담은 기사를 보게 됐습니다. 50대 초반인 그는 채무에 시달리면서 우울증을 앓고 있었다고 합니다. 최근 방영된 드라마로 인해 많은 이들이 기억하는 유행어도 있을 만큼 제법 유명한 사람이었기에, 그의 자살 소식은 많은 이들에게 충격을 던져줬습니다. 혹시나 이 기사로 인해, 모방 자살이 생기지 않기를 간절히 소망했습니다.

최근 몇 년간 자살실태를 살펴보면, 중년 남성의 자살이 점점 늘고 있다는 것을 알 수 있습니다. 전체 자살자의 70% 이상이 남성이고, 그중 절반이 40~65세 사이의 중년 남성이었습니다. 남성의 자살 이유는 대부분 '일'과 관련되어 있다고 볼 수 있습니다. 남성은 일에 실패하거나 직장에서 밀려 나가거나 일에서 제대로 평가받지 못할 경우 좌절하고, 우울증에 빠지며 자살을 생각한다고 합니다. 남성은 평생 가정까지 등한시할 정도로 일에 매진하며 살기 때문에, 일에서 실패할 경우 깊은 절망에 빠지게 되고 결국에 자살이라는 선택을 할 정도로 큰 타격을 입습니다.

이처럼 '일'이라는 영역으로만 자아를 평가받는 오늘날 한국사회 중년 남성들에게는 과도한 책임의식이 있습니다. 하지만 쌓여가는 사회적 중압감에도 여성들처럼 자신을 적극적으로 표현하는 것에 익숙하지 않습니다. 한국사회 남성들은 자신의 어려움을 외부로 알리지 못하고, 계속되는 고립감과 절망감으로 위기에 봉착합니다. 그리고 그들의 마지막 탈출구는 자살이 되어 가고 있습니다. 그럼에도 아직도 우리나라의 자살예방사업이나 언론 보도는 청소년 및 노인자살에 치중돼 있습니다. 중년 남성의 자살에 대한 심각성이 널리 인식되지 못하고 있습니다.

40~50대 남성의 실직과 재취업난이 사회적 문제로 대두되고 있는 현 상황을 고려할 때, 앞으로 중년 남성의 우울증이나 자살은 더욱 늘어날 것입니다. 그렇다면 이 위기의 남성을 자살의 위험으로부터 구하기 위해 우리 개개인은 무엇을 할 수 있을까요? 먼저 중년 남성들이 자신의 상태를 이해하는 것이 필요합니다. 가족 등 주변인 또한 가정을 표상으로, 중년 남성들과 시간과 장소, 노력 등을 함께 공유하기 위해 노력해야 합니다. 무엇보다 사회적 관심과 배려가 시급합니다. 중년 남성들이 가족에 대한 책임감과 자기 자신 사이에서 갈등하고 힘겨워하고 있습니다. 그런 상황에서도 가족을 우선 선택하고, 가족을 위해 살아가는 이 시대의 아버지들이 참으로 고맙습니다. 이들을 생각하면 마음이 짠해져 옵니다.

자살을 예방하기 위해서는 범국가적인 대응이 반드시 필요합니다. 정부 차원의 자살예방사업에 대한 예산 지원과 민관 협력 사업을 활성화해

자살로부터의 안전망을 더 촘촘히 구축해야 합니다. 이와 더불어 중년 남성들이 잠시 삶의 무게를 내려놓고 힘들다고, 지쳤다고, 쉬고 싶다고, 외롭다고 이야기할 수 있는 용기를 낼 수 있게 도와줘야 합니다.

이제 우리가 그리고 가족들이, '아버지'의 마음을 좀 더 헤아리고 흔들리는 '아버지'를 사랑과 관심으로 잡아줘야 할 때입니다. '아버지'의 지친 어깨를 두드려 드리고, "힘내세요." 보다는 "참 애쓰셨어요. 사느라 살아내느라 여기까지 오느라 애쓰셨어요.", "고마워요.", "사랑해요."라고 고백한다면 벼랑 끝에 서 있던 중년의 남성들 우리의 '아버지'들이, 다시 가족에게로 또한 생명의 삶으로 돌아설 수 있는 힘과 용기를 가질 수 있으리라 믿습니다.

건강한 사회, 건강한 사람사랑으로

제 나이 오십이 되니 주변에서 덕담으로 건네는 말이 대부분 건강입니다. 저 또한 지인들에게 건강을 이야기하고 강조합니다. 사람이 살아가는데 건강하게 사는 것이 제일 중요할 것입니다. 출세와 성공과 명예 등도 건강에 비할 수 없습니다. 건강은 모든 것의 기초요, 기둥입니다. 건강의 중요성은 개인만이 아닙니다. 사회도 건강해야 합니다. 그래야 사회 속의 개인도 건강할 수 있습니다. 건강한 삶이 보장될 수 있는 사회적 여건이 충족되어 있지 않다면 '건강'이란 말 자체는 허구에 불과합니다. 그러면 오늘 우리 사회는 건강한 삶을 이어갈 수 있는 건강한 사회인가요? 아마 누구도 이 문제에 쉽게 답을 내놓을 수는 없을 것 같습니다. 이것은 우리 사회가 건강하지 못하다는 증거입니다. 이런 상황에서는 사회적 삶의 지수가 급격히 떨어질 수밖에 없습니다.

남북 간의 긴장 관계, 전쟁의 공포와 핵 공격의 협박, 한국과 중국의 관계, 한국과 미국 관계, 한국과 일본 관계 등의 외부적 요인들도 우리의 건강을 해칩니다. 이것들은 우리 마음에 족쇄가 되어 우리를 심리적으로 뿐만 아니라 삶의 현장에서 몸으로 느낄 수 있을 정도로까지 압박하고 있습니다. 정치권의 이해관계로 인한 정쟁(政爭)도 우리를 불안하게 만들곤 합니다. 이런 긴장과 불안은 어제 오늘의 일이 아닙니다. 언제나 우리에게는 크고 작은 변화로 인한 스트레스가 있었습니다. 역사적으로 보면 국난의 위협 속에서 두려워했고 국권을 찬탈당하기도 했고 전쟁과 기근으로 생존 자체의 위협을 겪기도 했습니다. 그러니 이런 두려운 일들은 우리 개인이나 단체가 해결할 수는 없습니다.

  그러나 우리 개인의 노력으로 가능한 일이 있습니다. 마음의 힘을 기르면 외부적인 환경은 바꿀 수 없지만 자기감정을 잘 조절해서 절망을 이겨나갈 희망으로, 부정에서 긍정으로 나아갈 수 있습니다. 또한 우리 사회가 건강한 공동체정신으로 성숙해간다면 마을 공동체, 지역사회가 훈훈한 인정이 흘러넘치는 살기 좋은 곳이 될 수도 있습니다.

  사람은 더불어 함께 살아가야만 하는 존재입니다. 사람은 사회와 상호·유기적으로 관계하며 존재합니다. 우리에게 필요한 것은 이 관계를 깨뜨리지 않으며 앞으로 나가는 것입니다. 사람을 사회적 존재라고 하는 말에 함축된 의미는, 사람은 사람과 더불어 사회를 이루며 존재한다는 것입니다. 나와 너가 별개가 아닌 어울림의 관계입니다. 그 기초는 서로 믿는 것입니다. 내가 '너'의 마음을 있는 그대로 받아주는 자세가 믿음입니다. 서로 상대의 마음을 받아주고, 존중해야 합니다. 믿음은 건강한 사회를 만드는 초석입니다.

사람은 어떻게 존재할까요? 사람은 사랑할 수 있기 때문에 존재합니다. 사람과 사랑이라는 말은 첫 글자가 같고, 두 번째 글자도 초성과 중성은 같고 단지 받침만 다를 뿐입니다. 이처럼 사람과 사랑은 깊은 관련성이 있습니다. 사랑은 사회적 관계와 의미상통합니다. 서로 사랑하는 관계로 사회가 형성됩니다. 동물이 본능으로 존재한다면 사람은 사랑으로 연결되어 사회적 유기체로 존재합니다. 사람은 사람과 사람, 사람과 사회의 건강한 관계에서만 존재의 의미와 생존의 가치를 가질 수 있는 존재입니다. 이 관계의 근본이 사랑입니다. 사랑은 사람에 잠재된 사회성입니다. 사랑은 사회를 형성하고, 사회는 사람을 사람 되게 하는 힘입니다.

건강한 사회는 믿음과 사랑이 유기적으로 상관된 삶의 자리에서 실현될 수 있습니다. 하지만 이러한 조건에 의한 건강한 사회를 구성하는 것은 제한적일 수밖에 없습니다. 국가는 어떻게 하면 건강한 사회를 만들 수 있을까에 정책의 역점을 두고 공동체의식 함양을 위한 정책에 역점을 두어야 합니다. 국민에게 국가를 위한 의무를 요구하기 전에 국가는 국민을 위해 무엇을 할 것인가를 먼저 생각하는 것이 그 시작입니다. 국민을 위한 정치, 국민에게 믿음을 줄 수 있는 정치야말로 우리 사회를 건강한 사회로 만들 수 있습니다.

건강한 사회가 건강한 사람을 만들고, 건강한 국가가 건강한 국민을 만듭니다. 콩 한 쪽도 나눠먹고, 남의 집 불행을 같이 가슴아파하면서 위로하고 힘을 보태던 아름다운 전통을 이어가기를 소망합니다. 살면서 힘든 상황도 큰 어려움도 겪는 게 인생입니다. 그리고 그걸 참고 이겨낼 수 있는 가장 큰 힘은 주변에 따뜻한 말 한마디가 될 수 있습니다.

건강한 사회는 내일에 대한 희망이 현실화될 수 있는 사회입니다. 사람의 삶은 사회적 조건에 의해 결정됩니다. 건강한 사회는 건강한 사람을 만들며, 건강한 국가는 건강한 국민을 만듭니다. 사회 지도자들과 정치 지도자들의 의무는 건강한 사회와 건강한 국가를 만드는 일입니다. 이런 작업의 제일 조건은 희망입니다. 희망이 없는 사회는 내일이 없고, 내일이 없는 국가는 미래가 없습니다. 희망은 삶을 보장할 수 있는 생명과 같은 것이며, 생명의 빛입니다. 우리 마음에 결코 꺼지지 않는 희망이 있고 그 희망이 여럿이 함께 어우러져 희망찬 나눔으로 모두가 건강한 사회가 되기를 소망합니다.

중년의 의자에 앉았답니다

밤새 하얀 세상으로 덮힌 날에 저희 집 마당의 의자에 앉아 따뜻한 햇살을 맞으며 잠깐 동안 상념에 빠진 적이 있습니다. 문득 어느새 제가 '내 나이 벌써 오십이 되었구나'하는 생각에 세월이 참 빠름을 실감했습니다.

중년의 의자에 앉다보니 상념도 많아집니다. 중년의 의자는 어떤 의미가 있을까요? 앉은 의자를 매만지며 아직도 자리에 앉아 있다는 안도감으로 취해보기도 합니다. 아직은 일어날 생각이 없습니다. 그러나 한때는 불안하다는 핑계로 더 좋은 의자에 기웃거리며 욕심을 낸 적이 있습니다.

누구나 주어진 의자보다 멋지고 재미있는 인생을 꿈꿉니다. 그러나 현실은 꿈꾼 대로 이루어지지 않습니다. 오르막길, 내리막길을 좌충우돌하면서 누군가의 의자를 탐냅니다. 그러면서 내게 주어진 의자의 감사함을 잊은 적이 있으며 언제까지나 앉아있을 의자처럼 대한 적이 많습니다.

지금 제게 주어진 의자도 선배한테 물려받은 것처럼 언젠가는 후배에게 의자를 넘김으로써 뒤를 이을 사람을 생각해야 합니다. 이것은 참으로 중요한 일입니다. 그러니 제 의자는 제 것이 아니라 이어가는 과정에서 잠시 제가 맡고 있을 뿐입니다. 의자는 보았을 것입니다. 처음 시작할 때의 열정, 자신감 그리고 충실해지려는 자세 등을요. 그러나 의자에 계속 앉다보니 안일함에 빠져들기도 하고, 더 큰 의자를 탐내기도 하다 보니 지금 의자에 감사할 줄 모릅니다.

물려받은 의자를 처음 앉은 마음으로 자세, 열정, 마음가짐 등을 되새면서 우리에게 의자를 넘겨준 선배를 공손하게 받들 줄 알아야 합니다. 의자는 잠시 헤어졌다가 다시 만나도 시작할 때처럼 주인을 맞이합니다. 많이 보고, 배우고, 듣고 깊이 생각에 잠겨보는 것도 결국은 물려받은 의자를 잘 보존하고 지키다가 후배에게 의자를 소중하게 넘겨주기 위함일 것입니다.

의자에 앉아 몸을 뒤로 빼니 하늘과 자연이 가까워지며 세상이 아름답게 보입니다. 그동안 바쁘게 사느라 소홀했고 무심코 지나쳤던 것을 돌아봅니다. 다시 찾았으면 하는 일들도 생각납니다. 언제부터인지 푸른 잎에, 길가에 피어 있는 이름 모를 꽃에, 작은 탑 모양의 돌멩이까지도 의미를 부여하고 있습니다. 우연히 바람에 떨어지는 나뭇잎을 바라보면서 슬픔, 기쁨, 외로움, 괴로움 모두가 제 삶의 가장 큰 의미였음을 되새깁니다. 살다 보니 일러주지 않아도 스스로 알게 되고, 몸과 마음으로 느끼며 경험해봄으로써 알아지는 것들이 진짜 공부였습니다.

빈 의자에 앉아 지금까지의 길도 생각해 보고, 앞으로의 일도 생각해 봅니다. 사람은 나이 들면서 추억을 먹고 산다고 하는 말리 맞나 싶습니다. 밤하늘 초승달이 언젠가는 아름다운 보름달이 되듯이 시련 속에서 언젠가는 아름답게 승화될 것입니다. 이제는 바삐 살아온 날에 숨고르기를 하면서 자신을 점검하면서 지나온 선배를 존중하고 존중할 후배를 존중하면서 멋진 중년을 보내려 합니다.

전쟁은 가고 통일이여 오라

한 소년이 하얀 분필로 전쟁으로 인한 폭격으로 잃어버린 자신의 다리를 그려 넣고 있는 사진을 본 적이 있습니다. 한때는 흙먼지를 일으키며 다람쥐처럼 달리던 자신의 다리가 너무도 그리운가 봅니다. 어설픈 그림으로라도 그 흔적을 찾아보려는 것 같습니다. 하지만 전쟁으로 사라진 소년의 다리는 다시 돌아올 수 없습니다. 아직 이 세상에는, 오직 자신들의 욕심과 탐욕 때문에 약자가 눈물 흘리는 어둡고 아픈 곳이 있습니다. 단 한 장의 사진을 본 것만으로 애틋한 마음과 나누고 싶은 마음이 일어납니다. 다행히도 소년은 현재 구호단체의 도움을 받고 있다고 합니다. 나와 관련이 없고 전혀 모르는 아이라도 처음부터 고통 받을 일이 없는 세상을 만들 수 있는 것이 바로 우리입니다. 좋은 전쟁과 나쁜 평화란 없습니다. 더는 전쟁으로 고통 받는 아이들이 없기를 간절히 소망해 봅니다.

전쟁은 중단되어야 합니다. 인류의 역사가 지금까지는 전쟁의 역사였다면 이제부터는 평화의 역사로 바뀌어야 합니다. 전쟁으로 얻고자하는 황금이 아니라 평화로 얻는 황금이어야 합니다. 평화의 황금시대가 열려야 합니다.

2018년 새해를 맞아, 북한 핵무기 개발과 탄도미사일 실험으로 한반도에 전쟁의 분위기가 고조되던 중에 평창 동계 올림픽을 앞두고 모처럼 재개된 남북대화로 인해 화해의 봄이 찾아왔습니다. 고 김대중 대통령으로부터 시작된 햇빛정책으로 인해 남북의 화해가 조성됨으로써 개성공단 그리고 금강산 관광, 스포츠, 문화교류 등 상호 경제협력을 바탕으로 한반도의 긴장완화가 정착되는가 싶었습니다. 그러나 이명박과 박근혜 대통령의 중심으로 한 보수정권이 들어서자마자 남북관계는 급속히 냉각되어 그동안 진보정권이 일구어 놓은 햇빛정책은 무산되고 말았습니다. 이명박 대통령 시기, 천안함 사건 발생과 금강산 관광 중단 그리고 박근혜 대통령의 개성공단 폐쇄 등 대북 압박정책은 급기야 한반도를 다시 군사대결상태로 되돌려 놓고 말았습니다.

여기에 북한이 핵무기 개발과 탄도미사일의 실험을 연이어 단행하자 미국의 군사적 공격이 임박한 조짐이 보이고 있는 가운데 설상가상으로 미국을 비롯한 유엔의 연이은 고강도의 대북압박 정책이 한 몫을 더하면서 한반도의 전쟁의 위협은 최고조에 이른 듯했습니다. 우리는 언제 전쟁이 터질까 늘 불안에 떨면서 지내오다가 모처럼 남북이 다시 대회를 재개하게 되었습니다. 이제 국민들은 전쟁발발의 두려움에서 벗어나 평화로운 분위기 속에서 희망찬 한 해를 맞이하게 되어 그 어느 때보다 즐거운 모습을 보였습니다.

무엇보다 여러 면에서 우리나라가 당면한 가장 큰 문제는 남북평화일 것입니다. 평화가 정착되어야 통일을 기대할 수 있기 때문입니다. 남북이 갈등과 적대감을 지속하면 전쟁을 피할 수 없습니다. 과거와 달리 현대 전쟁은 단순히 재래식 소총과 대포가 사용되지 않고 미사일과 핵무기 등 대량살상용 첨단무기들이 동원됩니다. 그 파괴력은 상상을 할 수 없을 만 치 엄청나서 한반도 전체를 파괴시킬 뿐 아니라 아예 지도에서 사라지게 할 수도 있습니다. 현대 전쟁은 그렇게 끔찍하며 가공스러운 결과를 낳습 니다. 그럼에도 전쟁분위기를 고조시키며 전략핵무기 재배치를 주장한 보 수층들의 행태는 누구를 위한 생각인지 답답합니다. 남북은 전쟁을 방지 하고 오직 대화와 화해를 바탕으로 통일되어야 합니다.

우리 경제는 지금 한계에 도달했습니다. 아무리 기업과 국민 그리고 정부가 협력하여 전력을 다해 노력해도 우리 한반도가 처한 여러 조건들 에 의해 더 이상 성장과 발전을 기대 할 수 없습니다. 우리는 인구 면에서 내수시장이 좁고 지리적 악조건으로 인해 자원개발이나 해외시장 개척이 어렵습니다. 부족한 자연자원에 따른 저렴한 자원확보와 저렴한 인건비를 확보하기도 많은 제약을 받고 있습니다. 이런 여건 속에서 남북통일은 그 야말로 대박입니다.

이 말은 우리나라가 통일이 되어야 지속가능한 성장을 기대할 수 있다 는 것입니다. 남북이 갈라져 서로 군사적 대결을 계속유지 한다면 우리 민족은 진보가 아니라 퇴보를 반복할 수밖에 없습니다. 남북의 회해와 협 력관계의 구축은 평화통일로 나아가는 동시에 우리 민족의 중흥을 위한 최선의 대안입니다. 이를 위해서는 남북의 긴장을 조성해서 정권을 유지 하고 사적 이득만 추구해온 내적 적폐들을 제거해야 합니다. 부패하고 썩은 적폐들이 존속하는 한, 한반도에 평화도 성장도 없습니다. 오히려 이 적폐들은 지금까지 국민들의 피땀으로 쌓아온 경제성장을 하루아침에 무너뜨릴 것입니다.

통일을 위한 과정에서 혼란스럽고 힘든 일들을 겪을지라도 이번 기회에 우리나라와 민족의 미래를 가로막고 있는 망국의 적폐들이 제거되기를 바랍니다. 이제야말로 통일을 위한 힘찬 발걸음으로 모두가 마음과 뜻과 정성을 모아야 할 것입니다. 우리나라 통일운동의 선구자 늦봄 문익환 목사의 시입니다.

꿈을 비는 마음

문익환

개똥같은 내일이야
꿈 아닌들 안 오리오마는
조개 속 보드라운 살 바늘에 찔린 듯한
상처에서 저도 몰래 남도 몰래 자라는
진주 같은 꿈으로 잉태된 내일이야
꿈 아니곤 오는 법이 없다네.
그러나 벗들이여!
보름달이 뜨거든 정화수 한 대접 떠놓고
진주 같은 꿈 한자리 점지해 줍시사고
천지신명께 빌지 않으려나!

벗들이여!

이런 꿈은 어떻겠소?

155마일 휴전선을

해 뜨는 동해 바다 쪽으로 거슬러 오르다가 오르다가

푸른 바다가 굽어보이는 산정에 다다라

국군의 피로 뒤범벅이 되었던 북녘 땅 한 삽

공산군의 살이 썩은 남녘 땅 한 삽씩 떠서

합장을 지내는 꿈,

그 무덤은 우리 5천만 겨레의 순례지가 되겠지.

그 앞에서 눈물을 글썽이다 보면

사팔뜨기가 된 우리의 눈들이 제대로 돌아

산이 산으로, 내가 내로, 하늘이 하늘로,

나무가 나무로, 새가 새로, 짐승이 짐승으로,

사람이 사람으로 제대로 보이는

어처구니없는 꿈 말이외다.

그도 아니면

이런 꿈은 어떻겠소?

철들고 셈들었다는 것들은 다 죽고

동남동녀들만 남았다가

쌍쌍이 그 앞에 가서 화촉을 올리고

―그렇지 거기는 박달나무가 서 있어야죠―

그 박달나무 아래서 뜨겁게들 사랑하는 꿈, 그리고는

동해 바다에서 치솟는 용이 품에 와서 안기는 태몽을 얻어

딸을 낳고

아침 햇살을 타고 날아오는

황금빛 수리에 덮치는 꿈을 꾸고

아들을 낳는

어처구니없는 꿈 말이외다.

그도 아니면

이런 꿈은 어떻겠소?

그 무덤 앞에서 샘이 솟아

서해 바다로 서해 바다로 흐르면서

휴전선 원시림이

압록강 두만강을 넘어 만주로 펼쳐지고

한려수도를 건너뛰어 제주도까지 뻗는 꿈,

그리고 우리 모두

짐승이 되어 산과 들을 뛰노는 꿈,

새가 되어 신나게 하늘을 나는 꿈,

물고기가 되어 펄떡펄떡 뛰며 강과 바다를 누비는

어처구니없는 꿈 말이외다.

"비나이다. 비나이다.

천지신명님 비나이다.

밝고 싱싱한 꿈 한자리,

부디부디 점지해 주사이다"

3장

모두가 함께 어울려
살아가는 세상

아침 식사는 제가 대접할게요

    팀 영과 폴 홀링스는 미국 뉴저지에서 일하는 소방관으로, 어느 날 밤새도록 화재진압을 하고 현장 근처 식당에서 모닝커피와 식사로 지친 몸을 달래고 있었습니다. 그리고 서로 밥값을 내겠다며 말하던 둘은 계산서를 보고 깜짝 놀랐습니다. "두 분 아침 식사는 제가 대접할게요. 진심으로 감사드립니다. 모두가 꺼리는 곳으로 출동하셔서 생명을 구하는 귀한 일을 해 주셔서요. 두 분의 역할이 무엇이건 간에, 용감하고, 듬직하십니다. 날마다 거칠고 힘든 일을 맡아 주셔서 고마워요! 불 앞에서 샘솟는 힘과 용기로 무장한 두 분은 훌륭한 사회의 본보기입니다. 오늘은 푹 쉬세요!"

-리즈-

    둘의 대화를 듣고 있던 식당 종업원이 감사의 편지와 함께 그들에게 아침 식사를 선물한 것입니다. 감동한 두 소방관은 이 일을 SNS에 올려

주변에 알렸습니다. 그러는 중 식당 종업원 리즈의 아버지 스티브가 5년 전부터 사지 마비 증세로 고생하고 있다는 것을 알게 됐습니다. 오로지 휠체어에 의지한 리즈의 아버지는, 이동에 어려움을 겪고 있어 휠체어에 앉은 채로 탈 수 있는 자동차가 필요한 상황이었습니다. 팀 영과 폴 홀링스는 이를 위한 모금 활동에 적극적으로 참여했습니다. 덕분에 다른 소방관들은 물론 많은 사람들이 나눔에 참여했고, 며칠 만에 실제로 필요한 17,000달러보다 훨씬 많은 70,000달러의 기부금이 모였습니다. 뜻밖에 상황에 감격한 리즈는 말했습니다. "저는 단지 아침을 사드렸을 뿐이에요. 단순히 두 분의 미소를 보고 싶은 마음에서요."

　대가를 바라지 않고 베푸는 순수한 마음은 가치를 매길 수 없이 아름답습니다. 언제나 더 크고 멋진 사랑으로 돌아오기 때문입니다. 단지 어느 날 아침, 우리를 위해 열심히 노력하시는 분들의 미소를 보고 싶다는 이유로 건넨 작은 마음이 이렇게 큰 사랑으로 돌아온다면, 매일 따뜻한 하루와 함께하며 마음을 나누는 여러분에게는 어떤 사랑이 기다리고 있을까요? 조그마한 친절이, 한 마디의 사랑의 말이, 저 위의 하늘나라처럼 이 땅을 즐거운 곳으로 만든답니다.

웰링턴 장군과 부사관

영국의 총리까지 지낸 군인이자 정치가인 아서 웰즐리 웰링턴은 1815년 워털루 전쟁에서 나폴레옹의 프랑스군을 물리쳤습니다. 이를 기념하기 위한 승전 만찬회를 개최하였을 때 작은 소동이 일어났습니다. 만찬회를 즐기던 중 웰링턴은 다이아몬드가 박혀있는 자신의 지갑이 사라졌다는 것을 알게 되었습니다. 결국, 손님들의 주머니를 검사하게 되자, 분위기가 가라앉아 버렸습니다. 그때 볼품없는 옷차림으로 구석에 있던 나이 많은 부사관이 화를 벌컥 내며 주머니를 검사하는 것은 손님의 인격을 모독하는 것이라며 반대했습니다. 주머니까지 두툼해 의심을 받았지만, 그는 결백을 주장하며 주머니 내용물을 끝까지 검사받지 않겠다고 버텼습니다. 사람들은 그가 범인이라고 의심했습니다.

만찬회의 주인으로서 입장이 몹시 난처해진 웰링턴은 손을 내 저으며 없었던 일로 하자며 검색하던 군인들을 만류하였습니다. 그렇게 해서 만찬회는 끝이 났습니다. 해가 바뀌어 또다시 만찬회를 개최한 웰링턴은 전에 입었던 만찬회 옷을 입어보니 그 옷의 주머니에서 잃어버린 다이아몬드 지갑을 발견하고 깜짝 놀랐습니다. 아무 잘못도 없는 부사관을 의심했던 자신이 몹시 부끄러웠습니다. 웰링턴은 그 부사관을 찾아 그때 일을 사과하고 용서를 구하며 물었습니다. "나는 자네가 내 지갑을 훔쳤다고 생각했다네. 정말 미안하네. 그런데 의심을 받으면서도 왜 그렇게 몸수색을 거부했나?" 그러자 부사관은 마침내 참았던 울음을 터트리며 말했습니다. "부끄럽습니다. 그때 제 주머니에는 만찬회 음식이 들어 있었습니다. 배불리 먹어보지 못한 자식들에게 주려고 그랬지만 대영제국의 군인이 만찬회의 음식을 손댔다는 사실이 알려지는 게 싫었습니다." 그는 명예를 지키기 위해 도둑의 누명까지 감내한 것입니다. 그 말을 듣고는 웰링턴도 부사관을 붙잡고 함께 울음을 터트렸습니다.

때로는 눈앞에 보이는 개인의 자존심보다는 국가 구성원으로서 지녀야 할 자존심을 지키기 위한 노력과, 개인의 이익만을 앞세우는 이기주의보다는 우리 모두를 생각하는 넓은 시선이 우리에게 필요합니다. 명예는 돈으로도 살 수 없는 소중한 것입니다. 명예를 잃는다면 과연 남는 것이 무엇일까요?

무엇이 남는가

박노해

정치가에게 권력을 빼보라
무엇이 남는가

부자들에게 돈을 빼보라
무엇이 남는가

성직자들에게 직위를 빼보라
무엇을 남는가

지식인들에게 명성을 빼보라
무엇이 남는가

빼버리고 남은 그것이 바로 그다.

그리하여 다시
나에게 영혼을 빼보라
나에게 사랑을 빼보라
나에게 정의를 빼보라

그래도 여전히 살아있다면
그래도 태연히 내가 살아간다면

나는 누구냐
나는 누구냐

따뜻한 말 한마디의 배려와 존중이 아릅답습니다

　어느 대학생의 이야기입니다. 학자금 대출로 등록금을 내고 아르바이트로 생활비를 버는 어디에나 있는 평범한 대학생 중의 한 명입니다. 편의점에서 아르바이트하며 정말 다양한 손님을 다 만나게 됩니다. 일주일 전에 산 물건을 가져와서 유통기한이 지났다고 환불해 달라는 손님. 다른 편의점에서 산 물건을 여기서 반품해 달라는 손님. 없는 물건을 무조건 찾아와서 팔라고 고집부리는 손님. 편의점 물건은 비싸다고 깎아달라는 손님. 이런 손님들보다 더욱 싫은 손님은 술주정하는 손님입니다. 소리를 지르고, 주먹을 휘두르고, 물건을 집어 던지는 손님에게는 짜증이 느껴지지도 않습니다. 그저 너무 무섭습니다. 그래서 이 대학생은 술이 싫다고 합니다. 마시지도 않습니다.

　어느 날 밤, 술에 거나하게 취한 아저씨가 손님으로 들어왔습니다. 그날은 하루 내내 감기 기운에, 온몸에 힘이 하나도 없었습니다. 술에 취한 아저씨 눈에도 이상하게 보였나 봅니다. "어? 학생 왜 그래? 어디 아파?" "감기 기운이 좀……." "에이! 그럼 진작 말하지!" 아저씨는 감기가 옮는 것이 싫었는지 대학생을 쳐다보고는 나갔습니다. 아저씨가 짜증내는 것이 조금 기분 나빴지만, 큰소리 내지 않은 것도 다행이라고 생각했습니다. 그런데 잠시 후 조금 전 술 취한 아저씨가 다시 편의점으로 들어왔습니다. 무슨 이유인지 숨도 조금 헐떡이는 모습에 긴장했습니다. 그런데 그 아저씨가 감기약을 대학생에게 내미는 것이었습니다. 너무 뜻밖의 상황에 당황하고 얼떨떨해진 대학생은 그만 울음을 터트렸습니다. "울지만 말고, 이거 마셔. 젊은 아가씨가 자기 몸 하나 잘 챙기고 다녀야지!" 걱정인지, 충고인지, 꾸중인지 알 수 없는 아저씨의 말이 마치 아버지가 말하는 것 같아서 대학생은 더 눈물을 흘리고 말았습니다. "학생이 누군지 모르지만, 학생도 부모님에게는 소중한 딸이야. 편의점 아르바이트생이 아니라, 누군가의 소중한 사람이니까, 아프지 말고, 울지 말고, 이거 먹고 빨리 힘내."

아르바이트 하는 사람들 중에 70% 이상이 잘못하지 않은 일에 사과를 한 적이 있다고 합니다. 그리고 폭언과 욕설에 시달리는 텔레마케터 중 한 직장에 6개월 이상 버티는 사람이 50%도 되지 않는다고 합니다. 수많은 판매, 영업, 서비스 업종의 사람들에게 '손님은 왕이다'라는 말이 금과옥조처럼 강요되고 있습니다. 하지만 그 말의 진정한 뜻은 서비스를 제공하는 측에서 손님을 생각하고 모셔야 한다는 뜻이지, 손님이 특권을 요구해도 된다는 뜻이 아닙니다. 우리가 세상에 뿌린 선의는 돌고 돌아 우리가 사랑하는 사람에게 찾아옵니다. 날씨가 무척 춥다보니 몸도 얼어붙는 것 같아 마음도 힘듭니다. 그러나 우리가 더 힘든 것은 마음이 얼어붙는 것입니다.

아름다운 사랑의 온기로 서로 배려하고 존중하면 이 세상은 훈훈한 사랑 나눔으로 가득할 것입니다. 세상의 어떤 선행도 그 자체로 끝나지 않습니다. 하나의 선행은 또 다른 선행으로 이어집니다.

　냉동식품 가공 공장에서 일하는 한 여직원은 어느 날 퇴근하기 전 냉동 창고에 들어가 점검을 하던 중 '쾅!' 하고 문이 저절로 닫히는 바람에 갇히고 말았습니다. 깜짝 놀란 그녀는 목이 터지도록 소리치며 도움을 청했지만, 문밖에서는 아무런 반응도 없었습니다. 5시간이나 지나 여직원의 몸이 감각이 없을 정도로 얼어 있을 때 냉동 창고 문틈으로 빛이 들어오더니 누군가 문을 열었습니다. 뜻밖에도 경비원 아저씨였습니다. 경비원 아저씨는 자기가 공장에 온 지 35년이 됐지만 그 여직원 말고는 누구도 인사하는 사람이 없었다고 말했습니다. 그런데 그 날 퇴근 시간이 됐는데도 여직원의 모습이 보이지 않자 이상하다는 생각이 들어 공장 안을 여기저기 찾아다니다가 냉동 창고까지 확인해 봤다는 것입니다. "사람들은 모두 나를 별 볼 일 없는 사람으로 대했지만, 매일 나에게 인사를 해주니 늘 당신이 기다려졌어요. 내가 그래도 사람대접을 받고 있구나 하고 느꼈거든요" 아! 짧지만 친절한 인사 한마디가 죽을 뻔한 생명도 구한 것입니다.

　위급한 환자를 구하는 외상센터 의사로 유명한 이국종 교수의 아버지는 6.25 전쟁 때 한쪽 눈을 잃고, 팔다리를 다친 장애 2급 국가 유공자셨습니다. 이국종 교수의 인터뷰 내용입니다. "중학교 때 축농증을 심하게 앓은 적이 있습니다. 치료를 받으려고 병원을 찾았는데 국가유공자 의료복지카드를 내밀자 간호사들의 반응이 싸늘했습니다. 다른 병원에 가보라는 말을 들었고 몇몇 병원을 돌았지만, 문전박대를 당했습니다." 자신을 받아줄 다른 병원을 찾다가 그는 자기 삶을 바꿔줄 '이학산'이라는 이름의 외과

의사를 만나게 됩니다. 그는 어린 이국종이 내민 의료복지카드를 보고 이렇게 말했습니다. "아버지가 자랑스럽겠구나" 그는 진료비도 받지 않고 정성껏 치료하고는 마음을 담아 이렇게 격려했습니다. "열심히 공부해서 꼭 훌륭한 사람이 되어라" 그 한마디가 어린 이국종의 삶을 결정했습니다. '의사가 되어 가난한 사람을 돕자 아픈 사람을 위해 봉사하며 살자, 환자는 돈 낸 만큼이 아니라, 아픈 만큼 치료받아야 한다'는 삶의 원칙도 그때 탄생한 것입니다. 한 마디의 따뜻한 말이 한 사람의 삶을 바꿀 수 있습니다. 이처럼 말 한 마디의 친절과 배려가 사람을 살립니다. 현명한 말 지혜는 생활 속에서 보석처럼 빛납니다.

삶 자체가 중요합니다

험준한 산을 넘는 남자의 얼굴에는 미소가 가득했습니다. 산을 넘으면서 힘이 들고 숨이 차기도 했지만 오랫동안 준비했던 거래를 성공시키고 큰돈을 벌어서 돌아오는 길이었기 때문입니다. 그런데 날씨가 점점 흐려지면서 나빠지기 시작하더니, 갑자기 하늘이 어두워지고 눈보라까지 몰아쳤습니다. 삽시간에 눈앞도 보이지 않는 눈보라 속에서 우왕좌왕하던 남자가 작은 동굴을 발견할 수 있었던 것은 거의 하늘이 도운 행운이었습니다. 하지만 남자는 이미 눈보라 속에서 온몸이 흠뻑 젖어 그대로 있으면 추위에 동사할 것이 뻔했습니다. 필사적인 노력으로 주변에서 나뭇가지를 모은 남자는 불을 붙이려고 노력했지만, 불이 붙지 않았습니다. 불쏘시개가 필요한 상황이었습니다.

그러자 남자는 품속에서 자신이 그동안 고생해서 모은 돈다발을 꺼내

주저 없이 불쏘시개로 사용했습니다. 덕분에 따뜻한 모닥불을 만들 수 있었고, 무사히 아침까지 버틸 수 있었습니다. 아침이 되자 밤새 심하게 불었던 눈보라는 그쳤고, 산에서 고립된 사람을 찾던 구조대는 모닥불의 연기를 보고 남자를 구조 할 수 있었습니다. 남자는 가지고 있던 돈을 불에 태웠지만 조금도 아까워하지 않고 오히려 이렇게 생각했습니다. '내 생명과 미래를, 아주 싼 값에 살 수 있었으니 나에게 이보다 더 큰 이득은 없구나.'

　사람들은 착각합니다. 인생에서 돈을 많이 버는 것을 자신의 꿈으로 설정하고, 돈을 얼마나 벌었느냐를 성공의 척도로 삼습니다. 또한, 죽지 않고 영원히 살 것처럼 여기듯, 물질 또한 영원히 함께할 것이라는 착각을 합니다. 하지만 세상을 살면서 어느 것 하나 내 것은 없습니다. 잠시 살아 있는 동안 내게 주어진 것을 보관하고 지키고 있을 뿐입니다. 매일 아침 우리 앞에 돈을 벌어야 할 24시간이 아닌, 살아야 할 24시간이 펼쳐집니다. 달아나고 싶은 유혹에 지지 말고, 지금을 생생히 살아야 하는 이유입니다. 우리가 투자할 것은 돈이 아니라 우리의 삶 그 자체입니다.

영원히 갚을 수 없는 빚

오래전 미국의 보스턴 시에 살던 꿈 많던 청년 '스트로사'는 사업자금을 빌리기 위해 '바턴'이라는 부자를 찾아가 2천 불을 빌려달라고 했습니다. 갑자기 찾아온 청년의 말에 바턴은 황당하고 어이가 없었습니다. 청년에게는 담보로 내놓을만한 것이 아무것도 없었고 가진 것은 오직 패기와 열정뿐이었습니다. 하지만, 바턴은 그 청년의 패기를 한번 믿어 보기로 했습니다. 주변 사람들은 만류했지만, 장래가 촉망되는 젊은이에게 투자하는 마음으로 선뜻 무담보로 2천 불의 거금을 빌려준 것입니다. 그리고 바턴의 무모한 선택은 틀리지 않았습니다. 얼마 지나지 않아 스트로사는 사업에 크게 성공하였고 충분한 이자와 함께 부채도 갚을 수 있었습니다. 이 일이 있은 지, 10년 후에 세계적인 대공황이 왔으며, 바턴이 운영하던 회사도 도산할 지경이 되었습니다. 이런 사실을 알게 된 스트로사는 바턴을 찾아와 물었습니다. "선생님, 현재 갚아야 할 부채가 얼마나 되는지요? 이번에는 제가 그 금액을 드리고 싶습니다." 스트로사의 말에 당황한 바턴이 말했습니다. "아니, 오래전에 당신에게 빌려준 2천 불은 다 갚지 않았습니까?" 이 말에 스트로사는 바턴에게 말했습니다. "선생님께서 빌려주신 돈은 지난 시절 모두 갚아 드렸지만 제게 도움을 주셨던 그 은혜는 그대로 남아 있습니다. 그때의 2천 불로 장사를 해서 오늘 이렇게 큰 부자가 되었는데 이것은 돈으로 갚아진다고 생각하진 않습니다." 덕분에 바턴은 재기할 수 있었고 이 두 사람은 모두 사업에 크게 성공했습니다.

세상에는 돈이 최고라 생각하며 다른 가치보다 우선시할 때가 있습니다. 하지만, 돈으로 계산할 수 없는 것들이 훨씬 많이 있습니다. 특히 누군가에게 큰 은혜를 받았다면 말입니다. 하지만 그 은혜를 미처 깨닫고 있지 못하고 잊어버리거나 넘어갈 때가 많습니다. 마치 우리가 부모님에게 생명을 받고 부모님 사랑 안에서 성장할 수 있었지만 그 고마움을 잘 깨닫지 못하고 있는 것처럼 말입니다. 보이지 않는 귀한 것들에 대해서 감사한 마음을 갖도록 해야 할 것입니다. 은혜를 갚는 것보다 더한 의무는 없습니다. 제 대학 은사이신 고 신영복 선생님의 『감옥으로부터의 사색』에 나오는 말입니다.

머리 좋은 것이 마음 좋은 것만 못하고, 마음 좋은 것이 손 좋은 것만 못하고, 손 좋은 것이 발 좋은 것만 못한 법입니다. 관찰보다는 애정이, 애정보다는 실천적 연대가, 실천적 연대보다는 입장의 동일함이 더욱 중요합니다. 입장의 동일함 그것은 관계의 최고 형태입니다.

한마음을 향한 동일함, 어떻게 가야 할지를 우리는 평생 고민하며 갑니다. 돈보다, 권력보다 명예보다 더 소중한 게 사람입니다. 사람은 꽃보다 아름답고 소중합니다. 사람사귐에서 존중과 배려로, 서로가 은혜를 나눔으로 함께 살아갔으면 좋겠습니다. 우리의 마음속에 따뜻한 불씨가 작게라도 남아있다면 그곳에 쌓인 감정은 쉽게 사라지지 않습니다. 눈에 보이지 않아도 천천히 그리고 조용히 쌓인 따뜻한 감정은 우리를 더 따뜻하고 행복한 사람으로 만들어 줍니다.

모두가 함께 어울려 살아가는 세상

    라면을 시켰는데 우동이 나왔습니다. 그리고 햄버거를 시켰는데 만두
가 나왔습니다. 이럴 때 문득 주문을 잘못 넣었는지 한번은 의심하게 되는
데 나오는 음식마다 매번 다른 음식이 나오게 된다면 과연 어떻게 될까요?
일본에 있는 이 식당은 '주문 실수가 넘치는 식당'입니다. 장사할 마음이
있는 걸까요? 그런데 항상 손님이 북적북적한 인기 있는 맛집입니다. 엉뚱
한 메뉴를 가져다줘도 화내는 손님은 한 명도 없습니다. 바로 이 식당에서
는 특별한 이해와 배려가 넘치는 음식을 먹을 수 있기 때문입니다.

    이 식당이 특별한 이유는 다름 아닌 아르바이트생들 때문인데, 이곳의
아르바이트생들은 모두 치매에 걸린 할머니들입니다. 때로는 직전에 받은
주문을 잊어버리기도 하고 주문과는 다른 메뉴를 가져다주는 실수를 범하
기도 합니다. 하지만 할머니들은 최선을 다해 일하고 계십니다. 웃음을

잃지 않고 노력하고 있습니다. 많은 자원봉사자와 더불어 운영되고 있는 이 식당은 치매 환자들의 사회구성원이 일부분이라는 소속감을 주고, 함께하는 공동체 의식을 불어 넣어주고 있습니다. 이 식당이 성공 비결은 바로 이해와 배려입니다. 그리고 어떤 손님도 화를 내거나 얼굴을 찡그리지 않습니다. 손님들은 모두 잘 알고 있기 때문입니다. 조금 실수하고, 조금 느리고, 조금 서툴어도 괜찮습니다. 이들은 다른 누구의 가족이 아니라 어린 시절, 우리의 모든 실수를 보듬고 길러주신 우리의 '어머니'이십니다. 사람이 사람을 헤아릴 수 있는 것은 눈도 아니고, 지성도 아니고 오직 마음뿐입니다.

어느 날 저녁, 달리는 버스 안 승객들은 모두 피곤한 표정을 짓고 있었습니다. 퇴근하는 직장인들, 학교와 학원 수업을 마친 학생들까지……. 그렇게 모두 조용한 버스 안에서 작은 실랑이가 벌어졌습니다. 좌석에 앉은 여고생과 기둥을 잡고 서 있는 할머니가 자리 양보 때문에 가벼운 언쟁을 나누고 있었습니다. "할머니. 여기 앉으세요." "아이고, 학생. 됐어. 나 아직 튼튼해." "그러지 마시고 여기 앉으세요." "정말 괜찮아. 그런데 학생은 몇 학년이야?" "고등학교 3학년이요." "우리 손녀하고 같이 학년이네. 학생도 공부한다고 힘들지. 그냥 앉아 있어." "할머니. 오히려 제 마음이 불편해서 그래요. 그냥 여기 앉으세요." "그럼 내 가방이나 좀 들어줘." 할머니가 여고생의 무릎 위에 자신의 가방을 척 올려 버리니 여고생도 그것을 치우고 일어나버리기에는 조금 뻘쭘한 상황이 되었습니다. 경험 많은 어르신답게, 노련하게 학생을 제압해버린 할머니는 학생 무릎 위에 놓인 자신의 가방에서 무언가를 주섬주섬 꺼내 내밀며 말했습니다. "학생 이거 우리 아들이 준 홍삼진액인데 하나 먹고 힘내. 젊은이들이 힘차게 잘 살아야, 우리 같은 노인들도 편하게 잘 살 수 있는 세상이 되는 거야."

사람은 혼자서 살 수 없습니다. 태어날 때부터 죽을 때까지 다른 사람과 함께 살아야 하고, 타인의 도움을 받아야 살아갈 수 있습니다. 배려는 한 쪽이 일방적으로 건네주기만 하는 것이 아닙니다. 누군가를 돕고 베풀고 사는 인생은 손해 보는 것이 아닙니다. 지금까지 살아오면서 그러했고, 앞으로 살아가는 동안에도 끊임없이 그러하듯이 누군가와 도움을 주고받으며 살아갈 것입니다. 문득 중학교 1학년 국어교과서에 나오는 시가 생각납니다.

섬

　　　　정현종

사람들 사이에 섬이 있다.
그 섬에 가고 싶다.

아름드리 느티나무도 처음엔 새싹이었습니다

오늘 우리의 현실은 녹록치 않습니다. 그렇지 않아도 힘든 미래인데 감당하기 쉽지 않은 제4차 산업혁명까지 밀려오고 있습니다. 지금은 역사적으로 전환기입니다. 이런 변화는 우리에게 이전과 다른 새로운 삶의 방식을 요구하고 있습니다. 이전까지는 나보다 '우리'가 강조됐습니다. 개인보다 집단이 더 높은 위치를 점했습니다. 그런 게임의 규칙이 이제 변하고 있습니다. 즉, 반복의 시대에서 변화의 시대로 바뀌고 있습니다. 과거에는 규칙을 잘 따르면 좋은 인재가 될 수 있었지만, 변화가 가속된 지금은 규칙이 점점 소용없습니다. 이제 규칙에 따라 그냥 관성적으로 움직이는 사람은 오히려 다른 사람에게 해를 끼치고, 조직에도 악영향을 미칩니다.

소셜미디어를 매개로 한 소통의 활성화에서 보듯이 요즘 사회는 자발성을 가진 개인들의 연합으로 사회가 발전하고 있음을 쉽게 찾아볼 수 있습니다. 이런 사람들은 궁금증과 호기심을 가지고 사회와 소통합니다. 자신이 주인으로 사는 '개방적 자아'는 사회와 충돌을 빚을 것처럼 보이지만, 변화하는 사회의 흐름을 읽고 긍정적인 방향으로 진보시킵니다. 이런 환경 아래서 모두는 평등하고, 힘을 가진 존재이고, 사회에 기여할 수 있습니다. 문제를 피해 다니는 것이 아니라 문제를 풀어보겠다는 적극적인 자세로 살아가야 합니다. 사회는 그런 시도를 지지하고 격려하는 양태로 바뀌고 있습니다.

이런 시도를 하는 사람을 빌 드리에턴(Bill Drayton)은 '체인지메이커(changemaker)'라고 불렀습니다. 그는 변화하는 세상에서 우리에게 필요로 하는 역량은 과거와는 판이하다고 주장했습니다. 인지적 공감능력, 섬세한 팀워크, 리더십, 체인지메이킹 그 자체입니다. 이것들은 책을 읽어서 배우는 것이 아니라, 반드시 행동을 해야 배울 수 있습니다. 변화 패턴을 보고, 발맞춰 새로운 시도를 해야 합니다. 이는 시대적 과제입니다. 문자 그대로 모든 사람이 체인지메이커가 되지 않으면, 이 게임에 참여조차 할 수 없습니다. 변화에 기여하지 않으면 즉, 체인지메이커가 되지 않으면 살아남기가 힘듭니다.

그러려면 미래를 꿈꾸는 다음세대들에게는 무엇보다 더욱 자신이 좋아하는 일에 과감히 도전하는 용기가 필요합니다. 그냥 주어진 환경에 순응하는 존재여서는 안 됩니다. 경계를 허무는 일을 두려워해서는 안 됩니다. 우리 교육은 이 세계에 하나의 정답이 있다고 생각하게 만드는 데 집중해 왔습니다. 이제는 이런 교육으로는 미래를 긍정적으로 맞이할 수가 없습니다. 스스로가 문제를 발견하고 해결하는 과정에서 자신이 하는 일을 좋아하게 되면서 체인지메이커로 성장할 수 있습니다. 자신이 좋아하는 일을 찾고 직접 해보는 것이 체인지메이커가 되는 선결조건입니다.

아름드리 느티나무들도 애초에는 새싹이었습니다. 처음부터 크고 웅장한 것이 아니었습니다. 씨앗 하나에서 새싹이 되고 앙증맞은 가지가 자라나 나무가 된 것입니다. 이렇듯 변화의 시대를 주도하는 주체 즉, 체인지메이커가 되는 것은 비단 다음세대에만 해당되는 일은 아닙니다. 저와 같은 기성세대도 마찬가지로 새로운 삶의 방식으로 미래를 준비하고 기대하면서 살아가야 할 것입니다.

아빠 내가 소금 넣어줄게…

어느 순댓국집에서 있었던 이야기입니다. 여덟 살쯤 되어 보이는 여자 아이가 어른의 손을 이끌고 느릿느릿 안으로 들어 왔습니다. 두 사람의 너절한 행색은 한 눈에도 걸인(乞人) 임을 짐작할 수 있었습니다. 조금은 퀴퀴한 냄새가 코를 찔렀습니다. 주인은 자리에서 벌떡 일어나 그들을 향해 소리쳤습니다. "이봐요. 이렇게 손님이 없는데 다음에 와요." 아이는 아무 말 없이 앞 못 보는 아빠의 손을 이끌고 음식점 중간에 자리를 잡았습니다. 주인은 그때서야 그들이 음식을 먹으러 왔다는 것을 알았습니다. "저어… 아저씨 순댓국 두 그릇 주세요." "응 알았다. 근데 얘야, 이리 좀 와볼래."

계산대에 앉아 있던 주인은 손짓을 하며 아이를 불렀습니다. "미안하지만, 지금은 음식을 팔수가 없구나. 거긴 예약 손님들이 앉을 자리라서 말이야." 그렇지 않아도 주눅이 든 아이는 주인의 말에 낯빛이 금방 시무룩해졌습니다. "아저씨 빨리 먹고 나갈게요. 오늘이 우리 아빠 생일이에요." 아이는 찬 손바닥에 꽉 쥐어져 눅눅해진 천 원짜리 몇 장과 한 주먹의 동전을 꺼내 보였습니다. "알았다. 그럼 빨리 먹고 나가야 한다."

잠시 후 주인은 순댓국 두 그릇을 그들에게 갖다 주었습니다. 그리고 계산대에 앉아서 물끄러미 그들의 모습을 바라보았습니다. "아빠 내가 소금 넣어 줄게." 아이는 그렇게 말 하고는 소금 대신 자신의 국밥 그릇으로 수저를 가져갔습니다. 그리고는 자기 국밥 속에 들어 있던 순대며 고기들을 모두 떠서 앞 못 보는 아빠의 그릇에 담아 주었습니다. "아빠 이제 됐어. 어서 먹어. 근데 아저씨가 우리 빨리 먹고 가야 한댔으니까 어서 밥 떠. 내가 김치 올려줄게." 수저를 들고 있는 아빠의 두 눈 가득히 눈물이 고였습니다. 그 광경을 지켜보던 주인은 조금 전 자신의 행동에 대한 뉘우침으로 그들의 얼굴을 바라보지 못했습니다.

그 자리에 있던 손님은 그 아이와 아버지의 음식 값을 같이 지불하고 식당을 나왔습니다. 사람은 귀천이 없으나 스스로를 귀하게 할 수도 천하게 할 수도 있습니다. 사람을 대함에 있어 외모로 판단하지 맙시다. 일상의 행동이 이 아이의 효행처럼 세상에 좋은 빛이 되었으면 하는 바람입니다. 한없이 부족하다 생각하면 한없이 부족하고, 한없이 감사하다 생각하면 한없이 감사하듯, 더 못 가짐에 불평하지 말고 덜 가진 이들을 돌아보며 더 감사해하며 그들을 돌 볼 수 있는 여유와 감사를 가져봅시다.

나를 위한 나눔

'나눔'은 남을 위한 것이라고만 생각하기 쉽습니다. '나'의 나눔을 통해서 '남'이 나눔의 수혜자가 된다는 점에서, 나눔은 남을 위한 것입니다. 하지만 동시에 '나눔'이 가져다주는 충만한 기쁨과 보람은 내 것이기에 나눔은 곧 나를 위한 것이기도 합니다. 나눔, 한 번만 해본 사람은 없습니다. '나눔', 경험해보지 못한 사람은 있어도 한 번만 경험한 사람은 없습니다. 놀랍게도 '나를 위한 나눔'의 보람은 생각보다 훨씬 큽니다. 그 때문에 한 번 '나눔'의 기쁨을 경험한 사람들은 지속적으로 나눔을 실천하게 됩니다. 단한 번의 체험만으로도 나눔을 습관처럼 하기에는 충분합니다. 나눔의 기쁨을 체험한 이들은 한결같이 나눔을 통해 주는 것보다는 받는 것이 많고, 남을 위한 것에 그치지 않고 자기 자신을 위한 것이라고 입을 모읍니다.

하버드대학 총장을 역임한 찰스 엘리엇(Charles William Eliot)은 "세상에서 찾아볼 수 있는 유일한 만족의 길은 봉사하는 것"이라고 말했습니다. 알베르트 슈바이처(Albert Schweitzer)는 "정말 행복한 사람들은 어떻게 봉사할지를 찾고 발견한 사람들"이라고 말했습니다. 마더 테레사 수녀는 "나눔은 우리를 진정한 부자로 만들어준다"고 말했습니다. 정말로 나눔이 나를 위한 것일까요? 그렇습니다. 나누면 우선 마음이 배부릅니다. 미국의 내과의사 앨런 룩스(Allan Luks)는 『선행의 치유력(The Healing of doing Goods, 2001)』에서 '봉사자의 희열'이라는 용어를 처음 사용했습니다. 마라토너가 느끼는 희열에 빗대어 사용한 용어입니다. 그의 설명에 따르면, 1주일에 8시간 이상 봉사를 하는 사람들 3000명 중 95%가 정서적 포만감을 경험했습니다.

봉사는 육체적 건강을 선사합니다. 이른바 '마더 테레사 효과(Teresa Effect)'입니다. 1998년 하버드 의대 연구진은 학생들을 두 그룹으로 나눠 한 그룹은 돈을 주고 노동을 시키고, 한 그룹은 봉사에 참여하도록 했습니다. 실험 결과 봉사 참여 학생들의 면역 기능이 크게 증가했습니다. 사람의 침에는 나쁜 병균과 싸우는 면역항체 IgA(Immunoglobulin A)가 함유돼 있습니다. 봉사 참여자들에게서는 이 항체가 급격하게 증가, 면역기능이 크게 강화됐습니다. 특히 테레사 수녀의 전기를 읽거나 영화를 보는 것만으로도 IgA 수치가 50% 이상 높게 나타났습니다.

그 외에도 나눔과 봉사가 건강에 도움을 준다는 보고는 수없이 많습니다. 2003년 미국 미시건 대학에서 5년에 걸쳐 부부 423쌍을 대상으로 한 조사, 영국 BBC 방송의 실험적 다큐멘터리 '2009 행복 보고서' 등에서도 봉사는 장수와 건강, 행복을 느끼는데 도움이 된 것으로 나타났습니다. 심지어 알코올 중독 치료에도 효과가 있었습니다. 미국 케이스웨스턴리저

브(Case Western Reserve University) 의대 연구에서는 다른 사람을 돕는 중독자들은 중독에서 쉽게 벗어난다는 결과가 나왔습니다.

나눔은 성공으로 이끕니다. 미국 펜실베이니아 주립대학 와튼 스쿨 애덤 그랜트 교수는 남을 배려하고 일단 베풀려는 '기버(giver)'들은 직장에서 생산성이 떨어지고 주어진 일을 잘 하지 못하지만, 결국은 성공 사다리의 상층에 올라서는 것을 발견했습니다. 그랜트 교수는 『기브앤테이크(Give and Take, 2013)』를 통해 다른 사람을 도와주다가 지쳐버리지만 장기적으로 그들은 합당한 대가를 받는다고 밝혔습니다. 실제로 우리 사회에서 성공한 사람들 중에는 정기적인 봉사를 하는 사람이 많습니다. 나눔의 습관은 우리를 성공으로 이끌 확률이 높습니다.

오늘 우리 사회의 문제는 세계의 비극적 현실을 외면하고 타인의 고통에 무감각한 '무관심의 세계화'입니다. 없어서 못 나눈다? 흔히 가진 것이 없어서 나눌 것이 없다고 생각합니다. 하지만 나눌 수 없을 만큼 가난한 사람은 없습니다. 2017년 7월 23일 향년 91세로 사망한 김군자 할머니는 일본군 위안부 피해자로 평생을 고통 속에서 아무것도 가진 것 없이 살았습니다. 하지만 김 할머니는 어려운 이웃을 위해 평생 조금씩 조금씩 모은 것을 아름다운 재단과 천주교수원교구 등에 모두 전달했습니다. 김 할머니는 늘 "내 옷을 사고 맛있는 것을 사먹기는 아깝지만 남에게 주는 것은 하나도 아깝지 않다"고 말했다고 합니다.

2011년 9월 교통사고로 세상을 떠난 김우수 씨는 가진 것이 없어도 얼마든지 나눌 수 있다는 것을 보여준, 정말 가진 것 없는 이웃이었습니다. 그는 고아로 태어났고, 가출과 노숙, 구걸 생활을 했으며 전과도 있었습니다. 하지만 중국음식 배달로 버는 월급 70만원으로 5명의 어린이를 후원했습니다. 사망 후 받을 보험도 어린이들 명의로 가입하고 장기기증 서약도 했습니다. 이들의 모범은 가진 것이 없어서 나눌 수가 없다는 변명을 무색하게 합니다. 이웃을 돕는 이웃은 오히려 가진 것이 적은 이들입니다. 사랑은 나눌수록 커집니다. 작지만 꾸준한 나눔은 병들고 죽어가던 이들을 수없이 일으킵니다. 가난해서, 가진 것이 적다는 것이 남을 돕지 못할 이유는 되지 못합니다.

가난한 이들의 외침은 우리에게 '초대'입니다. 나눔은 '나를 위한 것'이기도 하기 때문입니다. 마태복음 25장 40절입니다. "내가 진실로 너희에게 이르노니 너희가 여기 내 형제 중에 지극히 작은 자 하나에게 한 것이 곧 내게 한 것이니라."

2퍼센트 다른 길이 인간의 길입니다.

　유대 격언 중에 이런 말이 있습니다. "하나님은 모든 사람에게 일일이 나타날 수가 없어서 인간에게 어머니를 주셨습니다." 세상에서 가장 아름다운 단어는 어머니입니다. 어머니는 모든 이들에게 따뜻함과 포근함을 느끼게 하는 분이십니다. 이런 어머니의 다른 이름은 사랑입니다. 아무리 피곤하고 고되어도 자녀들이 먼저입니다. 밥솥에 찬밥이 있어도 꼭 새로 지은 밥을 먹이고 싶어 하고, 출가한 딸이나 객지에서 생활하는 자녀가 찾아오면 육체가 쇠약해도 밥을 손수 짓는 것을 마다하지 않습니다.

　이런 어머니의 마음으로 사랑을 실천한 이가 있습니다. 가장 낮고 낮은 자리에서 희망을 잃어버린 이웃들이나 극빈자들을 찾아가 사랑을 적극적으로 실천한 사람입니다. 그는 '노숙자들의 아버지'라 불린 고(故) 선우경식 요셉의원 원장입니다. 1987년 8월 서울 영등포역 뒤편 '쪽방촌'에 요셉의원을 개원한 그는 평생을 독신으로 살았습니다. 그는 "요셉병원을 맡아 1년만, 2년만 하겠다며 결혼을 미루다가 시기를 놓쳤다."고 말했습니다. 영세민, 노숙자, 외국인 노동자 등 가진 것 없는 사람들을 무료로 치료하며 이들에게 '슈바이처'로 불렸습니다.

한번은 대구에서 꽤 잘나가던 중소기업 사장이 노숙자가 되어 요셉의원을 찾았습니다. IMF 사태로 회사가 문을 닫게 되자 살길이 막막해져 아내와 아이들을 시골의 부모에게 보내고 일거리를 찾아 서울로 올라왔습니다. 서울역에서 사흘을 자다가 지병(持病)인 당뇨병이 악화되었습니다. 저혈당으로 온몸을 사시나무 떨 듯 떠는 그에게 누군가가 영등포역으로 가라고 일러주었습니다. 그 근처에 밥, 옷, 약을 주고 잠도 재워주는 병원이 있다고 했습니다. 그가 처음 요셉의원의 문을 두드렸을 때 선우경식 원장은 '밥, 방한 점퍼, 인슐린'이라고 쓴 처방전을 적어 직원에게 건네주었습니다. 그렇게 요셉의원과 연을 맺었습니다. 그는 어디서 구했는지도 모르는 정체불명의 약을 가져와서 요셉의원 약제실에 토해내고 매달 부당한 약값 10만원을 받아갔습니다. 직원 모두가 부당한 약값 지불에 강력히 반대했지만 선우경식 원장은 그의 요구를 조용히 들어주었습니다.

언젠가부터 발길을 뚝 끊었던 그가 요셉의원을 떠난 지 10년 만에 선우경식 원장을 모신 영안실의 조문객으로 나타났습니다. 예전의 노숙인도, 사기꾼도 아닌 식품회사 사장으로 나타난 것입니다. 그는 떠나던 날 선우경식 원장에게 꼭 성공해서 돌아오겠다고 약속했습니다. 3년간 먹여주고 입혀주고 치료해주고 약값이라는 이름으로 선우경식 원장이 그에게 건넨 삶의 밑천인 10만원이 종자돈이 되어 다시 일어섰습니다. 그를 믿고 지원해준 선우경식 원장의 사랑이 그를 회생시킨 것입니다.

생물학자들은 인간과 침팬지의 유전자 염기 서열이 98퍼센트 이상 같다고 말합니다. 단 2퍼센트만 다릅니다. 인간이 동물적 속성을 많이 가지고 있다는 증거입니다. 그러나 2퍼센트 차이가 인간과 동물 사이에 엄청난 차이를 만듭니다. 2퍼센트는 인간이 인간답기 위해 없어서는 안 될 2퍼센트입니다. 인간이 진정 인간다워지는 것은 자신이 희생하고 손해를 볼지라도 이웃을 사랑할 때입니다. IMF 사태가 할퀴고 간 약육강식의 폐허 위에 서 있던 한 노숙인은 그를 위해 묵묵히 인간의 2퍼센트를 보여준 한 의사 덕분에 절망에서 희망으로 돌아왔습니다. 남들은 바보같이 이용만 당한다고 어리석게 여겼지만, 선우경식 원장의 진실한 사랑이 옳았음을 증명했습니다.

한번은 노숙인 환자가 자신은 수도자라며 요셉의원을 찾았습니다. 30대의 노숙인은 고개를 푹 숙이고 원장 옆에 서 있었습니다. 처방전에 약 이름과 함께 '용돈 90만원'이라고 쓴 처방전을 직원에게 건넸습니다. 선우경식 원장은 약, 주사 같은 의료적 처치 외에 밥, 이불, 잠자리 등 노숙인 환자에게 필요한 것이라면 무엇이든 처방하곤 했습니다. 그러나 90만원이라는 용돈은 이례적이었습니다. 원장의 월급 70만원보다 더 큰 액수였음에도 매달 노숙자에게 그 돈이 지급되었습니다. 직원은 우여곡절 끝에 그가 말한 수도회와 연락이 닿았고, 그의 말이 전부 거짓말임을 알게 되었습니다. "원장님! 그 사람 수사님이 아니에요. 속았어요!" "예. 압니다. 오죽했으면 거짓말을 했겠습니까? 당분간 아무에게도 말하지 마세요."

선우경식 원장은 함구를 지시했습니다. 사실 처음부터 그가 거짓말을 하고 있다는 것을 알고 있었습니다. 그럼에도 거의 1년을 수사로 정중하게 대접한 이유는 노숙인의 마지막 자존심을 지켜주고 그에게 마지막이 될지도 모를 기회를 주고 싶어서였습니다. 그렇게 13년 전 꼬박꼬박 받았던 '90만원'이 마중물이 되어 그는 석사, 박사 과정을 마치고 정규직 사원이 되었습니다. 선우경식 원장은 속인 것을 알게 되는 실망스러운 상황에서도 조건 없는 환대로 부서지고 가난한 사람들을 품었습니다. 그들의 거듭된 거짓과 악의와 연약함을 보고서도 실망하거나 지치지 않고 믿고 기다려준 선우경식 원장의 사랑이 꽃을 피워냈습니다. 소수의 사람들이 찾는 길이지만 개척자의 길, 2퍼센트의 다른 그 길을 우리도 가야 할 것입니다.

선우경식 원장은 이제 이 세상에 없지만 그를 이어가는 이들은 아직도 이 세상에 빛으로 우리와 함께하고 있습니다. 신완식 요셉의원 의무원장이 그 중 한 사람입니다. 신 원장은 이곳에서 8년 넘게 무상 의료봉사를 하고 있습니다. 내과, 일반외과, 신경정신과, 치과 등 20여 개 진료과의 자원봉사 의사 가운데 유일한 상근자입니다. 다른 의사들은 대학병원이나 개인병원에서 진료를 보는 틈틈이 요셉의원을 찾아 환자를 돌봅니다. 그러나 신 원장은 2009년 가톨릭대 여의도성모병원 내과 과장직을 내려놓은 뒤 아예 요셉의원으로 옮겨왔습니다.

대학교수 시절 우리나라 최고 '감염질환 전문가'로 불리던 인물이었습니다. 2003년 〈동아일보〉에 실렸던 신 원장 관련 기사를 보면 그는 '명의 (名醫)'였습니다. "면역기능이 저하된 환자에게서 생기는 감염질환을 치료하는 분야의 국내 최고 권위자. 세계적 학술지에 백혈병, 재생불량성빈혈 환자 등의 항암치료 및 조혈모세포이식 전후 발생하는 감염질환에 대한 논문을 50여 편 발표했다. 유한의학상, 송촌 지석영의학상 등을 받았다. 대한감염학회 회장, 대한의진균학회 부회장, 한국학술진흥재단지정 중점 연구소지원사업 책임자 등을 맡고 있다." 신 원장은 이런 의사였습니다.

그가 이 같은 영광을 뒤로하고 둥지를 튼 곳이 요셉의원입니다. 그는 이곳에서 자신이 하루에도 100명 넘게 찾아오는 가난한 환자들을, 그들의 악취와 소란과 때로는 폭력까지 견뎌가며 치료하고 있습니다.

국민의료보험제도를 운영 중인 우리나라에서 모든 국민은 원칙적으로 전국 어느 병원에서든 원하는 치료를 받을 수 있습니다. 치료비는 대부분 국가가 부담하고, 개인이 내는 일부 비용도 필요한 경우 국가에 대납을 요청할 수 있습니다. 이게 '원칙'입니다. 그러나 현실은 다릅니다. 갖가지 이유로 주민등록이 없는 사람, 국민의료보험료를 장기간 체납한 사람, 불법체류 외국인 등 '예외'에 속한 이가 적잖습니다. 이들 중 상당수는 열악한 주거 여건과 식생활 탓에 심각한 건강 문제를 안고 있지만, 전국 어느 병원도 맘 편히 찾아가지 못합니다. 바로 이들을 위해 열려 있는 곳이 요셉의원입니다.

1987년 고(故) 선우경식 초대원장이 문을 연 이 공간은 30년간 국가 지원 없이 오직 후원자와 봉사자만의 힘으로 환자 64만 명 이상을 무료 진료해왔습니다. 2008년 선우 원장이 별세한 후 요셉의원을 맡게 된 신 원장도 이 '위대한 역사'의 한 부분을 담당한 사람입니다. 예순이 되기 전 그는 마침내 '사고를 쳤습니다'. 신 원장의 표현 그대로입니다. 선우 원장 별세 후 병원 운영이 난항을 겪고 있을 때였습니다. 잘 씻지 않고 알코올에 찌든 이들의 몸에서 풍기는 냄새는 견디기 힘들었습니다. 그리고 여기 환자는 대부분 사회에서 천대와 냉소를 받아온 이들이라 분노조절능력이 매우 낮습니다. 진료가 조금만 늦어져도 자신을 무시한다고 생각하고 화를 냅니다. 진료실 앞 유리나 거울을 막 두드려 부수는데, 이걸 어떻게 해야 하나 싶은 순간들도 많습니다.

요셉의원에는 세상에서 가장 아름다운 촌지가 있습니다. 병원이 낡고 오래된 건물이라 벽 곳곳에 틈이 있습니다. 그런 데를 허투루 보면 안 됩니다. 가끔 그 속에서 돈이 나옵니다. 환자들이 그 속에 슬쩍 돈을 넣어놓고 갑니다. 얼굴 보고 돈 주기는 쑥스러운데, 또 어떻게든 고마움을 표시하고는 싶어서입니다. 종종 쪽지도 같이 나옵니다. 무료 진료를 받고 가면서 그렇게 1000원짜리, 5000원짜리 마음을 병원 벽 틈에 밀어 넣습니다. 초콜릿 하나, 껌 하나 들고 와 진료 책상에 슬쩍 올려놓는 이들도 있습니다. 참…. 정말 눈물 나는 촌지입니다.

대학병원이나 개인병원에서 하루 종일 일하고 퇴근 후 달려와 저녁 7시부터 9시까지 또 환자들을 돌보는 의사들, 아무런 대가 없이 환자를 맞고 청소하고 노숙인들에게 이발, 식사 제공, 목욕 봉사까지 해주는 봉사자들도 있습니다. 그리고 국고보조 하나 없이 이 많은 환자를 치료할 수 있도록 도와주는 후원자들도 있습니다. 요셉의원에서 병을 이기고 마음의 위로를 받은 사람이 자활에 성공한 뒤 봉사자나 후원자가 돼 요셉의원으로 돌아오는 경우도 많습니다. 요셉의원 스토리에 감동받은 이들이 자발적으로 후원에 나서기도 합니다. 폐지를 줍는 노부부가 수익금의 20%를 매달 후원하거나, 90대 노인이 평생 아껴온 금반지를 후원금으로 내놓는 등 가슴 찡한 이야기도 많습니다. 1997년 요셉의원 이전 당시 선우경식 초대원장은 "후원자가 3000명만 돼도 좋겠다"고 했는데 2018년 1월 현재 후원자는 10,600명에 이릅니다.

감동의 선물

미국 어느 작은 도시에 가난하지만 사랑이 넘치는 부부 짐과 델라가 살았습니다. 부부에게는 대단한 자랑거리가 각각 하나씩 있었습니다. 남편 짐은 할아버지로부터 전해져 내려오는 금시계를 자랑스럽게 여겼고, 아내 델라는 윤기 나는 금발의 머리를 자랑스럽게 생각했습니다. 그런데 부부는 성탄절을 준비하면서 걱정거리가 생겼습니다. 부부는 서로에게 성탄절 선물을 꼭 하고 싶은데 너무 가난해서 선물을 준비할 여유가 없었기 때문입니다. 델라는 남편의 금시계에 어울리는 금시계 줄을 남편에서 선물로 주고 싶은데 돈을 구할 수가 없었습니다. 고민 끝에 델라는 자신의 탐스러운 머리를 잘라 팔아서 남편의 금시계에 걸맞은 금 시계줄을 준비합니다.

한편 남편 짐은 아내의 길고 아름다운 머리에 꽂을 머리핀을 사기로 마음먹고 소중하게 간직하고 있던 금시계를 팔기로 결정합니다. 대대로 전해 내려온 시계를 판다는 것은 어려운 일이었지만 아내를 기쁘게 하는 성탄절 선물을 마련하기 위해 큰마음 먹고 시계를 팔아 아내를 위한 머리핀을 준비했습니다. 크리스마스이브, 짐과 델라는 서로를 기쁘게 할 생각에 흥분을 가라앉히지 못한 채 집으로 달려 왔습니다. 거의 같은 시간 집에 도착한 그들은 서둘러 선물을 들고 거실로 나옵니다. 짐은 머리핀을 들고, 델라는 시계 줄을 들고 흥분된 마음으로 들어 왔는데 그 선물들은 쓸모가 없었습니다. 델라는 머리가 없어서 남편이 준비한 머리핀을 사용할 수가 없었습니다. 짐은 시계를 팔아서 아내가 준비한 시계 줄을 사용할 수가 없었습니다. 선물을 줄 수도 받을 수도 없는 부부는 서로의 마음을 알았습니다. 그들은 동시에 서로를 부둥켜안고 울었습니다. 마음이 담겨 있는 아내의 선물에 남편이 울고, 깊은 정이 담긴 남편의 선물에 아내가 울었습니다. 그들은 서로에게서 행복을 선물로 받았습니다. 그들의 눈물은 행복의 눈물이었습니다.

아름다운 선물, 마음이 담긴 선물, 희생과 눈물이 담긴 선물로 행복이 풍성했으면 좋겠습니다. 주는 자의 가슴에도 행복이 넘치고 받는 자의 가슴에도 행복이 넘치는 선물이 준비되고 전해지면 좋겠습니다. 주고받는 선물들 속에 행복이 담겨지기를 바랍니다.

겸손으로 성숙해지는 삶

우리는 최첨단 과학 시대를 살고 있고, '지구촌한가족시대'로 지식의 개방성과 공유성이 엄청난 시대 속에 살고 있습니다. 예전에는 상상도 할수 없었던 공상과학영화에서나 나올법한 일들이 이루어졌습니다. 사람의 머리가 얼마나 우수한 지, 그 끝을 가름하기 어려울 지경입니다. 개인들도 그렇습니다. 이전 시대에는 소수의 사람들만이 가능하던 대학이 이제는 대중화된 시대입니다. 누구나 어느 정도의 여건만 갖추면 대학을 졸업할 수 있는 시대이다 보니 대학졸업이 그리 어려운 일도 아닙니다.

또한 지식이 대중화되어 인터넷 검색창에 무엇이든 물어보면 웬만한 정보는 언제 어디서나 쉽게 알 수 있는 시대입니다. 이런 시대이다 보니 누구나 지식인이요, 전문가인 것 같습니다. 이처럼 축복받은 시대에 한 가지 아쉬움은 자기 잘난 맛에 사는 사람들이 많고, 자기중심성이 지나치

게 강조되어 더불어 함께 살아가기 위한 공감과 공동체성의 가치가 중요
시되지 않는 것만 같은 모습입니다.

겸손(謙遜)의 사전적 의미는 '남을 존중하고 자기를 내세우지 않는 태도
가 있음'입니다. 겸손에는 나와 남이 등장하고, '존중하기'와 '내세우지 않
기'라는 두 가지 행동이 있습니다. 매우 단순한 구조의 이 단어에 세상사는
삶의 지혜와 힘이 있습니다. 겸손은 '다르게 볼 수 있는 힘'을 길러줍니다.
흔히 세상을 바라보는 틀(framework)로 불리는 관점(perspective)은 마치
안경과 같습니다. 푸른색 안경을 쓰면 세상이 푸르게 보입니다. 겸손의
안경을 쓰면, 그동안 보지 못했던 것들이 새롭게 보입니다.

겸손은 인생에서 부딪칠 수 있는 온갖 변화에 대한 마음의 준비를 하게
해 주는 유일하고도 진정한 지혜입니다. 겸손이란 세상을 자기 혼자서 살
아갈 수 없다는 것을 인정하면서 자신에 대한 자신감과 당당함을 충분히
갖추는 것입니다.

우리는 산에 오를 때에 정상을 향해 앞만 보고 오르느라고 자세히 보지
않고 오릅니다. 발밑에 자그마한 제비꽃 같은 것은 보지 못합니다. 내려올
때 천천히 주위를 둘러보면서 내려오면 그 때 비로소 보이는 것들이 있습
니다. 우리 삶도 그렇습니다. 높고 화려한 것만 바라보려고 하기보다는
낮은 곳, 사소한 것에 주의를 기울이고 바라보면 그동안 보지 못한 것들이
보입니다. 이처럼 겸손은 우리가 가볍게 여기고 스쳐지나간 것들에 시선
을 돌리게 함으로 보지 못하던 것들을 보여주는 힘이 있습니다.

겸손은 감사와 짝을 이룹니다. 다른 관점으로 세상을 보게 되면 저절로
감사하는 마음이 생겨납니다. 감사는 거창한 그 어떤 것에 대한 것이 아닙
니다. 오늘 우리가 접하는 삶의 사소한 것들에 대해서입니다. 뜨거운 여

름, 잠시 피할 수 있는 작은 그늘에서, 시원한 한 줄기의 바람에서, 길가를 지나다 스치는 아가의 싱그러운 웃음에서 감사할 거리를 되새겨 보게 합니다. 더 많이 갖고, 더 높이 올라가고, 더 유명해지기를 바라는 마음에서 조금은 한 걸음 떨어져서 생각해 봅니다. 나이 한 살 더 먹었으니 더 겸손히 살렵니다. 목사답게, 선생답게, 어른답게 말입니다. 나잇값을 하면서 말입니다. 우리 사회도 그랬으면 좋겠습니다.

속담에 세 살 먹은 어린아이에게도 배울 것이 있다는 말이 있습니다. 겸손한 것, 언제나 배울 자세가 되어 있는 것, 자만하거나 교만하지 않는 것……. 여러 가지 형태로 표현될 수 있는 말이지만, 영어로 'teachable'이란 표현은 어느 때고 배울 자세가 되어 있어서 무엇에든지 노력하는 것을 말합니다. 상대방이 나보다 덜 배우고 좀 부족한 것 같더라도 그 사람을 통해 무엇이든지 배우겠다는 자세로 상대방을 바라보고 존중해줄 때, 분명 거기에서 크나큰 배움을 얻습니다. 배울 자세가 어떤지에 따라 스스로 얻어지는 폭도 다르겠지요. 언제나 배울 자세로 살아가고자 합니다.

사람이 먼저, 주민투표로 경비원 급여 올린 아파트

2018년 최저 임금이 오르면서 서울 압구정동 어느 아파트 입주민대표회의가 경비원 94명을 해고한 일이 있었습니다. 시가 수십억 원 하는 아파트 주민들이 월 몇 천원 추가 부담이 싫어서 경비원을 해고한 게 과연 정상적인 사회인지 안타까웠습니다. 그런데 흐뭇한 소식도 들려와서 정말 기뻤습니다. 울산의 한 아파트에서 주민들이 스스로 관리비를 인상해 경비원들의 고용을 유지한 이야기가 화제를 모은 적이 있습니다.

2017년 12월 232가구 규모의 울산 중구 태화동 주상복합아파트 리버스위트에는 2018년 최저임금 대폭 인상을 앞두고 관리비 인상에 대한 주민들의 의견을 묻는 안내문이 게시됐습니다. 안내문을 게시한 주민자치위원회는 최저임금 인상으로 경비원 급여가 올라 관리비 인상이 불가피하다며 2가지 안으로 주민투표를 진행한다고 알렸습니다. 투표 안에는 가구당

9000원을 추가 부담해 경비원들에게 2018년 최저시급 7530원에 맞춰 인상된 급여를 제공하는 방안과 휴게시간을 1시간30분 늘리고 근무자 인원수를 조정한다는 방안이 담겼습니다. 투표 결과 경비원 급여를 인상하자는 방안이 입주민 68%의 지지를 받아 6명의 경비원과 미화원들은 근무시간 조정이나 인원 변화 없이 자리를 지키게 됐습니다.

입주민 입장에서 관리비 부담이 커지는 부분이 있습니다만 입주민들의 의견을 수렴한 결과 서로 공존할 수 있는 방안을 찾아낸 것입니다. 경비원들도 공동체의 한 일원이기 때문에 상생하는 것이 바람직하다는데 주민들의 뜻이 모아졌습니다. 이 결정은 입주민들이 경비원들을 공동체의 일원으로 생각해 준 것이기에 뜻깊습니다. 이로 인해 경비원들은 주민들을 돕는 일에 자부심을 가지게 되었고 조금이라도 더 주민들에게 안전함과 편리함을 줄 수 있도록 최선을 다할 것을 다짐했습니다. 우리 사회가 이 정도 부담은 충분히 할 수 있지 않나 싶습니다.

슬픔을 나누면 반이 되고 조금씩 짐을 나눠지면 얼마든지 해결이 가능한 일이 많습니다. 울산의 이 아파트 주민들은 모두가 행복한 세상을 만들어 갈 줄 아는 마음의 부자들인 것 같습니다. 이 아파트 주민과 경비원들이 참 행복할 것 같습니다. 여기서 자라는 아이들도 이런 행복을 보고 듣고 느끼면서 살지 않을까 싶습니다. 그에 반해 자기 주머니에서 나가는 몇 천원을 아끼려고 단 칼에 그동안 동고동락(同苦同樂)한 사람들 100여 명을 해고한 주민들은 소탐대실(小貪大失)이 아닌가 싶습니다. 작은 것을 얻으려고 큰 것을 잃어버리는 어리석음이, 사람관계를 돈으로 따지는 속좁은 가치관이 아쉽습니다. 지역적으로 보면 돈도 명예도 권력도 학식도 있는 이들이 꼭 이렇게까지 해야 하는 건가 싶습니다. 조금은 마음을 열고 조금은 손해 보면서 양보하고 배려하고 존중하면서 살면 얼마나 좋을까요? 이것이 사람다움이고, 좋은 사람이 함께 하는 세상이 정말 사람 사는 세상일 것 같습니다.

물고기 비늘에 바다가 스미는 것처럼, 사람의 몸에는 자신이 살아가는 사회의 시간이 새겨집니다. 사회의 시간. 그 시간의 시침과 분침 사이사이에 사람과 사람 또 사람이 있습니다. 미운 사람, 정든 사람, 가까운 사람, 멀리 있는 사람, 고마운 사람과 보고픈 사람이 있습니다. 제 몸과 영혼에 스며든 사람들. 제가 스며들어갈 사람들……. 그 모두를 위해 오늘, 지금, 마음 다해 사랑합니다.

소방관에게 쓴 편지

교통사고 현장에서 구조한 4살 어린 소녀가 결국 병원에서 생을 마쳤다는 소식에 괴로워하던 한 소방관에게 편지가 왔습니다. 편지는 사고 현장에서 그 소방관의 구조 활동을 지켜보던 모 교회 목사 아내 박 모 씨가 보낸 것입니다. 사고 당시 아이는 피와 토사물로 범벅이 되어있었는데 당시 조금도 망설이지 않고 자신의 입으로 몇 번이나 빨아내며 아이를 어떻게든 살려내겠다는 모습에 뭉클했다고 합니다. 아이는 세상을 떠났지만, 소방관에게 무거운 상처로 남지 않기를 바랐다는 내용이었습니다. 현장에서 구조 활동을 벌인 이길호 소방관은 말했습니다. "아이가 세상을 떠나 마음이 너무 아프지만, 이렇게 따뜻한 위로와 격려의 편지를 받게 되어 소방관으로서의 자부심을 가질 수 있었습니다. 앞으로도 현장에서 최선을 다하겠습니다."

"소방관님. 순직하는 분보다 스스로 목숨을 놓아버리는 분이 더 많다는 이야기를 신문에서 읽었습니다. 험하고 슬프고 아픈 자리에서 그것을 보고 수습하시다 보면 마음의 병이 많이 생기지 않을까 생각이 듭니다. 혹시라도 그날 사고가 슬픔으로 남지 않으시길 진심으로 기도했습니다." 소방관에게 전해진 편지 내용 중 일부입니다. 생명을 위해 노력하시고 마음 아파하시는 분들에게 감사합니다. 그리고 그 노력과 아픔을 당연한 듯이 외면하지 않고 고맙게 감싸 안으시는 분들에게도 감사의 마음을 전합니다. 자기 자신을 희생하는 것처럼 행복한 일은 없습니다.

사랑하는 가족이 힘든 치료를 받아야 한다면 환자 본인도 죽음의 공포와 싸우며 괴로워하지만 그 가족들의 삶도 힘들고 피폐해집니다. 독일 헤센 주(州)에 사는 안드레아스 그라프는 3살 난 아들 줄리우스가 백혈병에 걸렸습니다. 아버지는 아들의 치료를 위해 계속 병원을 다녀야 하지만, 치료비를 위해서도 직장을 계속 나가야 하는 상황이었습니다. 한동안은 연차와 기타 휴가를 쪼개서 사용했지만 얼마 안 되는 휴가는 금세 바닥나고 말았습니다. 결국, 직장을 포기하고 아들에게 전념하려고 결심한 안드레아스 그라프에게 직장 동료들이 따뜻한 손을 내밀었습니다. 안드레아스 그라프가 근무하던 회사와 자회사 등의 650명가량의 근로자가 그를 대신해서 기꺼이 초과근무에 나선 것입니다.

동료들이 대신해 준 근무시간은 3264.5시간 이었습니다. 하루 8시간 근무를 한다면, 단순히 계산해도 무려 400일 이상의 근무시간을 동료들이 함께 채워준 것입니다. 덕분에 그라프는 동료들의 도움으로 2017년 1월부터 지금까지 1년이 넘도록 마음 놓고 아들 줄리우스의 간호를 성심성의껏 하는 중입니다. 650명이 3264.5시간. 대략 한 사람이 5시간 정도의 시간을 나눈 것입니다. 어떤 사람의 다섯 시간은, 업무의 마감을 목전에 둔 천금과 같은 시간일 수도 있습니다. 또 어떤 사람에게는 할 일이 없어 멍하니 있다가 끝나는 지루하고 허망한 시간일 수도 있습니다. 하지만, 또 누군가는 저 650명의 사람처럼 생명을 살리기 위해서 사용하고 있습니다. 시간은 인간이 쓸 수 있는 가장 값진 것입니다.

2017년 12월 10일, 미국 텍사스주 댈러스에서 열린 BMW 댈러스 마라톤 대회에서의 일입니다. 여성부 1위로 달리고 있던 뉴욕 정신과 의사인 첸들러 셀프가 결승선을 고작 183m를 남기고 비틀거리기 시작했습니다. 다리가 완전히 풀린 첸들러 셀프는 더는 뛰지 못하고 바닥에 주저앉아 버렸습니다. 그 뒤를 바짝 쫓고 있던 2위 주자에게는 다시없는 기회였습니다. 그런데 2위 주자인 17세 고교생 아리아나 루터먼은 첸들러 셀프를 부축하고 함께 뛰기 시작했습니다. 의식을 잃을 것 같은 첸들러 셀프에게 아리아나 루터먼은 "당신은 할 수 있어요. 결승선이 바로 저기 눈앞에 있어요."라고 끊임없이 응원하며 함께 달렸습니다. 그리고 결승선 앞에서 그녀의 등을 밀어주어 우승할 수 있도록 해 주었습니다.

이 날 첸들러 셀프는 2시간 53분 57초의 기록으로 우승을 차지했지만 2위인 아리아나 루터먼에게 더 큰 환호와 찬사가 돌아갔습니다. 바로 이 아리나아 루터먼은 어린 나이인 12살 때부터, 댈러스의 집 없는 사람을 위한 비영리단체를 만들어 돕던 아름다운 사람이기도 했습니다.

흔히 '줄 세우는 사회'라는 말을 합니다. 성적으로 줄 세우고, 가진 재산이나 권력으로 줄 세우고 그 줄에서 누구보다 앞에 서려고 합니다. 하지만 곰곰이 생각해 보면 우리가 여기까지 오는 과정에서 우리의 등을 조용히 밀어주었던 누군가가 반드시 있었습니다. 앞만 보고 열심히 달리기에 미처 눈치 채지 못했을 뿐 우리는 타인의 도움을 받으며 살아가고 있습니다. 그리고 가장 중요한 게 하나 더 있습니다. 우리 역시 누군가의 등을 힘껏 밀어줄 따뜻한 손을 가지고 있습니다. 남을 도울 기회는 곳곳에 있답니다.

배려하는 마음실천이 아름답습니다

한 젊은 청년이 초조하게 길을 걷고 있었습니다. 청년은 진심으로 사랑하는 여인이 있었습니다. 긴 노력 끝에 결혼을 위한 준비를 마치고 반지를 준비해서 그녀의 집으로 가는 중이었습니다. 너무나 기쁘고 흥분되는 마음에 청년의 걸음은 점점 빨라지다가 결국 있는 힘껏 달리기 시작했습니다. 사랑하는 그녀에게 조금이라도 더 빨리 청혼하고 싶은 마음에 앞도 잘 살피지 않고 정신없이 달렸습니다. 하지만 청년이 도착한 여인의 집은 굳게 잠겨 있었습니다. 여인은 얼굴도 내비치지 않고 다른 사람을 통해 청년과 만나고 싶지 않다는 차가운 말을 전했습니다. 며칠 후, 여인의 이해할 수 없는 행동에 괴로워하던 청년에게 여인이 보낸 편지가 왔습니다.

나는 그날 당신을 기다리며 창문 밖을 내다보고 있었습니다. 마침내 당신이 우리 집을 향해 달려왔을 때 저는 정말로 기뻤습니다. 그런데 당신이 얼마나 급했던지 마주 오던 누추한 옷차림에 한 여성과 부딪혀 넘어지게 하고는 미안하다는 말도 없이 그대로 오는 당신을 안타깝게 지켜보았습니다. 그 모습에 많은 생각을 하게 되었습니다. 약한 사람을 배려할 줄 모르는 사람과 어떻게 결혼을 하겠습니까?

이렇게 사랑을 잃은 청년은 영국의 유명 수필가인 찰스 램이었습니다. 이후 찰스 램은 누구에게나 친절하려고 노력했고, 자신의 잘못으로 사랑을 잃었지만, 인생의 소중한 것을 배웠다고 고백했습니다. 가장 이타적인 사람은, 가장 이기적인 사람입니다. 왜냐하면, 내가 베푼 배려와 나눔은 언젠가는 다시 돌아오게 되어 있기 때문입니다. 배려는 내가 손해 보면서 남을 위하는 일이 아닙니다. 다른 사람을 아끼고 사랑하는 것은 궁극적으로 나 자신을 아끼고 사랑하는 일입니다. 베풀 줄 모르는 사람은 타인이 베풀어주는 배려를 받을 자격이 없습니다.

온라인 커뮤니티에 올라온 어느 치킨집 이야기는 배려가 무엇인지 일깨워주는 감동이었습니다. "오늘 치킨 양념이 너무 매운 것 같네. 그리고 왜 이렇게 닭고기도 너무 튀겨서 질기고, 이걸 어떻게 돈 받고 팔 수 있나!" 그런데 이 항의는 손님의 항의가 아니라 치킨 가게 사장이 주방을 향해 말하는 항의였습니다. 주방을 향해 한참 더 뭐라고 말하던 사장은 가게 안에서 양념치킨을 먹고 있던 손님인 할아버지와 손자에게 다가와 말했습니다. "아이고 어르신 죄송합니다. 오늘 양념치킨 맛이 별로 없었습니다. 다시 오시면 꼭 맛있는 양념치킨을 드실 수 있도록 하겠습니다. 저희 가게는 맛이 없으면 돈을 받지 않습니다."

손자에게 양념치킨을 사주던 할아버지는 왼팔이 불편하셨고 옷차림도 매우 남루했습니다. 할아버지는 치킨을 왜 안 드시냐는 손자의 물음에 배가 부르다며 자신은 먹지 않고 한쪽 손으로 손자에게 치킨을 발라주고 있었습니다. 어려운 형편으로 치킨을 먹지 못하는 손주에게 더 먹이고 싶은 할아버지의 마음을 알던 치킨집 사장은 일부러 주방을 향해 그렇게 말했던 것입니다. 치킨집 사장님의 배려를 눈치를 챈 할아버지는 "고, 고맙구려."라는 말씀을 하고는 손주와 치킨집을 나섰습니다.

우리가 사는 세상이 이처럼 아름답다는 사실에 흐뭇합니다. 자신에게 조금만 불이익이 생겨도 무례하게 행동하고 갑질을 휘두르는 이야기를 종종 들어야 하는 이런 세상에서, 나를 낮추면서 남을 배려하는 이런 일이 어딘가 실제로 벌어진 일이라는 것이 심지어 감사하기까지 합니다. 인생은 선이 아닙니다. 선한 생활이 인생을 선하게 만듭니다.

매일 아침 지하철로 출근을 하는 직장인이라면 환승역이 얼마나 복잡한지 아실 겁니다. 전철 안에서는 앞사람의 가방과 뒷사람의 등에 끼어 숨쉬기도 힘겨울 정도입니다. 이렇게 사람들이 붐비는 시간에 역 안에서 이동할 때에는 다른 사람과 가볍게 부딪치는 일 정도는 크게 신경 쓰지 않는 혼잡한 공간이기도 합니다. 그런데 어느 날 엄마와 함께 탄 유모차의 아이가 울기 시작했습니다. 엄마는 혼잡한 시간인지 알았지만, 용산역으로 가야 했습니다. 아이를 치료하는 병원이 용산에 있었기 때문입니다. 수많은 사람들이 어깨를 붙이고 걸어 다니는 인파 속에 유모차를 밀어 넣는 것도 엄두가 나지 않았습니다. 아픈 아이는 시끄러운 소리와 탁한 공기에 울기 시작했고 차라리 엄마도 같이 울고 싶었습니다. 그런데 전철 안에서도 계속 우는 아이에게 어떤 남성이 휴대폰으로 알록달록한 유아용 영상을 틀어주며 아이를 달래주었습니다. 어떤 여학생은 아이 엄마에게 자리를 양보했습니다. 그리고 어떤 분은 아이가 떨어드린 신발을 주워주었습니다. 유모차가 내려야 할 때는 사람들이 그 좁은 곳에서 몸을 틀어 길을 만들어 주었습니다.

보잘것없이 졸졸 흐르는 실개천이라도 모이고 또 모이면 사람의 힘으로도 막을 수 없는 거대한 강을 만들 수 있습니다. 그리고 여러 사람의 작은 호의와 배려가 모이고 또 모이면 사람의 상식으로 이해할 수 없는 아름다운 기적이 이루어집니다. 우리가 행한 봉사에 대해서는 말을 아낍시다. 하지만 우리가 받은 호의에 관해서는 이야기하고 기억하고 보답합시다.

모두의 것을 모두에게

'블루마블'이라는 보드게임이 있습니다. 주사위를 굴려 말을 이동하고 게임판의 땅을 최대한 많이 사들이고 건물을 올립니다. 상대 플레이어가 자기 땅을 밟으면 임대료와 비슷한 통행세를 받고 상대가 돈을 다 잃고 파산하게 만들면 이기는 게임입니다. 이 게임의 원조는 모노폴리(독점)라는 게임인데 이 모노폴리에도 원조가 있습니다. 바로 1904년 만들어진 '지주게임(The Landlord's Game)'입니다. 지주게임은 독특한 목적을 가지고 만들어졌습니다.

엘리자베스 매기는 당시 미국에서 토지사유제로 인해 나타나는 폐해를 고발하고자 하는 목적으로 이 게임을 만들었습니다. 땅을 많이 소유한 플레이어가 결국 살아남고 나머지는 모두 파산하는 게임의 내용은 당대의 현실을 그대로 반영한 것이었습니다. 그녀는 이런 폐해에 대한 대안으로 제시되었던 토지공개념 사상 또한 알리고자 했습니다.

토지공개념이란 무엇일까요? 토지는 모든 국민의 '국토'라는 특성과 자본주의 사회에서 개인의 '재산'이라는 두 가지 특성을 모두 갖는데 이 중 국토의 공공성(公共性)을 강조하는 것이 토지공개념입니다. 이 토지공개념의 사상적 기원은 1800년대 후반의 경제학자인 헨리 조지까지 올라갑니다. 헨리 조지는 당시 뉴욕에서 도시는 성장하는데 빈민의 삶은 더욱 열악해지는 모순을 바라보며 그 원인이 어디에서 왔는지 깊이 고민했습니다.

그 고민의 결과로 『진보와 빈곤』이라는 저서를 내놓았습니다. 이 책에서 그는 토지소유자들이 도시의 발전으로 인해 창출되는 부의 대부분을 불로소득으로 취득하게 되면서 가난한 이들은 계속 가난할 수밖에 없다는 주장을 펼쳤습니다. 곧 사회적 불평등을 양산하는 핵심은 토지에서 발생하는 소득의 전적인 사취라는 것입니다. 헨리 조지는 이에 대한 해법으로 토지가치세를 부과하여 불로소득의 일정 부분을 국가에서 환수할 것을 제안했습니다.

최근 토지의 공공성에 대한 토론이 활발합니다. 헨리 조지 포럼이 국회의원들과 함께 토론회를 개최되기도 하고 개헌을 앞두고 시민단체가 모여 토지공개념을 헌법에 명시하자는 토론회를 열기도 합니다. 사회가 성숙해져가면서 공적인 자원, 즉 모두의 것의 공공성을 회복시키는 것에 사회가 더욱 관심을 가지게 된 것으로 보입니다. 공공성의 회복은 우리 사회의 오랜 병폐인 승자독식 문화에 대한 저항이기 때문입니다. 공공성을 회복해야 할 모두의 것은 토지에만 국한되지 않습니다.

2001년 노벨경제학상을 받은 조지프 스티글리츠는 『불평등의 대가』에서 이렇게 말했습니다. "오늘날 지대는 여러 가지 모습을 띠고 있다. 토지

뿐 아니라 석유, 가스, 광물, 석탄 등의 천연자원의 가치에 지대가 부과될수 있다. 그 밖에도 지대는 독점을 비롯한 다양한 원천에서 발생한다."한국 사회 공공성의 회복을 위해서는 모두의 것에 대한 모노폴리(독점)가어디에서 이루어지는가를 자세히 살펴봐야 합니다.

사람들이 옷깃을 단단히 여밀 만큼 날이 추워지면 거리 곳곳에 가난한이들을 위한 **빨간색** 자선냄비와 종소리가 울려 퍼집니다. 예수님의 탄생을 기념하는 성탄절 즈음에 공공성의 회복에 대해 생각해봅니다. 예수님은 어떤 시대에 사셨을까요? 예수님이 꿈꾸었던 하나님 나라는 무엇이었을까요? 이어지는 고민과 성찰 속에서 예수님이 가르쳐주신 기도의 한 구절을 한 글자씩 되짚어봅니다. 이는 주기도문의 구절입니다. "아버지의뜻이 하늘에서와 같이 땅에서도 이루어지게 하소서."

맹자의 성선설과 민본주의

맹자는 공자가 사망한 이후 100년쯤 뒤에 태어났는데, 그가 활동한 시기는 기원전 4세기경인 전국시대였습니다. 공자가 살았던 춘추시대는 주(周)나라 왕실과 제후 간의 위계가 어느 정도 지켜지고 있었으므로, 공자는 『춘추』를 지어 이른바 '존주대의(尊周大義)'를 말할 수 있었습니다. 그러나 맹자 당시의 전국시대는 더 이상 주나라 왕실의 회복을 바랄 수 없었으며, 여러 제후들이 천하를 놓고 겨루는 형국이었습니다. 그래서 맹자는 어떤 제후이든 왕도(王道)정치를 행하면 왕자(王者)가 될 수 있다고 강조했습니다. 왕도정치란 바로 민본주의입니다. '군주가 가볍고 백성이 소중하다(君爲輕民爲重)'는 설입니다. 당시의 군주들은 부국강병과 영토 확장을 목표로 하고 있었기에 이러한 도덕정치론은 실행되기 어려웠습니다. 결국 맹자는 자신의 사상을 실현해줄 군주를 만나지 못한 채 고국으로 돌아와야 했습니다. 사마천(司馬遷)의 『사기(史記)』에 의하면, 맹자는 고국에서 자신의 문도들과 함께 『맹자』를 저술했습니다.

『맹자』에 보이는 주요 사상은 인의(仁義)사상, 성선설(性善說), 인정론(仁政論), 민본주의(民本主義) 등입니다. 인의사상이나 성선설은 공자 학문의 발전적 계승이라 할 수 있습니다. 공자는 인(仁)만을 강조한 반면 맹자는 인의를 함께 말했습니다. 인(仁)·의(義)·예(禮)·지(智)를 사람의 본성이라 하고, 사단(四端)의 마음은 사람이면 누구나 가지고 있다 하여 사람의 본성과 마음에 대하여 본격적으로 논했습니다.

인의사상과 성선설을 기반으로 하는 인정론, 민본주의는 당시의 제후들에게 환영받지 못했을 뿐만 아니라, 명(明)나라 태조 주원장(朱元璋)에게는 '군주를 무시했다'는 지적을 받아 유교 경전의 교과 과목에서 삭제되는 갈등을 겪기도 했습니다. 그러나 오늘날 민주주의의 입장에서 보면, 2천 400년 전에 이처럼 구체적이고 실용적인 사상을 갖고 있었다는 것에 놀라게 됩니다. 이러한 사상을 담고 있기 때문에, 『맹자』는 『논어』와 함께 유가경전의 대표로 자리매김하게 되었습니다. 맹자 역시 아성(亞聖)이라 불리며 공자와 함께 추존되고 있습니다.

맹자의 주요 사상의 기초가 되는 것은 성선설입니다. 맹자는 사람의 본성이 선하다고 했습니다. 맹자는 무엇을 근거로 성선을 말했을까요? 맹자가 제나라 선왕(宣王)을 만나 왕도정치에 대해 말했습니다. 맹자가 말하는 왕도란 '백성을 보호하고 왕 노릇을 하는 것'이었습니다. 선왕은 자신과 같은 사람도 백성을 보호할 수 있는지 물었습니다. 맹자는 "가능합니다"라고 답하고는, 자신이 들은 이야기 하나를 그 근거로 제시했습니다.

"왕께서 당상에 앉아 계시는데, 소를 끌고 당하로 지나가는 자가 있었습니다. 왕께서는 이를 보시고 '소가 어디로 가는가?'하고 물으셨고, 그는 '장차 종의 틈을 바르는데 쓰려고 잡으러 가는 중입니다'라고 답했습니다. 그러자 왕께서 '놓아주어라. 내가 그 두려워 벌벌 떨며 죄 없이 죽는 곳으로 나아감을 차마 볼 수 없다' 하셨고, 그가 '그렇다면 종에 틈을 바르는 일을 폐지하오리까?'하자, 왕께서는 '어찌 폐지할 수 있겠는가? 양으로 바꾸어 쓰라' 하셨습니다."

소를 양으로 바꾼 그 마음을 맹자는 '불인지심(不忍之心)', 차마 못하는 마음이라고 말했습니다. 차마 못하는 마음이란 남을 차마 해치지 못하고 남의 불행과 고통을 차마 보지 못하는 마음입니다. 소에게도 이런 동정과 연민을 느끼는데, 백성에게 그런 마음을 가지지 못할까요? 백성에 대해서도 이러한 마음을 갖는다면 백성을 보호하고 위하는 정치를 할 수 있을 것이라고 맹자는 답해준 것입니다. 우물에 들어가려는 어린아이를 보고 깜짝 놀라 측은해하는 마음 불인지심은 불인인지심(不忍人之心), 사람을 차마 해치지 못하는 마음이라고도 합니다. 맹자는 이를 설명하면서, 그 유명한 유자입정(孺子入井)의 비유를 통해 사단(四端)을 설명했습니다.

사람이면 누구나 사람을 차마 해치지 못하는 마음을 가지고 있다. …… 사람이면 누구나 사람을 차마 해치지 못하는 마음을 가지고 있다고 말하는 까닭은, 지금 사람들이 어린아이가 장차 우물로 들어가려는 광경을 갑자기 보았을 경우, 모두 깜짝 놀라고 측은해하는 마음을 갖게 된다. 이것은 어린아이의 부모와 친분을 갖으려고 해서도 아니며, 자기가 사는 고장 사람들과 친구들에게 인자하다는 명성을 바라서도 아니며, 잔인하다는 소리를 듣기 싫어서 그러는 것도 아니다. 우물에 들어가려는 어린아이를 보고서 깜짝 놀라 그 아이를 꺼내오는 반응은 이성적 판단이나 계산을 통해 나오는 것이 아니다. 아무런 생각 없이 그야말로 '본능적으로' 나오는 반응인 것이다. 이 반응을 가능하게 하는 것이 바로 사람마다 가지고 있는 불인지심, 즉 인심(仁心)인데 이것이 바로 선한 본성이 발현된 모습이다.

이를 통해 살펴보건대, 측은지심이 없으면 사람이 아니며, 수오지심이 없으면 사람이 아니며, 사양지심이 없으면 사람이 아니며, 시비지심이 없으면 사람이 아닙니다. 측은지심은 인(仁)의 단서요, 수오지심은 의(義)의 단서요, 사양지심은 예(禮)의 단서요, 시비지심은 지(智)의 단서입니다. 사람이나 동물을 측은해하고 가엽게 여기는 마음(측은지심), 자신의 불선(不善)을 부끄러워하고 남의 불선을 미워하는 마음(수오지심), 남에게 양보하고 훌륭한 사람을 존경하는 마음(사양지심), 선과 악을 판단하여 옳고 그름을 가리는 마음(시비지심), 이 네 가지 마음이 바로 사단입니다.

단은 실마리라는 의미입니다. 사단은 인·의·예·지의 4가지 덕이 우리의 본성으로 자리하고 있다가 그것이 밖으로 발현되어 나타나는 것이, 실타래의 끄트머리와 같다는 데에서 붙여진 이름입니다. 우리가 실타래를 풀기 위해 실의 첫머리를 찾듯이, 선한 본성의 존재를 확인하기 위해 가장 먼저 보아야 할 것이 바로 이 네 가지 마음입니다. 이 네 가지 마음을 확인함으로써 우리는 인간의 본성이 인·의·예·지의 선함임을 알 수 있습니다. 맹자의 성선설은 본성의 선함을 일상적 마음을 통해 증명하므로 쉽게 이해되고 널리 적용됩니다. 이것이 이 사상의 위대함입니다.

맹자는 '백성이 최고이고 사직(국가)이 그 다음이고 군주는 최하이다(民爲貴 社稷次之 君爲輕)'라고 강조했습니다. 백성을 위해야 한다는 위민사상(爲民思想)은 유가의 기본입니다. 『서경』에도 '백성은 나라의 근본 뿌리이니, 근본 뿌리가 튼튼해야 나라가 편안하다'라고 했습니다. 이것이 민본(民本)사상입니다. 그러나 맹자는 이것을 몇 등급 뛰어넘어 당시 군주주의 시대에 비춰볼 때, 혁명적 발상이라 할 수 있는 말씀을 거침없이 쏟아냈습니다. 앞에서 언급한 '사람을 차마 해치지 못하는 마음'으로 행하는 정사(政事)가 바로 '인정(仁政)'입니다. 맹자는 이 인정이 '토지 제도를 개선하는 것'으로부터 시작한다고 했습니다. 백성들에게 균등하게 토지를 지급해주는 정전제(井田制)를 시행하면 백성들이 일정한 수입을 가질 수 있고, 그렇게 되면 백성들은 타고난 선한 마음을 간직할 수 있습니다. 전국시대에는 영토 확장을 위한 전쟁이 계속되어 백성들의 생활고가 극에 달했습니다. 이런 상황에서는 '사람마다 가지고 있는 사단의 마음'이 발현될 수가 없습니다. 그래서 맹자는 백성들을 풍족하게 하는 것을 제일의 목표로 삼은 것입니다.

'인정'의 과제가 백성의 생활을 안정시키는 것이라면, 인정의 목표는 무엇인가요? 백성의 생활을 풍족하게 하는 것이 인정의 최종 목표는 아닙니다. 인정의 목표는 백성들을 도덕과 인의로 가르쳐 누구나 본연의 성을 찾게 하는 것입니다. 사람이면 누구나 선한 본성을 소유하고 있기 때문입니다. "사람에게는 지켜야 하는 도리가 있는데, 배불리 먹고 따뜻이 입고 편안히 살면서 가르침이 없으면 금수(禽獸)와 같아진다. 이 때문에 성인인 요(堯)임금이 이것을 염려하여 설(契)이란 신하를 사도(司徒)를 삼아 인륜을 가르치게 한 것이다."

인륜은 부자간의 친애, 군신간의 의리, 국가에 대한 충성, 부부간의 사랑, 어른과 어린이의 질서, 붕우간의 신의로, 인간이 지켜야 할 윤리도덕입니다. 공자 역시 군주가 해야 할 일의 선후를 '서(庶)－부(富)－교(敎)'로 논했습니다. 즉 첫째는 백성들이 많아야 하고, 둘째는 백성들을 부유하게 해주어야 하며, 이렇게 한 뒤에 가르쳐야 한다는 것입니다. 춘추시대 제(齊)나라의 명재상인 관중(管仲)도 "의식이 풍족한 뒤에 예절을 안다"라고 했으며, 또 "예(禮)·의(義)와 염(廉)·치(恥)는 나라를 유지하는 네 개의 끈이니, 네 개의 끈이 제대로 펼쳐지지 못하면 나라가 마침내 멸망한다"고 했습니다. 위정자는 백성을 부유하게 하는 것을 급선무로 삼아야 하지만, 거기에 그쳐서는 안 되고 백성을 교육해야 한다는 것입니다.

이제는 의식(衣食)은 풍족한 사회가 되었으나, 인간의 도리는 내팽개쳐진 지 오래입니다. 이런 상황에서 우리는 사람의 본성이 선하다고 한 맹자의 주장을 의심할 수밖에 없습니다. 과연 사람의 본성이 선한가요? 맹자가 말한 '본성의 선함'은 태어날 때 본래 가지고 있는 선함입니다. 본연적 성품의 선함입니다. 그래서 맹자는 "대인(大人)은 적자(赤子)의 마음을 잃지 않은 자이다"고 말했습니다. 태어난 그대로의 순수한 마음을 간직한 사람이 대인이라는 것입니다. 아무리 선한 성품을 가지고 태어났다 해도 그것을 잃지 않고 지키는 것이 중요합니다.

자본주의, 개인주의가 물질만능주의로 변질된 오늘 이 시대에 맹자의 말을 믿기는 쉽지 않습니다. 인간을 다만 욕망 추구의 존재로만 본다면 과연 사양지심은 손해지단이 될 것입니다. 그러나 맹자는 인간을 믿었습니다. 인간의 일상적이고 즉흥적인 마음에서 거대한 본성의 선함을 봤습니다. 모든 인간은 이러한 선한 본성을 지녔으므로, 본성을 따라 착하게 살면 결국은 이익이 될 것이라고 했습니다. 요즘엔 착하게 살면 손해라고 합니다. 그러나 맹자는 착하게 살면 이익이라고 했습니다. 이 말은 사람을 믿고 사랑하는 마음에서 시작된 것입니다. 맹자는 사람을 사랑하는 마음으로 성선설과 인정론 등을 주장했습니다.

그렇다면 우리도 무엇이 진정한 삶의 즐거움이고 이익인지, 무엇이 인간 본연의 모습인지에 대해 인간을 사랑하는 마음을 가지고 생각해볼 수 있지 않을까요? 맹자의 사상이야말로 오늘날의 물질만능과 이기주의에서 파생된 상호간의 불신과 불만을 해결하고, 서로 사랑하고 화합하며 살아갈 수 있는 상생의 길이 될 수 있을 것입니다. 이것은 기독교와 불교 등의 종교적인 가르침과도 맥을 같이할 것입니다. 오늘 우리 시대의 복잡 다양한 문제를 모두 함께 지혜를 모아 해결해나가는 상생의 길을 기대해 봅니다.

4차 산업혁명과 영성시대

이른바 4차 산업혁명의 거대한 변화의 바람이 불어오고 있습니다. 산업의 지대한 변화가 예상되기 때문에 산업혁명이라 하지만, 4차 산업혁명의 핵심인 인공지능이 불러올 문명 전반의 대변혁을 고려하면 산업혁명이란 명칭으로는 오히려 부족한 측면이 있습니다. 왜냐면 인공지능은 지금까지 있어온 3차례의 산업혁명과는 차원이 다른 대 혁명 즉 개벽을 불러 올 것이기 때문입니다. 지구의 나이는 45억 년쯤으로 추정됩니다. 지구의 역사에서 획기적인 대 변화는 생물의 출현이었습니다. 무생물의 세계에 생태계라는 새로운 세계가 열렸기 때문입니다. 화성이나 금성, 목성, 토성 등 다른 행성에는 생명체가 없거나 극히 미미하게 있는 말하자면 흙덩어리에 불과합니다. 유일하게 지구만이 적절한 온도와 물과 자기장 등 생물에 적합한 환경을 갖추어 바다에서부터 생명체가 출현할 수 있었습니다.

생물이 최초로 나타난 것은 약 38억 년 전쯤입니다. 생명은 38억년 동안 진화에 진화를 거듭했습니다. 이 기간 동안에 산소의 발생으로 대기가 오염되어 대부분의 생명체가 절멸되는 가운데 일부가 진화해서 살아남기도 했고, 천체에서 날아온 운석 등으로 지구가 갑자가 얼어붙는 기후 재앙으로 공룡이 멸종되고 포유류가 새로 나타나는 등 진화는 그야말로 진멸이나 발전이냐의 아슬아슬한 위기를 극복하면서 대서사시를 써 내려 왔습니다.

이 긴 진화의 정점은 인간의 출현이었습니다. 호모사피엔스는 기존의 생명체들과는 차원이 다른 능력 즉 사고하고 소통하는 지능을 갖춘 생명체입니다. 겨우 7만 년 전에 나타난 인간의 출현 후 지구생태계는 되돌릴 수 없는 질적 변화를 겪게 되었습니다. 자연환경에 적응하는 것이 그 이전 생태계의 주요 특성이었다면, 인간은 도시와 도로 항만과 같은 인공 환경 즉 문명이란 것을 지구에 건설했습니다. 이로 인해 환경오염과 기후 변화 등 인류의 존재 자체를 위협할 만큼 지구에 큰 변화가 진행 중이며, 화성 등 주변 위성을 개척하여 인류의 생존 영역을 늘리려는 제안까지 나오고 있습니다.

인공지능의 출현은 생명진화의 긴 역사에서 인간의 출현만큼이나 극적인 변화를 불러 올 것입니다. 태양광으로 전기를 생산하여 스스로 에너지를 얻는 기계동물과 식물로부터 먹이를 얻는 자연동물이 섞여 사는 상황이 올 뿐만 아니라 기계동물들이 주도권을 잡는 그런 세계가 전개될 수도 있습니다. 다른 한 편으로는 에너지를 생산하는 인공지능들이 인간과 함께 달과 화성에서 어울려 사는 우주 생태계가 형성될 수도 있습니다. 이 우주 생태계는 지구의 것과는 완전히 다른 모습일 것입니다.

인공지능과 인간의 차이는 무엇일까요? 지능적인 측면에서는 어쩌면 인공지능이 여러모로 더 우세해질 가능성이 있습니다. 만약 언어로 하는 사고활동이나 수학적 계산 등이 인간의 핵심능력이라면 곧 인공지능에 뒤쳐질 것입니다. 따라서 인류는 생태계 최고의 위치에서 밀려나게 될 것입니다. 이 점은 알파고의 출현으로 이미 입증된 셈입니다. 단순한 수학적 계산에서야 당연히 컴퓨터가 잘 하지만 복잡한 문제는 인간을 이길 수 없을 것이라고 예상되었는데, 그렇지 않다는 것을 만천하에 증명한 사건이 알파고와 이세돌의 바둑대결이었습니다.

이 바둑대결이 있기 얼마 전까지는 바둑에는 워낙 수가 많아서 포석 단계에서 다음 수를 계산하는 것은 컴퓨터로도 불가능하다고 여겨졌습니다. 인간은 기계와 달리 직관적인 사고 능력이 있기 때문에 컴퓨터와는 질적으로 다르고 따라서 바둑은 인간이 우세할 것이라고 여겨졌습니다. 이런 예상을 완전히 뒤엎었기 때문에 세기적 대결이 된 것입니다. 컴퓨터도 외우고 이해하고 학습하고 분석하며 판단하는 등 모든 종류의 지적 능력을 가질 수 있음이 입증되었습니다. 이제는 인공지능은 거의 모든 지적 작업을 인간보다 더 잘 수행할 것이라고 여기고 있습니다. 회계업무, 진단 및 치료 등 의료업무, 기사 작성 등 기자의 업무, 변론상담 등 법조업무 등 많은 분야에서 점차 인공지능이 인간을 대체할 것이라고 예상합니다.

1960년대에 컴퓨터 발전 초기에 주판 선수와 컴퓨터 간 계산 경쟁이 신문기사에 실리고 화제가 되곤 한 적이 있었습니다. 당시에 컴퓨터의 계산능력이 아주 초보적 수준이었지만 불과 몇 년 사이에 은행에서 주판 잘 놓는 상고출신을 뽑지 않게 되었습니다. 비슷한 상황이 각 분야에서 일어날 것입니다. 인공지능은 이 컴퓨터 계산과는 비교가 안 되게 광범위한 영역에 변화를 가져올 것입니다.

인공지능이 인간의 지능을 추월하는 역사적 시점을 특이점(singularity)이라고 하고 그 시기를 2040년 쯤 이라고 예측하는 사람들도 있습니다. 오늘날도 생화(生花)인지 조화(造花)인지 구분이 안갈 정도로 잘 만들어진 조화를 볼 수 있지만, 앞으로는 어린이가 놀고 있는 강아지가 자연 생인지 인공지능 강아지인지 구분이 안 될 수도 있고, 날아다니는 벌레가 자연의 벌레인지 인공의 드론인지 모를 수도 있습니다. 백화점의 판매원이 인공인간인지 정말 사람인지 알기 어려울 수도 있습니다. 내가 상대하고 있는 것이 자연생명체인지 인공생명인지 알 수 없는 세상이 다가오고 있습니다.

인공지능으로 현재 있는 많은 노동직종이 없어질 것입니다. 예전에 그 많던 주판원이 은행에서 완전히 사라졌고, 버스의 조수가 사라졌듯이 조만간 택시기사, 택배 기사 등 단순 노동직이 사라질 것입니다. 복잡한 노동직도 점차 없어질 것입니다. 뿐만 아니라 지적 노동에 해당되는 직군도 대부분 큰 변화를 받게 될 것입니다. 인공지능이 업무의 대부분을 처리하게 될 것입니다. 그렇다면 인간은 무엇을 할까요? 이 문제를 근본적으로 해결하려면 "생명이란 무엇인가? 인간은 무엇인가?"라는 궁극적 질문에 답해야 합니다. 이 문제가 더 이상 수도자나 철학자들의 지적 추구에 그칠 수 없는 일상의 문제로 대두된 때문입니다. 진짜 사람만을 사랑하고 어울려야 하나, 아니면 내 말을 더 잘 알아듣고 더 잘 놀아주는 기계인간을 사랑해도 되는 것일까요? 이런 윤리 도덕적 문제가 현실생활의 문제로 되었기 때문에 인공지능과 인간의 차이는 무엇인가 라는 문제를 피할 수 없게 되었습니다.

인간은 생명체란 점에서 동물에 속합니다. 이런 신체적 특성에 더하여 다른 생명체와 가장 크게 다른 점이 언어와 사고능력이 탁월하다는 점입니다. 인류문명의 발달사는 바로 지적 능력의 진화와 축적의 역사라고 할 수 있습니다. 특히 지난 사오백년동안 서구를 중심으로 전개된 과학과 기술의 발달에서 비롯한 지식 교육의 대중화는 인간의 가장 중요하고 최고의 가치는 지적능력의 우수성에 있다는 관념이 편만하게 되었습니다. 지적 우수성이 곧 그 사람의 가치와 능력을 평가하는 잣대의 역할을 했습니다. 인간이 가진 다른 능력 예를 들면 직관력이라든가 영적 능력 등은 객관성이 없는 따라서 신뢰할 수 없고 알 수 없는 미신적 요소처럼 취급되기 일쑤였습니다.

그러나 인간의 본성에는 이런 지적능력보다 더 상위인 영성(靈性)이 있습니다. 사람들의 영적 능력의 계발에 큰 장애물이 바로 지적 능력에 대한 지나친 강조였습니다. 근대 사회에서 지식과 과학의 편중이 심했기 때문에 인간은 사고하는 동물 즉 지능을 가진 생물로 보는 관점이 지배적이었습니다. 교육 또한 지식 중심이어서 지능이 곧 인간 최고의 본성인 것처럼 보였습니다. 그런데 인공지능의 강력한 지적기능을 보면 인간의 본성이 지능에 있지 않음을 쉽게 알 수 있습니다. 이제 인공지능과 대비되는 인간의 본성을 찾아야할 필요성이 절실해졌습니다. 영성을 계발하는 일에 모두가 관심을 갖게 될 것입니다. 이 영적 특성을 계발하여 인간의 본성을 밝히는 것이 종교의 중요 역할입니다.

이 전의 3차까지 산업혁명들을 통해서 힘쓰는 노동을 기계가 대신하게 되었다면 4차 혁명은 지적 작업까지 인공지능이 대신하게 되어 이른바 물질문명이 최고도로 발달한 시대를 맞게 되었습니다. 더 이상 지적인 작업을 높이 쳐주는 사회가 아닙니다. 그러면 사람이 가장 중요하게 높이

치는 일은 무엇일까요? 그것은 인간의 본성을 찾는 일 즉 영성을 계발하는 일입니다. 이제 정신문명의 시대가 왔습니다. 정신문명은 지능에 기초한 것이 아니고, 영성에 기반을 둔 것입니다. 요즘 좌선 명상 등이 서구에서 환영받고 널리 퍼져가고 있고, 동양에서도 전통문화가 아니라 중심 문화로 다시 자리를 찾아가고 있습니다. 이런 점에서 미래에, 종교는 매우 좋은 기회를 맞고 있습니다. 그러므로 종교는 새로운 시대와 상황에 맞게 종교인 양성과 신자교육을 개발해 나가야 할 것입니다. 이제 전도(선교)도 상황에 따라 알맞은 방편이 필요합니다. 변화된 시대 상황에 맞는 적절한 유인책을 제시해야 합니다. 사실 이는 새로운 게 아니라 종교역사에서도 쉽게 그 사례를 찾아 볼 수 있습니다.

1950년 6.25전쟁 직후 우리나라는 지극히 가난해서 먹고 살기조차 힘들었습니다. 이 때, 교회에 가면 과자도 주고 해서 대부분의 어린이들은 사탕도 얻어먹고 재미있는 얘기도 듣고 해서 자연스럽게 성경도 배우고 신자로 자라났습니다. 오늘날도 가난한 나라나 생활이 힘든 곳에서는 초코파이 등을 주면서 신자를 확보하고 있습니다. 그러나 오늘날의 우리나라와 같이 물질적으로 풍요해진 지역에서는 효율적인 방편이 될 수 없습니다.

기독교선교 초기의 성공적 모형 중, 하나는 교육이었습니다. 산업화 이전의 우리나라 사람들은 배움의 열기는 컸으나 학교에 갈 수도 없을 만큼 가난한 사람이 많았습니다. 이 때 교회에서 제공하는 공부의 기회가 청소년들을 전도하는 좋은 방편이 되었습니다. 사람들은 교회에 가면 공부할 수 있다고 해서 왔다가 교인이 되는 경우가 많았습니다. 옛날부터 목사나 승려들이나 천주교 사제는 지적인 측면에서 상류지식인이었고, 일반 신자들은 불경이나 성경도 못 읽어본 무식이 대부분이었습니다. 그러나 오늘

날에는 대부분의 사람들이 고등교육을 받아서 신자보다 지적인 면에서 종교인이 더 우월하다고 할 수 없습니다. 따라서 지식을 제공하는 센터의 기능은 더 이상 전도의 방편이 될 수 없습니다.

오늘날은 스마트폰과 유튜브 등 SNS로 지식을 배울 기회가 넘치고 정보가 홍수처럼 흐르는 지식과잉 시대입니다. 과거처럼 먹을 것이 모자라고 지식이 부족해서 문제인 것이 아니라 너무 많이 먹어 다이어트가 주관심이고 정보가 넘쳐 어떻게 선별하고 관리하느냐가 더 큰 과제인 시대입니다. 이제 전도의 방편을 세우려면 먼저 전도의 대상이 누구이며 이들이 무엇을 원하는가를 파악해야하고 여기에 맞춰 전도를 기획해야 합니다. 굶주리던 시대에는 보약이 좋은 약이었지만 요즘은 디톡시라고 장을 비우는 방법이 더 요구되는 시대입니다. 마찬가지로 정보도 과잉이고 지식도 넘치는 요즘 세태에는 지식과 정보의 디톡시가 필요합니다. 생각을 멈추고 마음을 비우는 일이 널리 요구되고 있는데 이것이 바로 명상이고 좌선이며 영성을 키우는 일입니다. 그래서 서구에서는 물론 우리나라에서도 명상에 대한 요구가 점차 늘어나고 있는 추세입니다. 서구에서 불교가 전파되는 길은 사람들이 주로 명상을 하는 방법을 통해서 이지 신앙적 측면에서 되고 있는 것은 아닙니다. 설법을 들으려고 서양 사람들이 절에 가는 경향은 매우 적습니다.

지금까지 교회 등 종교시설에 사람 모아놓고 설교하는 패러다임을 재고할 필요가 있지 않을까 싶습니다. 정시에 지정된 건물에서 강좌를 실시하는 것이 교육의 모델이었듯이, 전도도 역시 유사한 형태로 진행되었습니다. 이것은 과거의 지식부족 시대에 확립된 교육과 전도의 방식입니다. 그러나 지금 교육은 디지털 형태로 급격히 이동하고 있습니다. 특히 교양

교육은 명강사에 의한 무크 강의가 점차 비중이 높아지고 있습니다. 사이버를 통한 상시교육 형태로 바뀌고 있습니다. 마찬가지로 전도도 교회 등 종교시설이 아닌 밖의 사이버 강의가 비중이 점점 높아질 것입니다. 다시 말해 정해진 시간에 교회에서 전해지는 설교가 아니라 상시 사이버 설교가 유튜브 등을 통해서 전 세계 누구나 들을 수 있는 시대가 되었습니다. 인공지능에 의한 통역과 번역이 곧 완벽하게 될 것이므로 세계적인 유명 종교인의 설교나 특강을 스마트폰으로 언제나 어디서나 어느 나라 사람이나 들을 수 있습니다. 젊은 세대일수록 스마트폰을 통한 정보접속이 높은 만큼 젊은 세대에게 가까이 가려면 어쨌든 스마트폰을 활용해야 합니다.

이제는 정시에서 교회에서 설교를 하는 전도방식은 인공지능과 지식과잉 시대에 맞지 않습니다. 사람들이 설교와 같은 지식 전달 방식에 대해서는 구태여 교회에 가서 설교를 들을 필요를 깊이 느끼지 않을 수 있습니다. 또한 청중의 수준이 그만큼 높아지기 때문에 정말 잘 하기 전에는 어지간한 설교에는 감명 받지도 않습니다. 사람들이 필요로 하는 것은 지식으로 전해지는 말이 아니라 생각의 멈춤과 비움의 훈련과 영성수련 등으로 더 깊은 정신적 이야기를 들고 싶어 합니다. 따라서 교회는 이런 사람들이 깊은 영적인 사색 등을 언제나 편할 때 할 수 있도록 상시 열어두고 교육이 가능한 센터 역할을 해야 합니다. 절과 성당은 어느 정도 이 역할을 해왔습니다. 사람들이 아무 때나 가서 기도하고 묵상할 수 있습니다. 그러나 교회는 평소에 문을 닫아 걸어두는 경우가 많습니다. 신자들이 자율적으로 팀을 이루어 다양한 형태의 영성 관련 수행을 구성하여 교회를 중심으로 활동할 수 있도록 해야 하며 이들의 활동이 SNS 또는 인터넷 방식으로 널리 유포되는 것을 장려해야 합니다.

교회보다는 교단 전체의 차원에서 이 물질문명 시대에 맞춰 전도 패러다임을 바꿀 필요가 있습니다. 인공지능과 관련된 어휘가 빅데이터입니다. 젊은 세대는 스마트폰을 제2의 머리처럼 신체의 일부로 융합된 삶을 살고 있습니다. 현재 기업의 경영의 패러다임이 생산자 중심에서 소비자 중심으로 전환되고 있습니다. 이때 핵심적 역할이 소비자관련 빅데이터 분석입니다. 이를 통해 기업은 소비자의 행동 패턴을 분석한 후 사업 기획에 활용합니다. 이 빅데이터의 원천은 소비자들이 스마트폰에 남긴 플랫폼 접속, 로그인, 콘텐츠 시청 등의 기록입니다. 이 방대한 빅데이터를 분석하는 방법이 인공지능입니다. 기업들은 이 분석 자료를 바탕으로 고객의 특성에 맞는 맞춤형 서비스를 제공할 수 있습니다. 그러므로 빅데이터의 확보와 분석력이 기업의 경쟁력입니다.

이러한 기업의 패러다임 변화는 인공지능 시대에 따른 전도의 패러다임을 전환하는 데 시사한 바가 큽니다. 깊은 영성을 원하는 사람들이 어떻게 어디에 분포되어 있는지 빅데이터 분석으로 파악할 수 있어야 하고, 이들에 맞는 맞춤 전도를 어떻게 할 것인지 기획을 할 수 있어야 합니다. 물질문명의 꽃인 인공지능을 십분 활용하여 정신문명을 이끌어 갈 수 있습니다. 이것은 종교들마다 지향해온 생활종교정신에 합치하는 적극적 전도요, 널리 사람을 이롭게 하고 사랑을 실천하는 구제와 나눔의 지혜로운 방편일 것입니다.

세월호 참사,
이제는 더 이상 가만히 있지 말아야 합니다

교육운동가로 〈오늘의 교육〉 편집위원인 이계삼의 글입니다.

　수백 명을 태운 배가 기울어 가는데 '가만히 있으라'고 했다 합니다. 언제나 그러했습니다. '가만히 있으라, 기다려 달라.' 우리는 가만히 있도록 교육받았고, 끝내 기다려야 했습니다. 목에 물이 차오를 때까지 말입니다. 저는 지금 며칠 동안 산속 움막에서 잠을 자고 있습니다. 밀양 송전탑 싸움의 마지막 남은 농성 움막 네 곳에 대한 철거 계고는 지금 시시각각 어르신들을 옥죄어오고 있습니다. 지난 10년 정부와 한국전력은 그 세월 내내 이렇게 말했습니다. '우리를 믿어 달라! 가만히 있어 달라'고. 그리고 지난 2~3년 이래 전국적으로 알려진 어르신들의 격렬한 투쟁은 이 기다림과 신뢰의 언설에 대한 폭발이었습니다. 그러나 달라진 것은 없고, 싸움은 나날이 기울어져 목에는 물이 차오릅니다. 그럴 것입니다. 이 나라에도, 우리들 삶에도, 사회적 정의와 공평에도, 공적 준칙과 신뢰의 가치에도 물이 목까지 차오르고 있습니다. 그러나 기울어져가는 대한민국호의 승무원들은 언제나처럼 '가만히 있으라'고만 합니다. 구명정은 쇠사슬에 묶여 있습니다. 그리고 여차하면 세월호의 그 누구들처럼 가장 먼저 탈출할 준비가 되어 있는 사람들이 어딘가에 있을 것입니다.

어른들의 지시를 얌전 따르고 기울어지는 배에서도 사물함에 들어가 얌전히 머물려 했던 아이들은 처참한 죽음을 맞이했습니다. 그 착한 아이들의 죽음은 우리에게 오늘 우리 어른들을, 교육계를 부끄럽게 하는 상징으로 여겨지고 있습니다. 거짓을 일삼는 기성세대가 우리에게 요구하는 순종이 정당한가요? 세상이 강요하고 거짓언론이 꾸며대고 지배자들이 잠잠하라고 외치는 것들에 대해 이제는 아니라고 말할 수 있어야하지 않을까요? 맹목적인 순종이 아니라 "아니요 할 것을 정확하게 아니요"하라는 메시지가 세월호에서 죽어간 아이들의 울부짖음은 아닌가 싶습니다. 잠잠하고 순종하고 기다리라고 외치는 사람에게 "아니요"를 외치는 이 떳떳한 외침이야 말로 오늘 우리 시대에 바르게 살아가는 자세일 것입니다.

국민이 고르게 넓게 평안을 누려야하는 것이 당연함이 헌법정신입니다. 그러나 항상 소수의 특권자가 몽땅 빼앗아 다수를 지배하려고 하는 것이 세상의 현실입니다. 그러니 그들은 거짓으로 꾸미고 조작하고 진리를 왜곡할 수밖에 없습니다. 소수가 다수를 지배하는 것이 사실 불가능하기에 늘 불공정한 상황을 연출해대고, 정의롭지 못한 연대가 이루어지고 그럴

듯하게 아닌 것을 꾸며댑니다. 그러나 이러한 인간의 간계가 무너지고 참다운 지혜와 진실이 드러나는 사건이 있었습니다. 그것은 이미 그 깊은 내면에 승리를 내포하고 있었습니다. 왜냐하면 그것은 진실이기 때문입니다. 꾸며진 세상에 대해 굽힐 줄 모르는 진실이 바로 세월호 참사와 함께 해온 사람들의 마음이요, 촛불집회사건이었습니다.

세월호 사건은 단지 세월호라는 배의 침몰이 아니라 대한민국호의 침몰입니다. 인간의 생명은 뒷전이고 돈에 대한 극도의 탐욕, 그 과정을 보면 그동안 사고 나지 않고 운행된 것이 기적이었습니다. 구조자들을 그대로 놔두고 자신들만 빠져나간 선장과 선원들을 비판하는 것은 당연하지만 선장도 비정규직이고 대부분이 임시직이니 이들이 그 자리에 걸맞은 책임의식을 가졌을까요? 회사가 자신들을 낮게 평가하고 임시로 부려먹는 존재로 여기는데, 자기 목숨 내놓고 구조할 생각을 가질 수 있었을까 싶기도 합니다. 불법, 대강대강, 불의, 무원칙, 구조과정에서도 우왕좌왕, 눈치 보기, 체제도 없고 질서도 없고 시스템도 없는 브로큰컨츄리(Broken Country)의 감춰진 실상이 드러났습니다. 그런데 더욱 두려운 것은 그냥 분노하고 또다시 그런 일상과 관행으로 돌아갈 가능성이 높다는 것입니다. 늘 그래왔듯이……. 정말 철저한 개혁, 밑바닥부터 뿌리부터 새로워지는 근본적인 개혁이 일어나야만 하는데 말입니다.

박근혜·최순실 비리는 정말로 믿기지 않는 사실이었습니다. 거대한 적폐세력들이 권력을 남용해서 사익을 추구하고 국정과 인권을 망쳤습니다. 이런 일들이 알려지고 바로잡게 된 것이 꿈만 같습니다. 이런 일들은 그냥 그렇게 된 것이 아닙니다. 무소불위의 권력 앞에 굽힐 줄 모르는 열정과 저항으로 몸부림친 많은 영웅들이 있었습니다. 내부제보자, 진실을 캐는 방송인, 정의로운 특별검사 그리고 1600만 촛불혁명 참여자들이 그 주인 공들입니다. '사슴을 가리켜 말(지록위마·指鹿爲馬)'이라고 우기며, 곡학 아세(曲學阿世)하는 이들 앞에 온 국민이 촛불을 들었습니다. 우리의 영웅 들은 이런 참담한 불의한 적폐세력들의 추악한 정체를 드러내고 역사의 물줄기를 바꾸었습니다.

저는 올곧은 역사의 과정을 보면서 마음을 두드리는 '북소리' 같은 것을 느끼곤 합니다. 만약 제가 1987년 박종철 고문치사 사건과 이한열 최루탄 사망 사건의 현장 속에 있었다면, 어떤 사람처럼 행동했을까요? 만약 제가 1980년 광주민주화운동의 현장 속에 있었다면, 어떤 사람처럼 행동했을까요? 만약 제가 박근혜 정권의 요직을 맡고 있었다면, 위법한 지시를 받았을 때 어떻게 했을까요? 정치는 정치인이 아닌 국민이 하는 것입니다. 세상을 제대로 바꾸고 싶은 열망이 있다면, 유권자의 힘으로 선거에서 신중하고 바른 선택을 해야 할 것입니다.

선거는 나를 대신해 정치를 할 대표자를 뽑는 것입니다. 대표라는 사람은 정말 최고의 사람이 아닌 출마자 중에 가장 나은 사람입니다. 뽑을 사람이 없어 선거에서 투표를 못한다 하면 안 됩니다. 참여를 해야 사람이 바뀌는 것이고 결국은 지역사회가 발전하고 앞으로 한발짝 더 나아갈 수 있습니다. 지방선거는 특성상 지역일꾼을 뽑은 자리라 과열소지 및 불법 행위가 많이 일어납니다. 이번 지방선거는 선거가 흑색선전과 비방으로 과열되는 양상이 아닌, 정책과 인물 위주로 지역에 맞는 참된 일꾼을 뽑는 축제의 장이 되도록 공정하고 엄정하게 선거관리를 하는데 최선을 다해야 겠습니다. 이 땅의 정치, 사회, 경제, 종교, 교육 모든 분야의 민주화와 정의는 그냥 이루어지는 게 아닙니다. 선거에서 국민주권의 책임적인 자세로 이룩할 수 있습니다. 이런 점에서 우리 일꾼을 우리 손으로 뽑는 거룩한 잔치인 선거참여는 정의를 실천하는 국민주권자로 유권자의 사명이요, 의무입니다.

좌·우 '영토 전쟁터' 된 그곳… 광장

각종 정치·사회 이슈가 사회를 휩쓸 때마다 광장은 늘 인파로 뒤덮였습니다. 광장에 모인 시민의 목소리는 사회를 바꿔놓기도 했습니다. 2016년 말부터 2017년 초까지 이어진 '박근혜 퇴진' 촛불집회는 우리 사회의 적폐를 솎아 내는 중요한 계기가 됐습니다. 하지만 광장이 아직은 좌우 세력 간 대결의 장이라는 한계를 극복하지 못하고 있다는 지적도 적지 않습니다. 정권의 부침에 따라 광장은 진보·좌파의 영역이 됐다가 보수·우파의 영역으로 바뀌기도 합니다. 서울 도심 내 집회 장소를 둔 진보·보수 세력 간 영토전쟁의 흐름을 짚어봅니다.

박근혜 전 대통령이 헌법재판소로부터 탄핵심판 선고를 받은 지 1년째인 2018년 10일 서울 도심 곳곳에서 보수·진보 단체의 집회가 잇따라 열렸습니다. 박 전 대통령을 지지하는 보수세력은 '서울역광장'과 '덕수궁 대한문 앞, '광화문 동화면세점 앞'에 모였습니다. 박 전 대통령에 대한 처벌을 촉구하는 진보세력은 '광화문광장'과 '대학로 마로니에 공원'에 자리를 잡았습니다. 그동안 진보 단체의 주 무대였던 서울 도심 대부분의 집회 장소를 보수 단체가 점령한 것입니다. 최근 들어 서울 도심 집회 장소를 놓고 진보 · 보수 세력이 서로 빼앗고 빼앗기는 상황이 반복되고 있습니다.

돌아보면 1980~90년대 대규모 집회 · 시위는 군사정권의 독재에 반대하는 목소리를 내기 위한 목적이 강했습니다. 때문에 참여하는 단체들의 정치적 성향도 크게 다르지 않았습니다. 정부를 규탄하는 시민이 광장을 장악했고 이를 막으려는 정부와 충돌을 빚었습니다. 그러나 2000년대 이후 집회 세력은 정권 지지 세력과 반대 세력으로 분화했습니다. 특히 박 전 대통령 탄핵을 계기로 탄핵에 반대하는 보수 세력과 찬성하는 진보 세력이 선명하게 갈렸습니다.

정치적 이념에 따라 크게 양분됐습니다. 대표적인 것은 2017년 11월 초 도널드 트럼프 미국 대통령이 방한했을 때 광화문광장은 방한에 반대하는 진보 세력이, 서울시청 앞은 방한을 환영하는 보수 세력이 점령했습니다. 서울 영등포구 여의도 국회 앞에서도 트럼프 대통령의 방한 찬반을 놓고 두 세력이 충돌하는 상황이 빚어졌습니다. 최근 보수 단체들의 집회 횟수가 상대적으로 많아지면서 서로 다른 목적의 집회를 여는 단체들 간에 보이지 않는 갈등이 적지 않게 발생하고 있습니다.

시민들이 촛불을 들고 거리로 나온 첫 번째 계기는 2002년 주한미군 궤도차량에 치어 숨진 심미선 · 신효순양 사건이었습니다. 한 · 미 주둔군지위협정(SOFA)에 따라 미군에서 재판을 받은 사고 장갑차 운전병 마크 워커와 관제병 페르난도 니노가 무죄 판결을 받자 분노한 국민들은 촛불을 들고 광화문 거리로 나왔습니다. 당시 광화문은 차도로만 이뤄져 있어 도로 옆 촛불시위 참가자들은 인도에서 집회를 열었습니다. 시위를 강력하게 탄압하던 1990~91년에는 진압 경력이 들어올 수 없는 명동성당이나 대학교 교내 등 '성역형' 공간에서 주로 집회가 이뤄졌습니다. 2002년 월드컵 거리응원과 미선·효순양 사망사건, 이라크 파병 반대 집회 영향으로 서울 교보문고·동화면세점 앞 등 광화문 광장이 부각된 '광장의 시대'가 시작됐습니다.

보수 단체가 본격적으로 집회를 열기 시작한 것은 2006년 어버이연합이 설립되면서부터입니다. 주로 70대 이상의 노인층들이 중심이 돼 결성된 어버이연합은 초창기 종북 세력에 대한 반대나 국가 안보 위기 등을 앞세워 서울역 광장, 종묘공원 등 주로 노인들이 많이 모이는 장소를 중심으로 집회를 열었습니다. 그러나 촛불집회 등에 비하면 당시까지는 미미한 수준이었습니다.

2008년 광우병 파동이 벌어지면서 다시 촛불을 든 대규모 시위대가 등장했습니다. 이때 어버이연합과 고엽제 전우회 등 보수 단체들은 미국산 소고기 수입에 반대하는 촛불 세력을 규탄하며 집회를 열렸습니다. 진보 단체의 촛불집회와 보수 단체의 '맞불집회'가 본격적으로 시작된 셈입니다. 당시 촛불집회는 광화문 '청계광장'을 중심으로 개최돼 여당이었던 한나라당 당사가 있었던 여의도 등지에서 집회를 이어갔습니다. 보수단체들의 맞불집회는 서울역광장을 중심으로 열린 후 촛불집회가 열렸던 청계광장으로 진출해 양측이 충돌하기도 했습니다. '진보 단체=광화문, 보수 단체=서울역'이라는 '영토공식'이 본격적으로 자리 잡기 시작한 시기입니다.

2009년 5월 노무현 전 대통령 서거는 시청앞 광장까지 진보 진영의 영토가 확장되는 계기가 됐습니다. 당시 경복궁에서 노 전 대통령의 영결식이 진행된 뒤에 서울광장에서 노제(路祭)를 지냈습니다. 이후 대한문에 시민 분향소가 마련되면서 노 전 대통령의 지지자를 포함한 진보 진영의 영토는 광화문에서 시청 앞과 대한문 앞까지 커졌습니다. 같은 해 9월 공사를 마치고 일반 시민들에게 개방된 광화문광장의 등장으로 집회 시위의 영토는 또 다른 변곡점을 맞았습니다. 광화문광장이 미국대사관 100m 이내 거리에 있어 집시법상 허가를 받아야 하는 허가제로 운영되고 있어 서울시의 결정에 따라 집회 · 시위의 개최 여부가 갈렸습니다. 광화문광장을 개장했던 2009년 당시 오세훈 서울시장 시절에는 집회 · 시위보다는 대형 행사가 주로 열렸습니다. 그러다 2011년 박원순 당시 무소속 후보가 재보 궐 선거에 당선되면서 집회 시위의 허가가 상대적으로 많아졌습니다.

2012년에는 쌍용자동차 파업 사태 이후 병으로 숨지거나 스스로 목숨을 끊은 해고자 등을 기리기 위한 분향소가 설치되면서 대한문 앞 광장은 진보 진영의 영토로 재확인됐습니다. 2014년 6월 14일 세월호 참사는 광장에 지각변동을 가져왔습니다. 광화문광장에 세월호 희생자들을 기리기 위한 분향소가 설치됐고, 그동안 대형 행사 위주로 사용되던 광화문광장은 본 격적으로 시민들의 목소리를 대변하는 '광장'의 역할을 하기 시작했습니다.

2016년 말 '최순실 국정농단 사태'는 광화문광장을 진보 진영의 상징으로 만들었습니다. '촛불'로 상징되는 진보 진영의 영토가 광화문광장으로 집중되는 사이 보수 진영의 영토 확장이 이뤄졌습니다. 그때까지 서울역을 중심으로 집회를 열어 왔던 보수단체들은 대한문 앞 광장을 집회장소로 쓰기 시작했습니다. 과거 진보 진영의 영토로 여겨졌던 대한문 앞 광장이 보수 진영으로 넘어간 셈입니다. 진보와 보수의 집회 · 시위 영토전쟁은 여전히 현재 진행형입니다. 최근 보수 단체들은 매주 토요일 종로구 혜화동 대학로에서 대규모 집회를 개최하며 영토를 넓히고 있습니다.

대한문 앞 광장의 경우 오랜 시간 쌍용차 희생자들의 빈소가 유지되면서 '소외된 자들의 목소리를 대변하는 장소'라는 상징성을 보여줬습니다. '태극기 집회'로 불린 보수 단체 집회 참가자들의 면면을 보면 자신이 사회에서 소외됐다고 느낀 70대 이상의 고령층 비중이 높은데, 소외된 목소리를 대변하는 장소인 대한문 앞 광장에서 이들이 사회적 목소리를 내고 있는 것으로 분석할 수도 있습니다.

중요한 것은 과거와 달리 다양한 사람들이 다양한 방법으로 사회적 목소리를 표출하고 있다는 것이고, 우리에게는 이들의 목소리도 결국 우리나라 민주화 발전의 결과물이라고 인정하는 자세가 필요합니다. 이렇듯 집회 장소에 대해 특별한 의미를 부여하는 것도 중요하지만 시대적 상황과 집회의 목소리에 집중하는 것도 중요합니다. '태극기 집회'를 여는 보수 진영이라고 광화문 광장에서 집회를 열고 싶을 것입니다. 결국 집회 장소는 정치적 세력이 누가 되느냐에 따라, 또 그 세력에 대항하는 시민들의 목소리가 얼마나 크냐에 따라 달라질 수 있습니다. 주목해야 할 것은 이들이 어떤 목소리를 내고 그 목소리가 사회적으로 어떤 의미를 담고 있는지에 대한 것입니다. 아무튼 우리 사회가 민주주의가 더욱 국민들의 의식 속에 자리 잡고, 소수가 아닌 다수가 의사표현을 하고 참여하는 적극성을 보이는 것 같아 좋습니다.

촛불 군중 속에선 질서, 개인 일상에선 이기주의

2002년 월드컵축구대회나 2017년 박근혜 전 대통령 탄핵 촛불집회 등 수백만 명이 광장에 모여도 질서정연하고 사건 사고를 찾아보기 힘든 모습에 전 세계는 깜짝 놀랐습니다. 한국인의 시민의식에 찬사를 보냈습니다. 그러나 문제는 광장에 모였던 사람들이 일상으로 돌아가면 언제 그랬냐는 듯 시민의식과 멀어지는 게 현실입니다. 상호존중과 배려, 대화와 타협은 실종되고 극심한 이기주의와 갈등, 불신이 판치는 현상이 낯설지 않습니다. 이는 우리 사회 공동체가 건강하지 못하고 온갖 병폐에 시달리는 요인입니다. 서로 배려하는 성숙한 민주적 시민의식이 부족합니다.

온갖 사회적 갈등의 밑바닥에는 부족한 시민의식이 자리하고 있습니다. 이러다보니 많은 사람이 시민의식 함양의 필요성을 느낍니다. 이런 문제 의식은 시민의식의 빈곤을 보여주는 사례를 꼬집는 다양한 신조어에서도 확인됩니다. 2004년 언론에 처음 등장한 '쩍벌남', 2005년 등장한 '개똥녀'는 무개념 인물을 지칭하는 대표적인 표현입니다. '김여사', '막말녀' 등을 비롯해 2012년 이후 벌레라는 뜻의 '충'(蟲)이란 단어가 널리 퍼지면서 '맘충', '길빵충', '낙서충' 등 신조어가 잇따랐습니다. 2017년에는 영화관 등에서 몰지각한 행위로 관람을 방해하는 이른바 '관크족(관객+크리티컬)'이란 단어가 주목받은 바 있습니다. 대부분 남을 배려하지 않고 때와 장소에 상관없이 제 멋대로 구는 사람들을 가리키는 말입니다. 사회적 논란이 된 부적절한 표현이 '대명사'화한 경우도 있습니다. 2014년 정몽준 당시 한나라당 서울시장 후보의 고등학생 아들이 자신의 사회관계망서비스(SNS)에 '한국인은 미개하다'는 식의 글을 올려 시끄러웠습니다. 이후 네티즌들은 몰지각한 시민들의 행태가 언론을 통해 드러날 때마다 '정몽주니어(정몽준의 아들) 1승', '정몽주니어 연전연승' 등이라고 자조하며 혀를 찼습니다. 2016년 나향욱 전 교육부 정책기획관의 "국민은 개돼지" 발언 논란 이후엔 '개돼지'란 표현이 무개념 행태를 비꼴 때 단골처럼 등장하기도 했습니다.

온라인의 발달과 맞물려 자조적이고 모욕적인 단어들이 계속해 재생산되고 있는 상황입니다. 언론이 자극적인 단어로 헤드라인을 다는 것처럼 네티즌들도 낮은 시민의식을 지적하고 이에 대한 대중의 관심을 끌어내기 위해 의도적으로 자극적인 용어를 쓰는 것으로 보입니다. 우리나라의 시민의식은 전통적으로 집단을 강조하는 공화주의적 시민의식에서 갈수록 개인을 강조하는 자유주의적 시민의식이 강화되고 있습니다. 쩍벌남이나 맘충, 길빵충 등의 표현이 모두 개인의 자유 침해와 관련된 것도 그런 이유입니다.

우리 사회가 개인의 도덕과 집단의 도덕이 다른 양상을 보입니다. 이

간극을 좁히는 게 중요합니다. 버스정류장이나 피서철 해수욕장엔 담배꽁초나 빈 술병 등 쓰레기가 널브러져 있기 일쑤입니다. 중요 관공서에 가보면 금연구역 팻말이 있지만 흡연자들은 누가 보든 말든 드러내놓고 담배를 피웁니다. 거리에서 불법주차와 불법 끼어들기 등도 쉽게 볼 수 있습니다. 그러나 국가대항전 거리응원이나 팬클럽 모임 등 집단적 이벤트에선 비슷한 모습을 찾아보기 힘듭니다. 탄핵 촛불집회 때도 그랬습니다. 2016년 10월 29일 서울 광화문광장에서 시작된 촛불집회는 회를 거듭할 때마다 인파가 엄청 몰렸지만 쓰레기 배출량은 갈수록 줄었습니다. 서울시 집계 결과 첫 집회(참가인원 5만 명) 당시 1인당 쓰레기 발생량은 180g이었으나 3차(〃 100만 명) 160g, 4차(〃 60만 명) 140g 등으로 줄었고, 170만 명이나 모인 6차 집회에선 불과 60g에 그쳤습니다.

집단과 개인의 도덕에 차이가 나타나는 것은 내 행동이 소속 집단을 대표한다는 의식 때문입니다. 아무 소속 없는 개인은 일상 행동에서 스스로를 잘 통제하지 않게 됩니다. 우리나라 시민들의 공중도덕과 시민의식은 그 자체의 내재적 의미보다는 타인에게 비치는 이미지의 의미가 큽니다. 우리나라 시민들의 공중도덕과 시민의식은 그 자체의 내재적 의미보다는 타인에게 비치는 이미지의 의미가 큽니다. 이처럼 전체윤리는 성숙한데 개인윤리는 미숙한 불일치는 우리 사회가 시급히 개선해야할 의식개혁운동입니다. 우리 모두가 성숙한 시민의식으로 각자가 말과 행동, 개인과 집단 사이의 간극을 줄이도록 노력해야 할 것입니다. 이를 위한 시민사회운동이 펼쳐졌으면 좋겠습니다. 이를 위해서 제가 중학교 도덕시간에 배운 도덕덕목으로 '신독(愼獨)'이라는 것을 되새겨 생활신독운동을 펼쳤으면 좋겠습니다.

신독은 '남이 알지 못하는 자신의 마음속에서 인욕(人欲)·물욕(物欲)에 빠지지 않고 삼간다'는 뜻을 지닌 유교의 중요한 수양방법 또는 실천덕목입니다. 이는 《대학(大學)》에 "이른바 성의라는 것은 자기를 속이지 않는 것이다. 마치 악취를 싫어하고 미인을 좋아하듯 하는 것이니, 이를 스스로 만족한다고 한다. 그러므로 군자는 반드시 홀로 있는 데서 삼간다고 한 것과 한 마디로 자기를 속이지 않는 것입니다. 마치 악취를 싫어하고 미인을 좋아하듯 하는 것이니, 이를 스스로 만족한다고 한다. 그러므로 군자는 반드시 홀로 있는 데서 삼간다"고 한 것과 《중용(中庸)》에 "감춘 것보다 잘 보이는 것이 없고, 조그마한 것보다 잘 드러나는 것이 없다. 그러므로 군자는 홀로 있는 데서 삼간다"고 한 것에서 비롯된 말입니다. 남송(南宋) 때의 주희(朱熹)는 신독의 독(獨)을 자기 혼자만이 아는 곳, 또 여러 사람과 함께 있더라도 남이 모르는 자신의 마음속을 말한다고 했습니다.

신독은 개인적인 수양방법이면서 "안으로 성실하면 밖으로 드러난다"고 했듯이 외부에 대한 실천과 연관되어 사회적으로 확대되기도 합니다. 명(明) 때의 왕수인(王守仁)은 특히 신독을 중요시했습니다. 그는 천리를 보존하는 일과 인욕을 없애는 일이 한가지로 양지(良知)를 회복함으로써 가능하다고 했는데, 이때 남은 모르고 자신만이 아는 일을 신중히 하는 신독의 공부가 그 궁극적인 목표가 됩니다. 명나라 말기의 유념대(劉念臺) 등도 신독을 학문하는 데 가장 중요한 것으로 다루었습니다. 신독은 자기 내면의 성찰을 통해 마음에 내재한 인욕·물욕을 인정하고 그에 가려지지 않도록 하며, 선(善)과 악(惡)이 나누어지는 기미를 마음속에서 신중하게 다스린다는 것입니다.

경제위기에 '난민' 설상가상…
美·유럽 포퓰리즘 부추깁니다

도널드 트럼프 미국 대통령 당선, 영국의 유럽연합(EU) 탈퇴(브렉시트) 결정, 프랑스 극우정당 국민전선 마리 르펜의 대선 결선투표 진출, 독일 극우정당 '독일을 위한 대안(AfD)'의 연방의회 입성…. 근래 미국과 유럽에서 포퓰리즘이 득세한 대표적 사례입니다. 두 대륙에서 포퓰리즘은 말 그대로 '대세'를 이뤘고, 선거 때마다 화제가 됐습니다. 포퓰리즘 열풍이 이토록 거셌던 이유는 뭘까요? 특히 민주주의와 자본주의가 안정적으로 작동한다고 평가받아온 미국과 유럽이 그 열풍의 중심이 된 까닭은 뭘까요? 흔히 '대중의 구미에 호소한다'는 의미로 해석되는 포퓰리즘은 대중이나 인민, 민중을 뜻하는 라틴어 '포풀루스(populus)'에서 유래했습니다. 19세기말 미국의 인민당 등장을 그 시작으로 꼽습니다. 소외된 농민과 노동자의 권익을 대변한 인민당은 개혁을 거부하는 엘리트들을 주적으로 삼았습니다. "정치적으로 타락한 엘리트 계급 대신 우리가 통치하는 미국"을 주창한 도널드 트럼프 대통령의 슬로건과 거의 똑같습니다.

20세기 전반 나치를 비롯한 파시즘도 권력 유지를 위해 포퓰리즘을 활용했습니다. 국가 우선주의를 추구하는 파시즘은 노동자의 권익을 중시하는 포퓰리즘과는 사상적 기반이 다릅니다. 하지만 지지 기반을 대중에서 찾는다는 점에서 유사합니다. 이 때문에 파시즘 지도자들은 대중의 지지를 바탕으로 정권을 잡은 뒤 독재를 했습니다. 이 과정에서 대중을 상대로 위기감과 증오를 부추기는 한편 외부 집단을 희생자로 삼았습니다. 유대인을 학살한 나치즘은 최근 유럽과 미국의 이민자 혐오증과 일맥상통합니다. 트럼프 대통령도 멕시코 이민자들을 성폭행범이나 범죄자로 규정하고 반무슬림 행정명령을 남발하고 있습니다.

포퓰리즘이 21세기 들어서도 확산된 배경은 뭘까요? 많은 전문가들이 2008년 세계 금융위기와 함께 본격화된 신자유주의 몰락을 꼽고 있습니다. 포퓰리즘은 지배적인 정치이념이 제대로 작동하지 않을 때 등장합니다. 1970년대 세계 경제는 오일쇼크 이후 만성적 인플레이션에 대한 처방으로 신자유주의를 떠받들었습니다. 작은 정부와 시장의 역할 강화, 관세 없는 자유무역이 세계 경제 질서로 자리 잡았습니다. 하지만 신자유주의는 곳곳에서 극심한 실업률과 빈부격차를 낳았습니다. 그리고 미국발 금융위기(2008~2009년)와 유로존(유로화 사용권) 재정위기(2009~2012년), 신흥국 경기침체(2014~2015년) 순으로 지구촌을 혼돈으로 몰아넣었습니다. 신자유주의 선전대 역할을 했던 국제통화기금(IMF)조차 2016년 신자유주의 정책이 불평등을 키웠다는 반성문을 썼습니다.

신자유주의는 우파가 만들었지만 좌파 진영에서도 받아들여졌습니다. 영국 노동당의 토니 블레어 전 총리와 미국 민주당의 빌 클린턴 전 대통령이 대표적입니다. 이들의 신자유주의는 '진보적 신자유주의'로 불립니다. 좌파·진보가 제 구실을 못 하자 진보적 신자유주의가 득세했습니다. 트럼프를 뽑은 사람들이 거부한 것은 신자유주의가 아니라 진보적 신자유주의였습니다. 트럼프 승리의 핵심 요인은 신자유주의, 보다 정확히 표현하면 엘리트 신자유주의의 해악에 있습니다.

유럽의 경우 이민 문제가 포퓰리즘을 성장시키는 밑거름이 됐습니다. 프랑스 국민전선, 덴마크 국민당, 오스트리아 자유당, 스위스 국민당 등은 이슬람계 이민자와 난민에 대한 대중의 반감을 정당의 정체성과 연결시켜 지지율을 끌어올렸습니다. 극단주의 이슬람 테러리스트들이 발호한 것도 포퓰리즘 정당들의 세 확산을 도왔습니다. 유럽에서는 또 신자유주의 원칙을 제도화한 EU 체제 때문에 포퓰리즘이 거세진 측면도 있습니다. EU 협정 때문에 회원국들이 개별적인 정책을 펼칠 수 없었기 때문입니다. 재정지출, 세금 인상, 자원 재분배 등 회원국 혼자 선택할 수 있는 것은 없었습니다. 그동안 우위를 차지했던 중도 성향 정당들이 힘을 못 쓰게 되자 자연스럽게 국경 부활과 EU 탈퇴를 주창하는 포퓰리스트들이 등장했습니다. 특히 민주주의 전통이 약하고 경제가 나쁜 동유럽과 남유럽 지역에서 두드러졌습니다. 이에 따라 포퓰리즘이 더 확산되면 영국 외 다른 국가들도 EU를 탈퇴할 수 있다는 우려도 나옵니다. EU는 이제 해체될 운명일지도 모릅니다.

최근 포퓰리즘의 득세와 관련해 가장 우려스러운 점은 민주주의의 퇴보입니다. 포퓰리즘 정당과 정치인들이 민주적 선거로 권력을 잡았지만 포용과 관용, 자유, 평등과 같은 민주주의 가치들을 훼손시키고 있어서입니다. 포용·관용·자유·평등 같은 존중돼야 할 가치 크게 훼손될 우려가 있습니다. 이런 때에 강조되는 것이 민주시민의 역할입니다. 민주주의 원칙들은 영원한 것이 아니며, 제도는 스스로를 보호하지 못합니다. 결국 시민들과 언론, 법이 지켜내야 할 것입니다.

원칙을 세우고 지켜야 합니다

낚시를 좋아하는 아버지와 열 살 된 아들이 낚시를 하고 있었습니다. 아버지와 아들은 몇 시간을 낚싯대 앞에 앉아 있었지만 물고기를 한 마리도 잡지 못하고 있었습니다. 낚시를 마무리하려는 순간 아버지의 낚싯대에 큰 물고기가 걸렸습니다. 아버지는 흐뭇해하며 낚싯대에 걸린 물고기를 비춰보았는데, 배가 볼록한 것이 알이 가득했습니다. 하지만 그 마을에서는 어종 보호를 위해 산란 어종 낚시를 금지하고 있었습니다. 아버지는 아들에게 말했습니다. "아들아, 이 물고기는 풀어주고 그만 가자꾸나." 그러자 아들은 억울해하며 말했습니다.

"안 돼요. 이렇게 큰 물고기를 잡은 건 처음인데요." 펄떡이는 물고기를 내려다보는 아들의 얼굴은 울상이었습니다. 그러나 아버지는 단호하게 아들에게 물고기를 풀어줘야 한다고 말했습니다. 그 후 세월이 흘렀습니다.

아들은 중년의 나이가 되어 사업가로 크게 성공했습니다. 정직하고 모범적인 경영자로 뽑혀 여러 매체에서 인터뷰했습니다. 그는 자신의 성공 비결에 대해 다음과 같이 말했습니다. "저는 이제껏 아버지를 따라 정직하게 살기 위해 노력했습니다. 열 살 때 아버지와 낚시를 하면서 배운 원칙이 오늘의 저를 있게 만들었습니다." 원칙이란 누가 보든 안 보든 내가 손해를 보든 이익을 보든 어떤 상황에서도 마음이 바르고 곧은 것을 말합니다. 어떤 이들은 융통성이 없다고 혹은 바보 같다고 말할지 모르지만 그렇게 미련하게, 원칙과 정직을 지키는 사람이 세상을 바꿉니다. 부유할 때 원칙을 지키기는 쉽습니다. 그러나 중요한 것은 가난할 때 원칙을 지키는 일입니다.

옛날 어느 부자가 자신의 하인 백 명을 한 곳에 불러 모았습니다. 하인들이 모인 자리에는 커다란 항아리가 놓여 있었습니다. 부자는 하인들에게 금화 한 닢과 작은 술 단지를 하나씩 나누어 주고 말했습니다. "곧 큰 잔치를 여는데 그동안 맛보지 못했던 특별한 포도주를 연회에서 내놓고 싶다. 그러니 너희들은 내가 준 금화로 각자 다른 포도주를 한 단지씩 사 와서 이 큰 항아리에 한데 섞어 두도록 해라. 여러 가지 포도주를 섞으면 어떤 맛이 날지 매우 궁금하구나."

하인들은 술 단지와 금화를 가지고 각자 포도주를 구하러 떠났습니다. 그런데 한 하인은 주인에게 받은 금화를 자신이 챙기고 자신의 술 단지에는 물을 채워 슬그머니 큰 항아리에 부어 놓았습니다. '이렇게 큰 술 항아리에 물이 조금 섞인 걸 누가 알겠어. 이 금화는 내가 써야겠다.'

잔치가 열린 날 부자는 포도주를 사러 보낸 하인들을 따로 모아 두고 말했습니다. "오늘의 잔치는 그동안 고생한 너희들을 위한 잔치다. 오늘 하루는 너희가 사 온 술을 마음껏 마시며 즐기기 바란다." 그리고 큰 항아리에 담긴 포도주를 모두에게 나누어 주었습니다. 그런데 술을 받은 하인들은 모두 깜짝 놀랐습니다. 그들이 술잔에 받은 것은 전부 맹물이었습니다. 백 명의 하인들은 '모두 나 하나쯤이야 하고 생각하고, 금화를 빼돌리고 물을 가져왔던 것입니다. 결국, 하인들은 빼돌린 금화를 도로 빼앗기고 잔치 내내 맹물만 마시고 있어야 했습니다. '나 하나쯤이야'하고 가볍게 생각하는 그 행동은 자신이 얼마나 소중하고 중요한 사람인지도 잊게 만들어 버립니다. 교묘하게 속이는 것보다는 서투르더라도 성실한 것이 좋습니다.

성실보다 더 중요하고 먼저인 생각

오랫동안 간절히 품고 있던 '생각'이 현실이 됩니다. 생각할 수 있느냐, 없느냐가 중요한 물음입니다. '생각의 힘'이 굉장히 중요합니다. 생각이 곧 결과입니다. 생각의 힘이 인생의 성패를 결정합니다. 생각 없이 사는 것이 얼마나 위험하고, 얼마나 크고 엄청난 죄를 짓게 하는지 모릅니다.

나치의 전체주의는 올바른 정치적 이상이 무엇인지를 보여주는 타산지석(他山之石)*라고 할 수 있습니다. 한나 아렌트는 정치를 인간적인 현상

---

* 같은 뜻 다른 말로 알고 있는 '반면교사(反面敎師)'와 '타산지석(他山之石)' 사이에는 사실 중요한 차이점이 있습니다. 둘 다 큰 틀에서 '남의 일을 내 일처럼 삼는다'는 점에서는 비슷하지만 반면교사(反面敎師)는 남의 잘못된 일과 관련해 "난 저러지 말아야지"라고 생각하는 정도에 그치지만, 타산지석(他山之石)은 다른 이의 작은 행동이나 결과라도 내게 도움이 되는 방향으로 발전시키는 것을 말합니다. 그러니까 실천으로 옮긴다는 점에서 타산지석은 반면교사보다 좀 더 확실합니다.

으로 봤습니다. 즉, 동물은 갈등이 있을 때 폭력으로 해결하지만 인간은 말로 해결하려고 합니다. 그러나 전체주의는 말로 해결하려는 방법을 무시하고 폭력과 이데올로기로 공동체성을 파괴하고 인간성을 말살합니다. 나치는 유대인들의 법적 보호를 박탈했고, 도덕적 인격을 살해했고, 개성을 파괴한 뒤 죽음에 이르게 했습니다. 아렌트는 나치의 대표적 전범(戰犯)이었던 장교 아이히만의 재판을 관찰하고 '악의 평범성'에 대한 글을 썼습니다. 아렌트가 재판을 지켜본 결과 아이히만은 악마가 아니었습니다. 가정에서는 자상한 가장이었고, 착하고 선량한 이웃이었습니다. 자신의 일, 책임을 잘 감당했고 성실하게 살았습니다. 이런 사람이 어떻게 유대인 600만 명의 학살을 주도할 수 있었을까요? 수용소를 만들고, 수용소로 가는 명단을 체크하고, 가스를 주입해서 죽이자는 서류가 올라오면 조금도 망설임 없이 사인했을까요? 독일의 패전으로 전쟁이 끝나고, 전쟁범죄자들에 대한 재판이 열렸습니다. 아이히만은 재판정에 서서, 단호하게 말했습니다. "나는 무죄다. 나는 포로수용소 소장으로 나 자신의 임무에 충실했을 뿐이다." 그러나 당시 아이히만을 기소했던 검사는 이렇게 죄목을 밝혔습니다. "아이히만 당신의 죄는 당신이 하는 행동에 대해서 한 번도 생각해 보지 않은 것이 당신의 죄요."

아렌트도 검사와 같이 아이히만이 잔악한 행위를 서슴없이 할 수 있었던 것은 생각하지 않았기 때문이라고 지적했습니다. 성실하게 살아가는 것만으로는 부족합니다. 생각 없이 성실하게 살아가면 우리는 성실한 악행자가 될 수 있습니다. 그렇기에 우리 속에는 늘 생각이 살아 있어야 합니다. 아렌트는 자기 민족인 유대인에게도 잘못이 있다고 말했습니다. 유대인의 잘못이란 공적 활동에 무관심했고 정치적 지위를 형성하지 않았던 것이었습니다. 유대인들은 기존 국가의 2등 시민으로 특별대우를 누리는 데 만족했기 때문에 비참한 상황을 맞이했을 때 막아낼 수 없었습니다. 오늘 당장의 편안함에 안주해서는 안 됩니다.

인간은 '복수성'의 존재입니다. 키, 나이, 피부색과 같이 '비교할 수 있는 부분'을 갖고 있는 동시에 독특한 '개성적인 부분'을 갖고 있습니다. 서로 다르기 때문에 갈등이 존재하지만 인간의 복수성을 인정하면서 대화와 설득으로 갈등을 조정해 나가야 합니다. 그러나 전체주의 체제는 현실에 기반을 두지 않은 합리성과 논리성을 바탕으로 이데올로기를 형성하고 현실을 여기에 맞추어 변화시키려고 합니다. 이것은 거짓체제이며 거짓은 힘이 있는 것 같아도 사실의 힘이 더 크기 때문에 한순간에 무너지게 됩니다. 따라서 사실을 정확히 포착하고 이에 기초해서 정치판단을 해야 합니다.

성경에 보면 젖과 꿀이 흐르는 가나안 땅을 정탐하고 온 10명이 보고를 했습니다. 과연 젖과 꿀이 흐르는 땅이 맞습니다. 이처럼 크고 실한 과일이 바로 그 땅의 과일입니다. 그러나 그 땅 주민은 강하고, 성읍은 견고하고 심히 클 뿐만 아니라 우리보다 강해서 절대 이길 수 없습니다. 그러니 애굽으로 돌아가자고 했습니다. 정탐꾼이 무엇을 잘못했을까요? 거짓말을 했나요? 잘못 보고한 것이 있나요? 10명의 정탐꾼들은 자신의 임무를 정말 성실하게 잘 감당했습니다. 대부분 이스라엘 백성들이 설득당한 것을 보면 잘 알 수 있습니다.

정탐꾼은 속이지 않고 정확하게, 정직하게 사실 그대로 보고했습니다. 정탐꾼들은 나쁜 사람이 아닙니다. 아이히만처럼, 집안에서 착한 가장이요, 성실한 가장이요, 각 지파 대표로 뽑힐 정도로 모범적인 사람들이었습니다. 그러나 이들의 죄가 무엇인가요? 생각하지 못했습니다. 이 가나안 땅에서 무엇을 생각해야할까요? 분명히 젖과 꿀이 흐르는 가나안 땅에 나아가야함이 민족의 목표입니다. 물러 설 수도 없고 물러 설 곳도 없습니다. 분명한 목표 아래 앞으로 나아가야 합니다. 그저 눈에 보이는 경험적이고 과학적인 사실을 볼 게 아니라 보이지 않지만 가능성과 희망을 봐야 합니다. 그게 대표로 뽑아준 공동체를 위한 일이었습니다.

실패할 수 있습니다. 일이 꼬일 수도 있습니다. 문제를 만날 수도 있고, 기대가 무너질 수도 있습니다. 기도 응답이 없을 수도 있습니다. 불평과 원망할 수도 있습니다. 그러나 생각해야합니다. 그럼에도 앞으로 나아가야함을요. 앞으로 나아가기 위한 방법을요. 물론 쉽지 않습니다. 정말 어렵습니다. 어렵다고 회피하고 과거로 돌아가는 것은 옳지 않습니다. 어렵지만 방법을 찾아보고 또 찾아보는 노력과 끈기와 열정과 지혜가 있어야 합니다. 누구나 다 아는 것, 누구나 알 수 있는 것을 지도자에게 요구하는 게 아닙니다. 가고자 하는 길에 그 어떤 고난과 역경이 있다 하더라도 결코 포기하지 않아야 합니다. 생각이 쌓여 말이 되고, 말이 쌓여 행동이 되고, 행동이 쌓여 습관이 되고, 습관이 쌓여 인생이 되고, 인생이 쌓여 운명이 됩니다.

4장

익숙함과의 작별,
미래로 결단

"아빠 섹스 해봤어?"
아이 질문에 당황하지 않는 대처법

트위터에 올라와 뜨거운 반응이 있었던 글입니다. 초등학생인 둘째 아들이 갑자기 "아빠 섹스해 봤어?"라고 묻기에 순간 당황해서 "아직"이라고 했다는 내용입니다. 그 뒤 그 아이는 또 엄마에게 질문했습니다. "엄마 섹스해 봤어?" 엄마가 "응" 하고 대답하자 "언제 해 봤어?"라고 되물었다고 합니다. 엄마는 "좀 더 크면 알려 줄게"라고 얼버무렸다고 합니다. 이 질문을 던진 아이는 엄마와 아빠의 엇갈리는 두 답변에 '나의 탄생'은 도대체 어디서 비롯된 것일까? 하고 생각이 복잡해졌을 것입니다. 우리 자녀가 이런 질문을 한다면 어떤 대답을 할까요? 또 자녀가 이미 자랐다면 어떻게 해야 할까요?

저와 같은 부모들은 자녀에게 언제, 어떻게, 어디까지 '성'을 알려줘야 할지 모르겠습니다. 어릴 적을 생각해 보면 '아이는 어떻게 생기는 걸까?' '어디서 아기가 나오지?' '남자는 왜 서서 오줌을 싸지?' 같은 생각이 끊임없이 생깁니다. 엄마에게, 이모에게도 물어봐도 누구도 속 시원하게 대답해 주지 않았습니다. 그때 들었던 말 중 '다리 밑에서 주워 왔다'고 한 이모의 답변에 이 다리일까, 저 다리일까 기웃거렸던 기억도 어렴풋합니다.

요즘 아이들은 인터넷의 발달로 성적인 자극을 많이 받고, 일찍 성에 눈을 뜹니다. 그러나 요즘 부모는 자녀에게 성을 대하는 태도가 과거와 크게 달라지지 않은 듯합니다. "아빠(엄마) 아기는 어떻게 생기는 거야?"라고 물어볼 때 "몰라! 아빠(엄마)에게 물어봐!" "쪼그만 게, 벌써 까져서…", "어른 되면 자연스럽게 알게 돼"라는 식으로 답변을 못 하고 회피하는 경우가 많습니다. 저와 같은 부모세대는 자라면서 누구에게 성교육을 정식으로 받아 본 적이 없습니다. 그래서 방법을 잘 몰라 대답하지 못하고, 또 쑥스러워서 대부분 답을 회피하기도 합니다. 그러나 올바른 성교육은 부모가 아주 중요하게 생각하는 수학이나 영어 공부보다 인생에 훨씬 더 영향력을 미칩니다. 성은 성장과정, 결혼과 가정, 인생 전반의 삶에서 아주 중요한 부분입니다. 그렇기 때문에 아이의 성장발달 단계에 따른 적절한 성교육을 통해 올바른 성가치관과 성행동을 할 수 있도록 도와줘야 합니다.

성(性)은 성장과정, 결혼, 가정, 인생 전반에 있어 아주 중요한 부분이므로, 아이의 성장 발달 단계에서 적절한 성교육으로 올바른 성가치관이 형성되도록 해야 합니다. 아이가 성에 대한 호기심을 갖는 것은 자연스러운 현상입니다. 현대 미디어 환경은 성적 호기심을 자극하게 하는 다양한 요인이 도처에 널려 있습니다. TV나 인터넷, 스마트폰에서는 성을 상품화하고 대상화한 영상물이 넘쳐납니다. 올바른 교육 없이 성을 대중매체를 통해서만 배우게 한다면 자칫 왜곡된 성인식을 갖게 할 수 있고, '이게 뭐지?' 하면서 따라 할 수도 있습니다.

　어느 어머니가 겪은 이야기입니다. 여섯 살 딸과 이웃집 일곱 살 남자아이는 친구입니다. 어느 날 딸과 남자아이가 사이좋게 놀고 있는 모습을 보고 어머니는 잠깐 시장에 다녀왔습니다. 거실에서 놀던 아이들이 없어서 방문을 열어 보니 딸과 남자아이가 옷을 홀딱 벗고 침대에 누워 깔깔대고 웃고 있었습니다. 순간 충격에 어찌할 바를 몰랐지만, 차분하게 이렇게 말했습니다. "너희들 무슨 놀이해?" 이에 딸은 태연하게 대답했습니다. "응. 엄마·아빠 놀이해" 이런 상황에서 아이들에게 어떤 교육이 필요할까요? 딸과 남자아이는 사심 없이 성적 놀이를 했습니다. 프로이트의 인간발달 단계에 따르면 만 4~6세는 남근기에 해당합니다. 남근기는 다른 성의 특정 신체 부위에 관심을 갖고 서로 몸을 보거나 만지거나 하는 행위가 나타날 수 있습니다. 어머니가 아이들의 이런 성 행동에 당황하지 않고 대처한 것은 참으로 잘한 일이었습니다. 만약 어머니가 놀라 고함을 지르거나 야단쳤다면 이 아이들은 성적인 행동에 대해 부정적인 생각을 갖게 될 것입니다. 딸과 남자아이의 성적 행동은 미디어에서 본 영상물의 영향이든지, 아니면 부모의 잠자리를 흉내 내봤을 수도 있습니다. 이 아이들은 성적 호기심으로 이런 행동을 했을 것입니다.

　여기서 부모는 성교육의 기회로 삼고 적극적인 개입이 필요합니다. 부모는 딸과 남자아이에게 어떤 성적 호기심으로 그렇게 행동했는지를 자유롭게 대화할 수 있는 환경을 만들고, 질문을 듣고 대답하는 것이 좋습니다. "딸과 남자아이는 남자와 여자로 같은 점도 있고, 다른 점도 있어." 이때 신체의 명칭과 변화를 그림책을 이용해 알려주는 것도 좋은 방법입니다. "우리는 모두 아주 소중한 사람이야. 너희의 몸은 각각 눈, 팔, 다리 등으로 이루어져 있는데 모두 소중해. 그런데 더 중요한 부분은 속옷을 입어 더 잘 보호해 주어야 해. 그리고 너와 친구가 아무리 친한 사이지만 속옷을 입은 곳은 친구 사이라도 보여줘서는 안 돼. 그렇게 할 수 있겠니?" 이렇게 아주 친근한 사이에도 서로가 지켜야 할 경계가 있음을 분명하게 알려주어야 합니다. 그리고 그런 요청을 할 때 거절할 수 있도록 해야 합니다.

간혹 어떤 어머니는 자녀에게 성교육해야 한다는 의무감으로 자녀가 이해할 수 없는 교육을 너무 앞서 해 오히려 자녀가 성에 대해 부정적인 인식을 갖게 하는 경우도 있습니다. 우리 사회는 스토킹, 데이트폭력, 성폭력, 가정폭력 문제로 늘 시끄럽습니다. 학교의 몇 시간 교육으로 이런 문제를 해결하기엔 역부족입니다. 자녀는 성장하면서 사춘기가 되고 2차 성징이 나타나며, 음란물을 접하고 채팅 앱도 만나게 됩니다. 그때마다 부모는 자연스럽게 이 성적 자극을 어떤 시각으로 봐야 할지 자연스러운 대화를 통해 알 수 있도록 해야 합니다. 가정에서 이것이 잘 이뤄질 때 우리 사회에서 폭력이 점점 사라질 것입니다. 우리는 선택해야 한다. 껄끄러운 성 문제를 '나 몰라라'로 계속 외면할 것인가? 아니면 자녀와 눈을 마주 보면서 진지하게 그 아이에게 당면한 성 문제를 대화로 풀 것인가?

"짧은 치마 안 돼"
미투 키우는 대한민국 성교육

미투 운동이 좀처럼 가라앉지 않고 있습니다. 그만큼 참아온 피해자들의 울분이 큽니다. 하지만 많은 사람들이 아직도 멀었다고 말합니다. 언어, 환경, 관행, 제도 등 곳곳에 바꿔야할게 많습니다. '이런 것도 미투 대상이 될까?' 됩니다. 무심결에 내뱉은 말 한마디, 관행적으로 내려온 규율이나 행동 하나하나에 누군가는 상처받고 불쾌해 합니다. 이제는 바꿀 때입니다. 함께 편안하고 즐거운 사회를 위해 함께 고민하고 함께 지켜나가야 합니다.

A씨는 태어나자마자 분홍색 포대기에 싸였습니다. 공주 옷을 입고 유치원에 갈 때면 선생님의 "예쁘다"는 말에 기분이 좋았습니다. 여고 시절 교훈은 '착한 행실·고운 몸매'였습니다. 20세 딸이 짧은 치마를 입은 모습

에 A씨의 부모님은 "그런 차림으로 밤늦게 다니지 말라"고 나무랐습니다. B씨가 다닌 유치원은 여자에게 빨간색, 남자에게 파란색 가방을 줬습니다. 어릴 적 "예쁘게 생겼다"는 말을 자주 들었던 B씨에게 엄마는 일부러 어두운 옷을 입혔습니다. 초등학교 때 분홍색 옷을 입고 등교한 친구를 보고 "왜 여자처럼 입냐"며 놀렸습니다. 남고 시절 교훈은 '큰 뜻을 품고 세상을 바꾸자'였습니다. 선생님은 "여자는 예쁘다고 하면 다 좋아한다"고 가르쳤습니다.

이처럼 성장기 경험은 실제 성 역할을 고정하는 여러 요소로 우리 사회 곳곳에 다양한 형태로 뿌리박혀 있습니다. 태어날 때부터 당연한 듯 여겨지는 색상, 옷, 장난감 등 주변 환경과 가정 · 학교 교육이 남성과 여성의 권력관계를 낳고 성폭력은 바로 이런 불균형을 배경으로 싹을 틔운다는 게 전문가들의 지적입니다.

부모가 자녀를 교육하는 과정에서 아들과 딸의 성역할과 고정관념이 생겨납니다. 이를테면 딸에겐 '말 잘 듣고 착한 모습', 아들에겐 '또래 친구를 주도하는 강한 모습'을 바라는 등 다른 모습을 기대하는 태도가 성 불평등을 야기할 수 있습니다. 미투 운동(Me too · 나도 고발한다)이 확산되자 '왜 참다가 이제야 말하냐'는 일각의 반응이 나오게 된 배경에도 성 역할의 사회화 문제가 깔려있습니다. 여성은 자라면서 다른 사람을 불편하게 하지 않고, 분위기를 부드럽게 하고, 불쾌한 일도 참고 넘어가고, 상대의 기분을 맞춰주도록 사회화가 됩니다.

성 역할 고정은 교육기관에서도 이뤄집니다. 아직 교과서에는 직업, 가사 등 성 역할을 구분하는 잔재가 많이 남아 있습니다. 교사들도 학생을 대상으로 남녀역할을 구분하고 차별화해서 이야기하는 경우가 많습니다.

교육당국이 내놓는 성교육 자료는 오히려 성차별을 조장하기도 합니다. 교육부가 2015년 내놓은 '성교육 표준안'과 교육 자료에는 성폭력 예방법으로 '단둘이 여행을 가지 않는다' 등 성폭력 피해자의 대응만을 강조하는 내용이 실려 문제가 됐습니다. 전문가들은 성교육을 성관계, 임신, 출산과 같은 보건학적 관점에서만 바라보기 때문에 이 같은 현상이 일어난다고 진단합니다. 교육청에서 성교육을 담당하는 장학사는 대부분 보건간호학 전공자입니다. 성교육에서 보건은 일부일 뿐, 그보다는 인권·평등 등의 개념을 아우르는 교육이 절실합니다.

성 역할을 고정하는 교육은 성폭력에 '무감각'해지는 방식으로 변질될 수 있습니다. 피해자한테서 사건의 원인이나 책임을 찾으려고 하거나 가해자의 행위를 어떤 식으로든 이해하려는 경향이 여기에 해당합니다. 어려서부터 남자아이에게 '여자가 원하지 않는 성적 접촉이나 발언을 하면 안 된다'는 점을 가정·학교 교육에서 강하게 시켜야 합니다. 여학생에게는 그런 일이 발생했을 때 즉각 상의하고 문제 제기를 할 수 있게 교육해야 합니다. 성폭력을 이야기하면 여성에게 피해가 온다고 생각해서 부모나 학교에서 문제를 드러내고 조치하는 걸 회피해 왔습니다. 부모와 교사, 남녀 모두 서로 주의하고 성폭력이 발생했을 때 적극적으로 해결하려는 자세가 필요합니다.

아몬드 5개를 점심 도시락으로 싸온 여고생

세상에는 다양한 사람이 있습니다. 부자와 가난한 사람, 젊은이와 노약자, 비장애인과 장애인, 남자와 여자. 모두 다른 사람과 사람 사이에는 무엇이 필요할까요? 이들의 인권이야기, 폭력예방, 성평등교육을 통해 나와 이웃 모든 사람이 가진 자유, 평등, 존엄에 대해 공감하는 힘을 키우기를 소망합니다. 요즘 인기 웹툰 중 '외모 지상주의'란 웹툰이 있습니다. 이 웹툰 주인공은 뚱뚱하고 못생긴 외모로 학교에서 많은 차별을 겪습니다. 이 주인공이 키 크고 잘생긴 모습으로 몸이 바뀌면서 주변 사람의 반응이 확 달라지고 새로운 세상을 만나는 내용으로 채워져 있습니다.

웹툰 주인공은 뚱뚱하고 못생긴 외모로 학교에서 많은 차별을 받다 키 크고 잘생긴 모습으로 몸이 바뀌면서 주변 사람의 반응이 확 달라지고 새로운 세상을 만나는 내용으로 채워집니다. 아름다운 것은 멋진 것이고,

그 자체로 즐거움을 주기도 합니다. 그러니 아름다움을 좋아하고 가꾸는 것을 비난할 수는 없습니다. 사회는 아름다운 것에 훨씬 더 관용적입니다. 외모 지상주의의 주인공에게 보여주는 반응처럼 말입니다.

'외모 지상주의'의 뜻은 외모 차별주의라는 말로 쓰이기도 합니다. 외모가 개인의 우열뿐 아니라 인생의 성패까지 좌우한다고 믿어 외모에 지나치게 집착하는 사회 풍조를 말합니다. '외모가 경쟁력이다' '미모는 권력이다' '외모도 스펙이야'라는 말들은 여성뿐 아니라 남성 또한 외모를 가꾸기 위한 노력이 당연한 것으로 생각하고 기꺼이 그 노력에 동참하게 합니다. 대부분의 여성은 1년 365일 중 320일은 다이어트하고 나머지 45일 동안은 '어쩌지 운동해야 하는데, 다이어트 해야 하는데…' 이런 강박들에 짓눌려 삽니다. 더구나 외모 지상주의는 대한민국을 최고의 성형 공화국이라는 이름표까지 붙게 했습니다.

제가 경험했던 중·고등학교의 기억을 되살려 보면 학교생활 중 행복했던 유일한 시간은 점심시간이었던 것 같습니다. 점심시간과 관련된 추억이 많습니다. 꽃 피는 봄날, 단짝 친구들은 더 멋진 점심을 위해 각자 밥 한 공기와 나물 한 가지씩을 가져오고 한 사람은 양푼을, 한 사람은 참기름을 가져오기로 했습니다. '수업시간 내내 뒤에 앉아 있는 친구는 어제 싸 왔던 맛있는 참외장아찌를 또 가져왔을까? 친구네 볶은 고추장은 왜 이렇게 맛있지, 나도 엄마에게 볶은 고추장을 만들어 달라고 해야겠다.' 이런저런 궁리를 하다 보면 배는 더 고파지는데, 4교시 시간은 더욱 멈춰 있는 듯 느껴졌습니다.

수업이 끝나는 종이 침과 동시에 친구들의 책상을 모아놓곤 일사불란하게 양푼을 꺼내고 각자 싸 온 밥과 나물, 참기름을 넣고 쓱쓱 비볐습니다.

마지막 남은 한 술이라도 더 먹어보려고 기를 썼던 즐거운 추억의 한 장면입니다. 얼마 전 어느 여고 순회교사로 간 동료교사가 들려준 이야기입니다. 4교시 수업이 끝내고 모든 학생이 앞 다투어 교실을 빠져나갔습니다. 그런데 한 학생이 홀로 교실에 앉아 있었습니다. "왜 밥 먹으러 안 갔니?" "저, 먹을 것 싸 왔어요.", "그래! 도시락 싸 왔구나! 그런데 왜 안 먹니?", "벌써 먹었어요.", "벌써? 먹는 거 못 봤는데….", "아몬드 다섯 개와 요플레요. 저 다이어트 해야 하거든요." 헐! 겉의 모습도 중요하지만 건강함을 잃어서는 안 되는데, 건강한 아름다움을 지닌 사람이 돼야 하는데……. 이 이야기를 듣고는 '높은 외모 지상주의의 벽을 넘을 수 있을 것인가' 하는 생각이 들었습니다. 부모의 마음으로 이 아이가 어른이 돼 제 또래의 나이가 된다면 분명 여러 건강상의 문제가 나타날 수도 있을 텐데, 하는 우려하는 마음이 들었습니다.

동료교사의 말로는 이 여학생은 전혀 과체중으로 보이지도 않았고, 그저 통통하고 귀여운 외모를 지니고 있는 정도였다고 합니다. 제 경험으로는 학교생활의 최대 행복은 점심시간이었는데 이마저 반납하면서까지 얼마만큼의 날씬함을 성취해야 이 학생의 극기 수행은 멈출까요? 지금 우리 사회가 칭송하는 미의 기준은 어디에서 온 것일까요? 미의 기준은 시대와 문화에 따라 다르게 나타납니다.

중국에선 전통적인 미의 기준이 작은 발 사이즈였기 때문에 어렸을 때부터 10cm 정도의 기형적인 발을 만들기 위해 많은 고통을 참아야 했고, 서양에선 얇은 허리를 만들기 위해 코르셋을 착용해 늘 소화불량, 호흡곤란에 시달려야 했으며 코르셋의 철사가 몸을 파고들어 사망하는 일도 있었다고 합니다. 도대체 누구를 위해 이렇게까지 위험한 고통을 감내해야만 하는 것일까요? 각종 매체에서는 꿀벅지, 우유 빛깔 피부, 얼굴은 V라인, 몸매는 S라인, 착한 몸매, 태평양 어깨, 얼짱 등 수많은 신조어를 들을 수 있고, 아름다운 몸과 얼굴에 대한 규격화된 이미지가 차고도 넘칩니다. 왜냐하면 TV만 틀면 만날 수 있고, 거리의 쇼윈도 안에 끊임없이 등장하기 때문입니다.

청소년들은 연예인 모습과 자신을 비교하면서 '워너비 신드롬(Wannabe Syndrome)*'에 빠져 있습니다. 미디어에서 주목받는 여성의 모습은 하나같이 날씬하고, 얼굴은 작으며, 눈은 크고, 오뚝한 코의 얼굴을 미인이라고 칭합니다. 청소년들은 이런 모습의 연예인 모습과 자신을 비교하면서 '워너비 신드롬'에 빠져 있습니다. 이 사회문제를 "넌 왜 하라는 공부는 안하고 외모에만 집착하는데?"라면서 이 학생의 잘못이라고 비난만 할 수 있을까요? 우리나라 말에 '얼굴'은 사람의 '얼'이 사는 집입니다. 정신이 담겨 있는 그릇이라는 의미입니다. 얼굴은 그 사람의 정신과 마음입니다. 긍정적이고 성숙한 에너지는 어떤 장소에서든 당당한 자신감으로 자신의 얼굴에 표출됩니다.

동성이건 이성이건 어떤 사람과 친구가 되고 싶을까 생각한다면 바비인형 같이 날씬하고 예쁜 얼굴에 집착하는 친구보다 자신을 사랑하고 긍정적으로 주변을 바라볼 수 있는 성숙한 에너지를 갖춘 사람과 친구가 되는 것이 훨씬 더 멋진 일일 것입니다. 외모에 대한 과도한 집착 이전에 건강한 내면과 건강한 신체를 만드는 것이 우선돼야 합니다. 오프라 윈프리는

---

* 자신이 닮고 싶은 대상을 모방하는 행동이나 심리상태를 말합니다. 특정가수의 목소리, 의상, 동작 등을 흉내 내는 모방가수를 흔히 워너비라고 하는데 이들이 흉내 내는 데는 숭배의 의미가 내포되어 있습니다.

너무 못생겼다며 외모를 꾸미라는 상사로부터 질타를 받았지만 자신감과 말솜씨로 자신의 매력을 찾으면서 미국 최고의 토크쇼 여왕이 돼야겠다고 결심했다고 합니다.

JTBC의 '비정상회담'이란 프로그램에서 타일러는 "한국에 처음 왔을 때 이력서에 사진을 붙여야 하는 것에 놀랐다"는 말을 했습니다. 이렇듯 우리 사회에서 당연하다고 여겼던 관행들이 외모를 평가하고 차별을 만들어냅니다. 외모를 평가의 기준으로 삼는 사회, 획일화된 외모에 대해 끊임없이 비교하고 남의 외모를 아무렇지 않게 평가하는 사회에 대한 사회적 성찰과 개선 의지가 필요합니다. 또 미디어의 변화와 더불어 미디어를 읽어내는 능력을 가질 수 있도록 해야 합니다. 이러한 노력 없이 외모 지상주의가 팽배한 사회에서는 더 많은 청소년이 씹던 음식을 뱉고, 학교에서 급식실에 가지 않고 아몬드 다섯 개가 점심이어야 하는 학생이 더욱 많아질 것입니다.

'여성의 몸'을 보는 국가의 관점, 바뀌어야 할 때

　형법 제269조(낙태) 제1항 부녀가 약물 기타 방법으로 낙태한 때는 1년 이하의 징역 또는 200만 원 이하의 벌금에 처합니다. 제270조(의사 등의 낙태, 부동의 낙태) 제1항 의사, 한의사, 조산사, 약제사 또는 약종상이 부녀의 촉탁 또는 승낙을 받아 낙태하게 한 때는 2년 이하의 징역에 처합니다. 1953년 '낙태죄'가 형법으로 제정된 후 우리나라는 인공임신중절을 법에서 엄격하게 금지하고 있습니다. 그러나 1960년대를 기점으로 정부는 적극적으로 불임 시술과 낙태를 지원하는 등 출산억제정책을 시행했습니다. 수십 년 뒤 저출산이 문제되자 정책의 방향을 달리해 낙태 처벌이 강화되고 출산이 장려되기 시작했습니다. 그 역사 속에서 국가는 여성의 몸을 국가경제를 보전하기 위한 수단으로만 인식하고 있다는 비판이 터져나왔습니다. 2016년 보건복지부가 낙태시술 의사에 대해 처벌을 강화하는 내용의 입법예고를 고지한 이후 '문제는 낙태죄 자체'라며 낙태죄 폐지 논의가 시작됐습니다.

2017년 9월 30일, 청와대 홈페이지에 낙태죄 폐지와 자연유산 유도약(미프진) 도입을 요구하는 국민청원이 게시됐습니다. 30일간 총 23만 5372개의 서명이 모였고 11월 26일 청와대가 공식 답변을 내놓으면서 낙태죄 존치 혹은 폐지논의에 국민적 관심이 쏠렸습니다. 국가는 1960년대부터 1980년대까지 '경제개발을 위한 인구 억제' 정책을 펼쳤습니다. '덮어놓고 낳다보면 거지꼴을 못 면한다', '셋부터는 부끄럽습니다' 등의 가족계획사업 시대 구호는 산아제한이 국가경제발전에 중요한 요소로 여겨졌다는 것을 보여줍니다. 1960년대에 이뤄진 가족계획정책의 일환으로 '낙태수술 버스'가 운영되기도 했고, 불임수술을 하면 아파트 우선권 등의 혜택을 줬습니다.

2000년대 이후 인구정책은 출산을 장려하는 방향으로 급격히 변화했습니다. '혼자는 외로워요' 등의 구호가 사용됐고 난임 부부를 위한 체외수정 시술이 국가의 지원 아래 이뤄졌습니다. 하지만 국가가 여성의 출산을 여전히 국익의 관점에서 보고 있다는 비판은 계속해서 제기됐습니다. 가족계획정책 당시 국가는 여성에 의한 낙태는 처벌하면서도 인구조절을 위해 불임시술과 낙태를 지원하는 정책을 펼쳤습니다. 상황에 따라 저출산 시대가 되니 아이를 낳지 않는 것을 이기적이라고 간주하는 것은 여성에게만 책임을 씌우는 모순적인 태도입니다. '낙태할 수 있는' 태아 규정, 가치 부여 논란도 있습니다. '낙태죄'가 형법으로 제정된 후 20년이 지난 1973년에는 전면 금지됐던 낙태의 제한적 허용 사유를 추가한 '모자보건법'이 제정됐습니다. 모자보건법 제14조는 윤리적, 의학적, 우생학적인 낙태 허용

사유를 규정하고 있습니다. 현재 정부는 강간과 준강간에 의한 임신, 혈족 간 임신, 모체의 건강을 심각하게 해칠 수 있는 임신, 본인 또는 배우자가 우생학적 또는 유전학적 정신장애나 신체질환이 있는 경우, 태아에게 치료 불가능하고도 심한 육체적·정신적 장애를 가지고 태어날 가능성이 있는 경우 24주 이내의 태아에 한해 임신중절을 허용하고 있습니다.

윤리적, 의학적 사유에 따른 낙태 허용은 여성의 권리를 신장했다는 긍정적인 평가를 받습니다. 하지만 우생학적 사유의 경우 결국 국가가 배아의 질병 유무 혹은 사회적 위치에 따라 낙태를 허용함으로써, 생명의 가치를 선별하는 조항이라 비판받고 있습니다. 해당 조항에 대해 대통령령으로 정하고 있는 질환이나 장애는 드문 경우입니다. 태어나야만 하거나 태어나지 않아도 되는 태아를 규정하는 것은 오히려 장애나 질환이 있는 사람들에 대한 차별일 수 있습니다. 국가적으로 활발히 지원되는 난임부부 시술에서도 마찬가지로 배아 단계에서 미숙아 및 장애아가 판별되고 배제됩니다. 다태아 임신이 이뤄질 경우 선택적 유산이 가능하기도 합니다. 선택적 유산은 결국 본질적으로 낙태와 같은 것인데 국가는 이를 제재할 마음이 없습니다. 선택적 유산에 이중 잣대를 대고, 여성의 건강에 대한 고려 없이 시술이 무분별하게 이뤄지는 것이 문제입니다.

2012년 8월 23일 헌법재판소는 낙태죄를 규정하고 있는 형법 제270조 1항에 대해 합헌과 위헌 의견이 4대 4로 갈리면서 합헌 결정을 내렸습니다. 위헌 측은 독자적 생존능력을 기준으로 임신 24주까지는 낙태를 허용하는 것이 바람직하다고 주장했습니다. 임부의 생명이나 건강에 위해를 끼칠 염려가 없는 임신 초기까지 낙태를 금하는 것은 침해의 최소성의 원칙을 위배한다는 점에서입니다. 합헌 측은 생명권의 보호 대상이 되는 시기를 수정란이 자궁에 착상한 순간부터로 규정했습니다. 임부의 자기결정권을 사익으로 보고, 공익인 태아의 생명권 보호보다 우선할 수 없다고 봤습니다.

2016년 9월 22일, 보건복지부는 불법 인공임신중절을 시술하는 의사를 가중 처벌하는 의료법 시행규칙 개정안을 입법예고했습니다. 이에 산부인과 의사들은 전면 시술중단을 내걸며 개정안 철회를 요구했고 입법안은 무효화됐습니다. 이후 낙태죄 폐지를 위한 '검은 시위'가 연달아 열리며 안전하게 낙태할 권리와 낙태죄 폐지에의 목소리가 커졌습니다.

헌법재판소는 낙태죄 규정의 위헌 여부를 재심리하고 있습니다. 헌법 재판관의 과반이 낙태죄에 있어 여성의 자기결정권 존중에 긍정적인 것으로 알려졌습니다. 현행 낙태죄의 위헌 여부는 자유권과 평등권에 중점을 두고 논의되고 있습니다. 낙태의 전면 금지는 신체의 자유를 침해하지만 태아의 생명권이라는 가치에 따라 제한될 수 있다고 주장되기도 합니다. 그러나 현행 낙태죄는 낙태에 따른 남성의 책임과 처벌을 규정하고 있지 않기 때문에 평등권에 위배되므로 위헌적 소지가 있습니다.

국회 역시 낙태죄 개정을 논의하고 있습니다. 국민적 관심이 커지고 찬반 논의가 활발해지면서 국회 차원에서도 국회 내에서 현행법이 놓치는 부분에 대한 문제의식이 커졌다는 평가입니다. 출산과 양육에 대한 국가와 남성의 책임을 강화하며, 일정한 사유와 절차에 따른 인공임신중절은 허용하되 그 외의 인공임신중절은 금지하는 두 가지 기조 아래 낙태죄 개정안을 준비하고 있습니다. 합리적 논의와 결과로 이어지기를 기대하고 있습니다. 이처럼 여성의 몸과 태아에 대한 논의는 여성인권과 생명권에 관련한 중요한 사안입니다.

경쟁자는 내 자존감을 높여주는 소중한 친구랍니다

경쟁자가 있나요? 일할 때 누구와의 경쟁을 염두에 두고 있는지요? 절대다수의 막연하고 추상적인 장삼이사(張三李四)*들인가요, 아니면 예전부터 눈여겨봐 왔던 '누군가'인가요? 한 번 곰곰이 생각해보세요. 나보다 잘나 보이는 역할 모델(role model)이 아닙니다. 그렇다고 나보다 못나 보이는, 반면교사(反面教師)**로 삼을 대상도 아닙니다. 나와 비슷한 처지에

---

* 장씨(張氏)의 셋째 아들과 이씨(李氏)의 넷째 아들이라는 뜻으로, 이름이나 신분이 특별하지 아니한 평범한 사람들을 이르는 말입니다.

** 사람이나 사물 따위의 부정적인 면에서 얻는 깨달음이나 가르침을 주는 대상을 이르는 말입니다. 타인 혹은 사물의 부정적인 면에서 가르침이나 깨달음을 얻는다는 뜻입니다. 비슷한 의미로는 '타산지석(他山之石)'이 있습니다. 1960년대 문화대혁명 때 마오쩌둥이 최초로 사용했다고 알려졌으며, 이 때문에 중국에서는 제국주의자·반동파·수정주의자를 이르는 말로 쓰이기도 했습니다.

놓여 있으며, 목적의식이 비슷하고, 실력은 비등비등한 사람. 만화에서나 보던 그런 사람이 과연 나에게도 있었던가요?

경쟁자를 갖는다는 것은 왜 좋은 일일까요? 늘 신경 써야 하는 상대가 생기면 피곤하고 '저 사람보다 잘 해야 한다'는 부담감과 스트레스가 상당할 것 같은데, 그럼에도 경쟁자를 가져야 하는 이유가 있을까요? 여기 그런 위험 요소에도 경쟁자를 곁에 두면 얻게 될 몇 가지 중요한 유익한 점이 있습니다.

첫째, 경쟁자는 나의 목표 추구(goal pursuit) 과정에 도움을 줍니다. 경쟁자는 내가 넘어야 할 존재이기도 하지만 동시에 내가 가야 할 길을 더 밝고 명료하게 비춰줄 '참조의 대상'이기도 합니다. 우리는 맞수보다 목표에 더 가까워지기를 희망하지만 경쟁자의 실력이 만만치 않은지라 경쟁자가 나보다 한발 앞설 때도 있습니다. 그때 우리는 경쟁자의 행동을 유심히 지켜봅니다.

그가 다음 단계에 어떤 새로운 목표를 설정하는지, 목표에 한발 앞서간 그가 어떤 새로운 경험과 상황에 처하는지 살펴봅니다. 그리고 그렇게 얻은 정보는 내 현재 목표를 다듬고 방향을 설정하는 데 활용됩니다. 결론적으로 우리는 맞수와 앞서거니 뒤서거니 하며 상대의 목표와 나의 목표를 비교합니다. 잘된 점은 벤치마킹하고 부족해 보이는 점은 보완해가면서 각자의 목표를 세밀하게 다듬어갈 수 있습니다. 경쟁자는 더 높은 목표를 추구하게 합니다.

둘째, 경쟁자의 존재는 내가 하는 일에 애착을 강화해줍니다. 사람들은 희한하게도 '나만 그런 것이 아니다'라는 느낌을 갖고 싶어 합니다. '힐링'을 가치로 내걸어 놓은 심리학 교양서적에서 사람들이 바라는 바이기도 합니다. 현재 불안하고, 아픈 것, 열등감을 느끼고, 동기부여가 마땅치 않아 좌절감을 경험하는 것, 이러한 부정적인 감정들이 잘못된 것이 아니며 나만 경험하는 것도 아니라는 느낌을 갖고 싶어 합니다.

무언가 일을 함에 있어서도 마찬가지입니다. 우리는 대개 프런티어, 선구자가 되기를 원하지 않습니다. 그러한 사람들은 어딘가 특별함이 있는 사람들일 뿐입니다. 대부분 평범한 사람들은 그보다는 '나뿐이 아닌 일'을 하고 싶어 합니다. '나만 하는 일'보다는 비교적 안정적이고 위험 부담이 적은 길이라 믿기 때문입니다. 특히 남들이 가지 않는 길을 가는, 좋은 대학을 나와 취업 전선에 뛰어들고 연봉이 비교적 높으며 안정성 또한 보장되는 직장을 잡는 등 교과서적인 진로를 밟지 않는 이들에게 경쟁자의 존재는 중요합니다.

내가 지금 걷고 있는 이 길이 잘못된 것이 아니라는, 있는 힘껏 몰입할 가치가 있는 길이라는 사실을 함께 나눌 경쟁자가 필요합니다. 상대가 몰두하는 것, 또 내가 그 일에 몰두하는 걸 보며 우리는 우리의 감정, 생각에 관한 해석을 내립니다. '이 일이 가치가 있구나' '열심히 애쓰는 것을 보니 저 사람이나 나나 이 일을 좋아하나 보다.'라고 말입니다. 이를 심리학자 대릴 벰(Daryl Bem)은 자기지각이론(Self-perception Theory)이라고 지칭했습니다. 경쟁자를 보며 우리는 우리의 감정을 해석할 수 있습니다.

셋째, 경쟁자는 자존감을 높여줍니다. 이 명제에 대해 고개를 갸우뚱하실 수도 있습니다. 경쟁자는 오히려 내 자존감을 위협할 수 있는 존재가 아닌가요? 경쟁자를 이겼을 때 자존감이 높아질 일이지 그렇지 않다면 우리가 경쟁자를 통해 자존감을 추구하는 것이 가능하단 말인가요? 등의 생각이 있을 수 있습니다. 그러나 경쟁자는 그 '존재' 자체만으로 나의 자존감을 높여줄 수 있습니다. 그리고 이것은 경쟁의 결과로 인해 나타나는 자존감의 증감과는 본질적으로 다른 문제입니다.

경쟁자의 성립 요건을 생각해 봅니다. 누군가 내 경쟁자가 된다는 것은 과연 어떤 의미인가요? 그는 나에게 동등한 실력, 배경을 지닌 것으로 인식되는 존재입니다. 나보다 많이 뛰어나지는 않지만 그렇다고 나와 대적할 수 없을 정도로 뒤떨어지지도 않는 그런 존재가 곧 맞수입니다. 그렇습니다. 맞수란 기본적으로 내가 '인정'한 사람만이 될 수 있는 것입니다. 내가 이겨야 하는 대상임에는 분명하지만, 그래도 지금은 나와 엇비슷한 실력을 가진 사람입니다.

내 적수로 충분히 인정할 만한 사람으로 여길 때 우리는 그에게 '라이벌' 이라는 제목을 붙일 수 있습니다. 이는 상대가 나를 '라이벌'로 인식하는 과정에서도 똑같이 적용됩니다. 상대가 나를 경쟁자로 본다는 것은 곧, 상대가 내 실력이나 위치 등을 인정하고 있다는 의미와 마찬가지입니다. 경쟁자가 된 두 사람은 서로를 이기기 위해 으르렁거립니다. 그러는 한편 그들은 서로의 존재감, 서로의 가치를 누구보다 가까이에서 확인해주고, 알아주고, 인정해주는 '동지'기도 합니다.

경쟁자는 곧 가장 가까운 '동지'기도 합니다. 언제나 나보다 잘난 사람만을 찾을 일은 아닙니다. 나보다 잘나 보이는 사람과의 비교는 때로 자극, 동기부여 등의 장점을 주기도 하지만 열등감이나 좌절감 등 부정적인 감정을 만들어내기도 합니다. 그렇다면 일생일대의 경쟁자를 한 번 찾아보는 것은 어떤가요? 실력이 엇비슷할 때 더더욱 일에 몰두하고 승부욕에 불타는 법입니다.

'조금만 더 노력한다면, 아주 조금만 더 부지런해질 수 있다면 경쟁자를 넘을 수 있을 것 같은데……' 하는 생각이 우리를 자극시키고, 더 생산적인 방향으로 나아가게 만들 수 있습니다. 한편 상호 존중을 바탕으로 서로가 더 나은 위치를 점하고자 분투하는 것은 결국 윈-윈(win-win)으로 귀결됩니다. 상대가 발전한 만큼 나 역시 발전해있을 것이고 반대로 내가 발전한 만큼 상대방도 발전해있을 테니 말입니다.

청춘과 소통하려면 젠더감수성을

'여자애가 좀 꾸미고 다녀라', '여자애가 너무 쎄 보이면 남자들이 싫어해', '너무 말랐고 완전 절벽이네'. 이런 말이 잘못됐다는 걸 아는 정도가 아니라 이 말이 누군가에게 얼마나 상처를 주는지, 화나게 하는지 알아야 합니다. 이런 걸 젠더감수성이라고 합니다.

저와 같은 기성세대는 입을 열 때마다 말 한마디 한마디가 폭탄입니다. 이렇다 할 여성학 배움이 없이 남성 위주의 사회를 살아오다보니 젠더감수성이 부족합니다. 그러다보니 대수롭지 않게 하는 농담 한마디가 얼마나 큰 상처를 주는지, 영향을 미치는 지를 잘 모릅니다. 그러나 이미 우리 사회는 페미니즘을 아주 깊고 넓게 받아들이고 있습니다. 더욱이 청춘은 그렇습니다. 그러니 청춘들과 함께 활동한다고 할 때 젠더감수성이 없으면 위험합니다.

2016년 5월 강남역 살인사건은 중요한 분기점이었습니다. 약자여서, 여성이기 때문에 안타깝게 희생당한 것입니다. 이 사건은 '여성혐오'라는 중요한 키워드를 깊게 이해하게 했습니다. 소설 『82년생 김지영』에서는 서른네 살 평범한 여성이 주인공입니다. 소설은 신문기사와 통계 등도 활용하여 한국사회에서 여성으로 산다는 것을 보다 사실적으로 그려냈습니다. 학교와 직장에서 그리고 결혼 후 받은 차별이 한 사람의 몸과 마음을 병들게 했습니다.

이 책으로 인해 『나쁜 페미니스트』, 『여성 혐오를 혐오한다』, 『악어 프로젝트』 등 페미니즘 책들도 많이 읽혔습니다. 드라마 '이번 생은 처음이라', '마녀의 법정'에서는 기존과 다른 성역할 캐릭터가 등장해 인기를 끌었습니다. 웹툰 '며느라기'는 결혼 후 여성이 겪는 일들에 관해 그렸습니다. 이런 책과 웹툰에 많은 여성들은 말 그대로 폭풍 공감이었습니다. 얼마 전에는 미투운동*이 한국 사회를 발칵 뒤집어 놓았습니다. 여검사들이 'Me Too'의 횃불을 들었습니다. 권력에 맞서는 용기가 대단합니다. 시인 최영미도 'Me Too'의 노래를 불렀습니다. "똥물"을 쏟아내는 '괴물'을 잡겠다는 노래가 함성이 되어 산울림으로 되돌아왔습니다. 성 상납에 시달리

----

* 미투 운동(Me Too movement)은 2017년 10월 미국에서 벌어진 성폭행과 성희롱 행위 비난하기 위해 소셜 미디어에서 인기를 끌게 된 해시태그(#MeToo)를 다는 행동에서 시작된 운동입니다.] 이 해시태그 캠페인은 사회운동가 타라나 버크가 사용했던 것으로, 앨리사 밀라노에 의해 대중화되었습니다. 밀라노는 여성들이 트위터에 여성혐오, 성폭행 등의 경험을 공개해서 사람들이 이러한 행동의 보편성을 인식할 수 있도록 독려했습니다. 이후, 수많은 저명인사를 포함해서 많은 사람들이 자신의 그러한 경험을 밝히며 이 해시태그를 사용했습니다. 이후 이러한 운동은 전 세계적으로 퍼지게 되었고, 우리나라에서도 서지현 검사의 폭로와 이윤택 감독에게 성추행을 당했다는 폭로를 기점으로 소셜 미디어를 중심으로 퍼졌습니다.

다 자살한 여배우, '나는 당했다!'라고 외칠 작은 힘조차 없어서였을까 아니면 시달림에 심신이 찢어지고 아파서였을까? 괴물의 욕정이 꿈틀대는 동물의 우리 같은 곳이 우리나라였습니다. '나도 당했다'라는 'Me Too' 사회가 언제쯤 사라질지요? 참으로 안타깝습니다. '아름다움이 인간의 양성'에서 동일시되는 사회, 언제쯤 '美 Two' 사회가 봄바람에 꽃을 피울까 싶습니다. 그러나 분명 한국 사회는 크게 변하고 있습니다. 제도와 문화와 관행이라는 말로 표현할 수 없는 수많은 일들이 지금까지는 의문시되지 않았습니다. 그러나 이제는 하나하나가 문제시되고 있습니다. 앞으론 더욱 세밀하고 민감하게 반응이 터져 나올 것입니다. 이제 청춘과 소통하려면 페미니즘을 모르면 안 됩니다. 아니 반드시 알아야 합니다.

수년 전에 들은 이야기입니다. 어떤 사람이 갑자기 심장통증으로 쓰러졌습니다. 이를 보고 주변 사람들이 곧장 응급실로 데려갔습니다. 진찰이 진행되고 시술이 이어졌습니다. 통증의 원인은 심장 부근의 모세혈관이 막혔던 것이었습니다. 시술이 잘 진행되어 통증은 사라지고 다음날 퇴원할 정도로 잘 회복되었습니다. 만약 당시 막혔던 혈관을 시술을 통해 뚫지 않았다면 그 사람은 어떻게 되었을까요? 심장쇼크를 일으킬 정도로 심한 고통 속에서 아마 사망했을 것입니다.

저는 이 이야기를 듣고 크게 깨달은 것이 있습니다. 그것은 가장 시급한 일과 순간이 있다는 것입니다. 흔히 말하는 골든타임입니다. 신속하게 응급실로 갔고 전문의사들이 시술을 했습니다. 이처럼 어떤 일에서 순간판단과 대처능력이 중요합니다. 그리고 우리 몸에 혈액순환이 원활해야만 우리가 살 수 있고, 그렇지 않으면 죽을 수밖에 없습니다. 막힌 곳을 빨리 뚫어야 합니다. 통(通)해야 합니다. 소화기 계통, 혈액순환 계통, 신경 계통 등 신체만 놓고 봐도 원활하게 통할 때 건강이 보장됩니다. 인간관계와 남북관계도 역시 원활하게 잘 통해야합니다. 우리가 사는 세상에는 여러 가지 갈등과 문제가 있습니다.

사람 사는 곳에서 갈등과 문제는 잇기 마련입니다. 이를 탓하고 부정할 것이 아니라 이를 재빨리 해결해야 합니다. 우리 사회에서 문제가 되는 세대 간의 갈등해소와 성숙한 양성평등문화도 시급히 개선해야할 문제입니다. 이제 저와 같은 남자 기성세대는 편향을 극복하고 온전함을 회복해야 합니다. 편향과 왜곡을 인정하는 것에서부터 시작해야 합니다. 당장 여성들의 이야기를 귀 기울이고, 여성들의 지도력이 세워지도록 해야 합니다. 자연스러운 과정인데도 그동안 그걸 막아왔습니다. 회복의 과정에서 감당하기 어려운 위기들도 통과해야 합니다. 어쩌면 기존 것을 모두 버리고 새롭게 시작해야 할지도 모릅니다. 모두가 평등하고 소중한 존재가 되는 그런 공동체문화를 만들어가야 합니다. 갈 길이 멉니다. 그러나 포기하지 않는다면 가깝게 갈 수 있을 것입니다.

"사촌이 땅을 사면 배가 아프다"는 말이 있습니다. 이 말은 우리 마음에 시기심이 얼마나 민감하게 작용하는가를 잘 드러내주는 말입니다. 사실 그렇습니다. 가까운 사람이 잘 되는 것 보고 함께 기뻐하면서 축하해주어야 하는데 그렇지 못합니다. 겉으로는 그럴 수 있습니다. 그러나 속으로는 시기심과 비교되는 자신의 못남에 대한 분노가 치밀어 오릅니다. 이게 사람의 마음입니다. 그러니 남이 잘 되는 것을 보면 기분이 좋지 않습니다. 이를 인정하되 여기서 벗어나려는 성숙한 마음, 통 큰 마음과 너그러운 마음이면 좋겠습니다. 이렇게 비교하는 마음, 경쟁의식에서 벗어나면 참된 자유를 누리고 마음이 평안해집니다. 이것이 오늘 우리에게 꼭 필요한 마음수양은 아닐까 싶습니다. 우리에게 경쟁자는 꼭 필요한 사람으로 축복의 사람입니다. 그런 점에서 우리를 바른 길로, 성실한 길로 인도해줄 스승이기도 합니다.

적은 나의 스승

박노해

그가 진정 신뢰할만한가를 판단할 때
그에게 진정 미래가 있는가를 판단할 때
자신의 적을 어떻게 대하는가를 보면 됩니다.

적이라고 아예 보지 않으려는 자에게는 미래가 없습니다.
적은 쳐다보지도 말아야 할 악이자 타도의 대상만이 아닙니다.
자신이 담고 있는 진실과 미래가 자신의 것이 아니듯
상대가 담고 있는 진실과 미래도 상대의 것이 아닙니다.
설령 그가 지금 아무리 힘이 없고 소수이고 거칠지라도
그만이 딛고 선 현실과 민심이 있는 법입니다.
그만이 품고 있는 미래와 진실이 있는 법입니다.
하물며 현실의 대세를 가진 상대는 말할 것도 없습니다.

적은 진정한 자기 실력으로 품고 넘어서야 할
엄벙한 현실이자 경쟁자이기도 합니다.
적은 늘 나를 긴장하게 하고 분발하게 하고

눈을 뜨고 정진케 하는 스승이기도 합니다.

적 앞에 나를 세우고 비판의 화살을 맞아내지 않을 때
진정한 자기 쇄신은 이루어지지 않습니다.
적을 고정시켜 보는 자에게는 미래가 없습니다.
살아 변화하는 적을 바로 보지 못할 때
살아 변화하는 현실도 바로 볼 수 없습니다.
쉼 없이 움직이고 흩어지고 합쳐지며 어른거리는 과녁을
머릿속에 고정시켜 놓고 쏘는 자는
결국 자기를 쏘아뜨려 적을 강화시키는 것입니다.

이 빠른 변화 속에서 진정 변해서는 안 될 것을 지켜가려면
변화하는 적보다 앞서 변화해야 합니다.
누가 더 변화하는 현실을 바로 보는가?
누가 더 자기의 옳음을 현실 변화에 맞추어내는가?
누가 더 변화하는 민중의 마음에 가까이 다가서는가?
전쟁 같은 경쟁을 해야 할 때입니다.

적은 나의 스승입니다.
나는 적에게서 치욕과 아픔으로 배워가고 있습니다.
이 치욕, 이 아픔, 이 비참만큼 눈 맑아지고
아, 푸른 새벽길이 보이기 시작합니다

여성 혐오를 넘어 양성평등 시대로

최근 화제가 되고 있는 소설 『82년생 김지영』(민음사, 2016)을 읽었습니다. 서민들의 일상 속 비극을 사실적이면서 공감대 높은 스토리로 표현하는 데 재능을 보이는 작가 조남주는 이번 작품에서 1982년생 '김지영 씨'의 기억을 바탕으로 한 고백을 한 축으로, 고백을 뒷받침하는 각종 통계자료와 기사들을 또 다른 축으로 삼아 30대를 살고 있는 한국 여성들의 보편적인 일상을 완벽하게 재현합니다. 슬하에 딸을 두고 있는 서른네 살 김지영 씨가 어느 날 갑자기 이상 증세를 보입니다. 시댁 식구들이 모여 있는 자리에서 친정 엄마로 빙의해 속말을 뱉어 내고, 남편의 결혼 전 애인으로 빙의해 그를 식겁하게 만들기도 합니다. 이를 이상하게 여긴 남편이 김지영 씨의 정신 상담을 주선하고, 지영 씨는 정기적으로 의사를 찾아가 자신의 삶을 이야기합니다. 소설은 김지영 씨의 이야기를 들은 담당 의사가 그녀의 인생을 재구성해 기록한 리포트 형식입니다. 리포트에 기록된 김지영 씨의 기억은 '여성'이라는 젠더적 기준으로 선별된 일화로 구성됩니다. 1999년 남녀차별을 금지하는 법안이 제정되고 이후 여성부가 출범함으로써 성평등을 위한 제도적 장치가 마련된 이후, 즉 제도적 차별이 사라진 시대에 보이지 않는 방식으로 존재하는 내면화된 성차별적 요소가 작동하는 방식을 보여 줍니다. 지나온 삶을 거슬러 올라가며 미처 못다 한 말을 찾는 이 과정은 지영 씨를 알 수 없는 증상으로부터 회복시켜 줄 수 있을까요? 김지영 씨로 대변되는 '그녀'들의 인생 마디마디에 존재하는 성차별적 요소를 핍진하게 묘사하고 있습니다.

이 책을 읽고 나서 문득 다음과 같은 의문이 들었습니다. 요즘 같은 세상에 아직도 여성 차별을 다루다니 너무 진부한 주제가 아닐까 하는 생각이었습니다. 그런데 소설을 읽다 보니 남성의 입장에서도 공감 가는 부분이 너무나 많았습니다. 시대는 바뀌었지만 지금도 버젓이 벌어지고 있는 직장 내 성차별과 남녀 임금격차, 유리천장, 그리고 여성에 대한 은밀한 인식의 차별 등……

하지만 과학적 견지에서 보면 한국의 여성들도 지나치게 분개할 필요는 없습니다. 남성들은 점점 퇴화하는 반면 여성들의 바람이 거세게 부는 성(性)의 권력 교체가 일어나고 있기 때문입니다. 물론 이는 제가 남성이기에 그럴 지도 모릅니다만 그런 측면이 있습니다. 구체적인 설명에 앞서 우리 주변에서 쉽게 느낄 수 있는 사례 중 하나가 '남성 감기(man-flu)'라는 신종 용어입니다. 이 말은 비슷한 정도의 감기 증상을 가지고도 남자들이 여자들보다 훨씬 더 심각한 질병을 앓는 듯 반응할 때를 비꼬는 의미가 담겨 있습니다. 얼핏 생각하기엔 남성들의 엄살이 심한 것 같지만, 사실은 성염색체로 인한 면역 시스템의 차이 때문입니다.

인간은 성별과 관계없이 상동염색체 22쌍과 성염색체 한 쌍, 즉 46개의 염색체를 지닙니다. 그런데 성염색체의 경우 여성은 X염색체 2개, 남성은 X염색체 1개와 Y염색체 1개입니다. 따라서 X염색체는 여성을 상징하며, Y염색체는 남성을 상징합니다. 여성이 감기에 강한 것은 바로 X염색체 덕분입니다. X염색체는 Y염색체보다 면역력과 관련한 유전자를 더 많이 지니므로 면역 시스템을 더욱 효율적으로 유지할 수 있습니다. 따라서 여성은 외부에서 바이러스가 침투해도 효율적인 면역시스템에 의해 감기 등의 질병에 덜 걸리게 됩니다. Y염색체는 X염색체보다 유전자 수도 훨씬 적습니다. X염색체는 1098개인 반면 Y염색체는 78개뿐입니다. 그 많은 유전자로 X염색체는 수천 가지 방식으로 우리 삶을 조절하지만, Y염색체가 할 수 있는 일은 고작 성별을 결정하는 것뿐입니다. 그런데 그마저도 점점 위축되어 Y염색체가 마침내는 사라질 것이라는 'Y염색체 종말론'까지 등장했습니다. 최초의 Y염색체가 탄생한 것은 2억~3억 년 전 포유류의 공통 조상에서입니다. 하지만 그 후 Y염색체는 수백 개의 유전자를 잃으며 점차 쇠퇴해 이제는 유전물질이 염색체의 끝부분에 조금밖에 남지 않았습니다.

사실 Y염색체가 지닌 생식기능 유전자는 'SRY'와 'EIF2s3y' 2개뿐입니다. 즉, 이 2개의 유전자를 다른 염색체에 옮기면 Y염색체가 없어도 번식이 가능하다는 의미입니다. 2016년 미국 하와이주립대 연구진은 이 같은 과정을 통해 Y염색체가 없는 수컷 쥐가 낳은 새끼들이 3세대에 걸쳐 정상적으로 번식할 수 있다는 사실을 증명했습니다. 이미 Y염색체를 상실한 동물도 있습니다. 두더지, 들쥐, 고슴도치 등 일부 설치류가 바로 그것인데,

이 동물들은 성을 결정하는 유전자가 다른 염색체에 있습니다. 그러나 Y염색체에 남아 있는 나머지 부분이 굉장히 안정된 상태로 유지되고 있다는 상반된 연구도 있습니다. 이 연구에 따르면 인간이 보유하는 Y염색체는 인간과 원숭이의 공통 조상인 붉은털원숭이의 Y염색체보다 유전자 하나가 부족할 뿐입니다. 즉, 2500만 년이라는 기간 동안 하나밖에 변하지 않았다면 앞으로도 꽤 오랜 기간 남성의 Y염색체는 건재할 것으로 보인다는 주장입니다.

반면 진화적으로 약 8000만 년의 격차가 있는 인간과 마우스를 분석한 결과, X염색체의 유전자는 끊임없이 변화하며 진화하는 것으로 밝혀졌습니다. 즉 남성을 상징하는 Y염색체는 유전자가 쇠퇴했지만 더 이상의 변화가 없는 데 비해, 여성을 상징하는 X염색체는 안정된 가운데 끊임없이 진화하고 있는 것입니다. 이 연구 결과가 요즘의 뒤바뀐 남성과 여성의 위상 및 역할을 콕 집어 표현하는 것 같아 놀랍기만 합니다. 남성 종말론이 힘을 얻는 또 다른 이유는 현대사회가 남성성보다는 여성성을 더 필요로 하기 때문입니다. 현대사회에서는 조용히 공부하고 감정적으로 섬세하며 원활한 의사소통이 필요하므로 예전처럼 힘을 필요로 하는 직업은 점차 쇠퇴하고 있습니다. 따라서 유전학 및 문화 측면에서 여성이 뛰어날 수밖에 없다는 시각입니다.

또한 남자의 뇌는 한 번에 한 가지의 일을 집중하는 데 더 적합합니다. 그에 비해 여자의 뇌는 동시에 여러 가지 일을 수행하는 멀티태스킹에 더 적합하도록 설계돼 있습니다. 모든 분야가 융합으로 서로 얽혀 나아가는 현대사회의 발전상을 고려하면 뇌의 구조 역시 여자가 훨씬 유리한 셈입니다.

거세지는 여풍(女風) 속에서 남자가 가야 할 길은요. 미국의 칼럼니스트 해나 로진은 『남자의 종말』이란 저서에서 "4만년간 세상을 지배한 남자를 40년 전부터 여자가 밀어내고 있다"며 이제 여성이 모든 면에서 남성을 앞서가기 시작했다고 주장했습니다. 실제로 선진국의 경우 교육 및 일자리 등에서 '여풍(女風)'이 거세게 불고 있습니다. 2015년 경제협력개발기구(OECD)가 남자 및 여자 아이들의 교육발달 단계를 조사한 결과에 따르면, 읽기와 쓰기에서는 여자아이들이 크게 앞서고 남자아이들이 약간 앞선 과목은 수학뿐인 것으로 나타났습니다. 또 연구가 행해진 64개국 모두에서 여자아이들이 남자아이들을 앞섰으며, 발달 간격은 1년까지 차이가 났습니다. 여성들의 경제활동참가율이 높아질수록 경제가 성장합니다. 1985년 46%에 불과했던 미국 대학교의 여학생 비율은 2015년 56%로 역전됐으며, 2025년에는 58%까지 증가할 예정입니다. 또한 미국 가정의 절반 이상이 여성 가장에 의존하고 있으며, 영국에서는 전업주부로 가사를 돌보는 남편이 지난 15년간 3배로 늘었다는 조사 결과가 있습니다. 우리나라에서도 원래 남성들이 독차지했던 직업인 교직 및 공무원의 경우 이제 여성들이 더 많이 진출하고 있습니다. 우리나라 공무원이나 교사임용고사 합격자의 70%가 여성입니다.

이처럼 뛰어난 여성들이 앞으로 일자리를 많이 차지하게 되면 남성의 일자리가 없어져 남자들은 더 힘들게 되지 않을까요? 그러나 이런 걱정은 사실 기우(杞憂)에 불과합니다. 여성들의 경제활동참가율이 높아질수록 경제가 성장하고 나라 전체에 활력이 넘치기 때문입니다. 한국은행이 32개 OECD 회원국을 대상으로 약 20년간 자료를 분석한 결과, 여성의 경제활동 참가율이 높고 남녀 간 임금격차가 작을수록 출산율이 높은 것으로 나타났습니다. 또 OECD는 2012년에 발표한 보고서에서 한국의 여성 경제활동 참가율이 남성 수준으로 올라갈 경우 경제성장률이 연평균 1%p가량 상승할 것으로 추정했습니다. 우리나라가 선진국으로 도약하기 위해선 『82년생 김지영』에서 그려진 모습들이 정말 고리타분한 옛날 옛적 이야기가 돼야 할 것입니다.

"이래서 여자는 안 돼"
견고한 유리천장에 펜스룰까지

　"결혼은 언제 할 건가? 우린 오래 일할 사람 필요한데…" 요즘도 많은 여성들은 구직 활동을 할 때마다 이런 질문을 받는다고 합니다. 실제 어느 공기업 채용면접에서 육아와 출산으로 업무가 단절된다며 여성 지원자 점수를 조작, 합격권이었던 여성 응시자 7명을 대거 탈락시킨 것으로 드러난 적이 있습니다. 또한 어느 대형은행 채용비리 특별검사에서 남녀 차등 채용이 이슈로 떠오른 적이 있습니다. 여성들이 우여곡절 끝에 어렵게 사회생활을 시작하면 정작 사내에서 임금과 승진 등에서 또 다른 형태의 성차별을 겪습니다. 최근에는 미투(MeToo, 나도 말한다)의 반작용으로 '펜스룰'이 떠오르고 있습니다. 여자와는 같이 일하지도, 말도 섞지 않겠다는 것이어서 여성들은 이래저래 난처한 상황입니다.

남녀 간 임금 격차 OECD 1위. 여성 임원 2%뿐인 게 우리의 현실입니다. 우리나라의 남녀 평균임금 격차 심화는 어제 오늘 일이 아닙니다. 글로벌 회계컨설팅 업체인 프라이스워터하우스(PwC)가 OECD 회원국의 남녀 평균임금 격차를 조사한 결과, 한국이 37%로 가장 컸습니다. OECD 회원국 평균 16%의 2배가 넘는 것입니다. 성별 임금 격차는 장기적으로 경제 성장의 걸림돌로도 작용한다는 분석입니다.

남녀 임금차별은 세계적인 여자배구 스타 김연경 선수가 국내 프로배구의 새 샐러리캡(팀 연봉 총액 상한선) 제도를 비판하면서 다시 부각됐습니다. 김연경은 "여자 샐러리캡은 14억원(향후 2년간 동결)인 반면 남자 샐러리캡은 25억원(1년에 1억원씩 인상)이다. 또 여자 선수만 1인 연봉 최고액이 샐러리캡 총액의 25%를 초과할 수 없다는 단서 조항까지 추가했다"며 "왜 점점 좋아지는 게 아니고 뒤처지는 것일까. 이런 제도라면 나는 한국 리그가 아니라 해외에서 은퇴해야 할 것 같다"고 목소리를 높인 적이 있습니다.

여성은 연봉뿐만 아니라 승진에서도 불이익을 받는다는 게 공공연한 현실입니다. 2017년 여성가족부가 발표한 '2016년 500대 기업 여성임원 현황'에 따르면 임원 중 여성 비율은 2.7%에 불과했고 336개 기업에는 여성 임원이 1명도 없었습니다. 2014년 2.3%, 2015년 2.4%와 별 차이가 없습니다. 공공 부문에서 '여성 장관 30%' '공공기관 여성임원 30%' 선언에 민간기업은 10%도 버겁습니다. 임금, 승진 등에서 여성 차별은 우리나라만의 문제는 아닙니다. 영국에서도 여성 하원의원들이 소셜미디어 등을 중심으로 성별 임금격차에 항의하고 기업에 해결책을 요구하는 '페이미투(Pay MeToo)' 운동을 벌이기로 했습니다. 프랑스는 정부 차원에서 기업의 남녀 임금 차별에 거액의 벌금을 물리기로 했습니다. 프랑스 정부는 기업들에 남녀 간 부당한 임금 차별을 감시하는 소프트웨어를 의무적으로 구축하도록 강제하는 노동법 개정안을 마련했습니다.

임금, 인사상 차별뿐만 아니라 수시로 외모 평가와 성희롱 등에 노출되는 게 많은 직장 여성들의 고충입니다. 화장을 안 하고 출근하면 "예의 없고 기본자세가 안 됐다"거나 "ㅇㅇ씨는 약간 글래머스타일 남자들이 좋아할 스타일인데 살만 좀 **빼면 돼**" "다리를 보니 흥분된다" 등 외모평가나 성희롱을 당했다고 여성들은 토로합니다. "여자가 분위기 나게 애교 좀 부려라" "손님 왔는데 커피 타드려" "이래서 여자는 안 돼" 등 성별 고정관념을 당연시하는 발언을 접하는 것도 일쑤입니다. 얼마 전 한 대기업에서는 "사내 상급자의 술접대에 동원됐다"는 여성 직원의 주장이 나와 논란이 커지면서 동원 의심을 받는 여성 임원이 사표를 낸 적이 있습니다. 사건 발생 당시 해당 조직 관계자도 도의적 책임을 지고 사임했습니다. 이 회사는 여성 상사가 남성 상사들을 만나는 술자리에 부서 여직원들 참석을 강요했을 뿐 아니라 술까지 따르게 했다고 합니다. 또 여직원들을 노래방에 함께 데려가 남성 임원들과 춤을 추도록 했습니다.

미투운동은 가스라이팅(gaslighting)으로 볼 수 있습니다. 가스라이팅은 상황 조작을 통해 타인의 마음에 스스로에 대한 의심을 불러일으켜 현실 감과 판단력을 잃게 만듦으로써 그 사람을 정신적으로 황폐화시키고 그 사람에게 지배력을 행사하여 결국 그 사람을 파국으로 몰아가는 것을 의미하는 심리학 용어입니다다. 주로 친밀한 관계에서 이루어집니다. 정치계나 연예계에서도 일어납니다. 가스라이팅 구사자들은 상황 조작을 통해 상대방의 자아를 흔들어서 자신의 영향력을 증폭시킵니다. 이를 통해 상대방을 자유자재로 가지고 놀 수 있고 그 사람이 가진 재산 등을 탈취할 수도 있습니다. 가스라이팅 피해자는 자신에 대한 신뢰감을 잃어가게 되고 종국에는 자존감이 없어집니다. 가해자들은 상대방의 공감능력을 이용해서 상대방을 통제합니다. 동정심을 이용해서 타인을 조종하는 소시오패스가 예가 될 수 있습니다.

미투 운동이 사회 전반으로 확산되자 여성을 업무 등에서 배제하는 직장 '펜스룰' 현상도 우려됩니다. 펜스룰은 구설수에 오를 수 있는 행동을 방지하기 위해 "부인을 제외한 여성과는 단 둘이 저녁 식사를 하지 않는다"는 미국 마이크 펜스 부통령의 과거 발언에서 비롯됐습니다. 미투 운동을 의식해 여성들을 또 다시 배제하는 것은 문제 해결 방안이 아닙니다. 우리 사회에서 남성 중심 문화를 바꾸는 게 문제의 본질입니다. 은행권 채용에서 드러났듯 여성은 채용 단계부터 배제되고 있습니다. 남녀 임금 차별을 차단하기 위해서는 해외에서 시행하는 임금공시제를 도입할 필요도 있습니다. 아직도 우리 사회의 민주화는 갈 길이 멀어 보입니다. 하나하나 성숙한 민주사회 구성을 위해 모두가 양성평등 감수성으로 함께해야겠습니다.

운전해라, 프러포즈해라…
강요받는 '남자다움'

리더십·강인함·인내심…. 여성에게 여성다움을 요구하는 불편한 현실 못지않게 한국사회 남성들도 '남자다움'이란 꼬리표에 시달리고 있습니다. '남자답지 못함'으로 취급 받는 행동과 선택들은 이들의 자아실현은 물론 취미와 습관 등 일상생활의 작은 행위까지 제약해 속앓이를 하는 경우가 허다합니다. 남자의 전유물로 여겨지는 행위들은 부담스러움을 안겨줍니다. 대중매체 속 남성 대부분은 여성을 조수석에 태운 채 능숙하게 운전하며 남자의 운전 능력은 필수적이란 생각을 심어주지만 모든 남성이 운전을 잘하는 것은 아닙니다. 남녀간 운전 능력에 차이가 있는 것도 아닌데 꼭 남자가 운전해야 한다는 생각이 일반적입니다. 비용과 노력을 떠나서 서로 결혼을 약속해 사랑이 확인된 상태에서 군이 남자에게 프러포즈의 의무를 지우는 상황이 부담스러운 이들도 있습니다.

성역할에 대한 기대감은 취향은 물론 일상의 편의를 위한 행동들을 제약합니다. 어느 직장인은 얼굴이 쉽게 타는 체질이라 BB크림을 발랐더니, 직장에서 "화장하는 남자"라는 조롱을 들어야 했습니다. 궂은일도 묵묵히 해나가야 한다는 인식도 남성들을 옭아맵니다. 남녀공학인 학교 대청소 때 남학생들은 운동장 등 바깥 청소를, 여학생들은 교실 안을 청소하도록 하는 것이 일반적입니다. 청소를 하는데 물리적으로 더 힘이 드는 게 아닌데도 따뜻한 교실 안은 여학생, 밖은 항상 남학생들이 합니다. 평소 똑같이 떠들거나 숙제를 하지 않아도 남자에게는 더 험한 말을 하고 체벌까지 하지만 여학생들은 말로 타이르는 경우가 많습니다. 여성가족부의 '2016년 양성평등 실태조사'에 따르면 성인 10명 중 4명(40.2%)은 '남성은 약한 모습을 보여서는 안 된다'고 하지만 남자들도 때론 눈물을 훔치고 궂은일은 회피하고 싶은 마음이 있습니다.

한국 사회의 남성성은 어디서든 앞장서고 누군가를 이겨야 하는 등 가부장적 인식틀 안에서 굳어져 있어 일상의 모든 생활에 스스로 제약을 걸도록 작동하고 있습니다. 언론 등 대중매체에서 성역할에 대한 변화된 모습을 노출시켜 뿌리 깊은 사고방식을 조금씩 바꿔나가는 노력이 필요합니다. 이는 교육현장에서도 마찬가지입니다. 교과서조차 평등하지 못한 현실에서 성고정관념을 깨기 위해 앞장서야 합니다. "예쁘니까 결혼하자"는 왕자의 청혼에 신데렐라는 어떻게 대답할까요? "저는 속마음이 좋은 사람이 좋은데 예뻐서 결혼하고 싶으면 싫어요." "싫어요, 얼굴만 예쁘면 말고 마음도 넓어야지, 안 그래요?" 아이들은 굉장히 다양한 특성을 가지고 있는데 '나는 남자라서, 여자라서' 하는 고정관념 때문에 받는 스트레스와 고통에서 벗어날 수 있도록 해야 합니다.

　남녀역할에 대한 고정관념은 학교수업을 통해 더 강화됩니다. 초등학교 5-6학년 사회 교과서에 나오는 남자는 여자의 2배입니다. 말썽부리는 역할은 남자아이로, 집안일은 늘 여성의 몫이고 옷차림마저 다릅니다. 여성의 옷차림이나 행동 대부분이 치마를 입고 있거나 부엌에 서 있거나 무엇을 치우고 있거나 그런 모습에 많이 국한돼 있습니다. '남자는 힘이 세고 여자는 조신해야 한다'는 고정관념은 남자아이들에게도 스트레스입니다. 운동 같은 걸 할 때 잘 못하는 운동이 있는데 어떤 친구가 여자보다 운동을 못하냐고 할 때 기분이 나쁩니다. 이 같은 고정관념에서 벗어날 때 창의력과 잠재력을 키울 수 있고, 건강한 성평등문화시민으로 성장할 것입니다.

농촌이 살아나야 합니다

저출산·고령화·청춘의 대도시 집중화로 지방 인구가 감소하면서 지방소멸론이 대두되고 있습니다. 이러한 위기를 겪고 있는 일본의 아베 정권은 '마을·사람·일을 위한 지방창생(地方創生) 본부'를 설치하여 지방 살리기에 사력을 다하고 있습니다. 아베총리는 "기존에 해왔던 노력과는 다른 대담한 정책을 중장기적인 관점에서 명확한 결과가 나올 때 까지 실행 하겠다."고 선언했습니다. 또한 청년농업인 경우 1~3년 동안 월급을 지급하여 농촌에 안정적으로 정착하도록 유도하고 있습니다.

우리나라 또한 같은 처지로 그동안 공업화로 관심밖에 밀려났던 농촌이 위기에 처한 현실 타개로 농촌재생과 함께 '무역이익 공유제' 실현과 '고향세도입'에 목소리를 높이고 있습니다. '무역이익 공유제'는 자유무역협정(FTA)으로 손해 보는 국민(농어민)이 생긴다면 당연히 국가와 이익을 보는 산업분야에서 동반성장 · 사회적 · 정서적 차원에서 손해 보는 쪽에 피해를 보전해줘야 한다는 존 힉스의 '보상원칙'에 부합됩니다. '고향세'는 일본에서 효과를 거두고 있는 제도로 고향 발전을 위해 기부할 경우 세액을 감면해주는 제도입니다. 기부된 금액은 농촌인구증가 · 일자리유지 · 소학교 유지 등에 쓰입니다.

노벨수상자 사이먼 쿠즈네츠는 "농촌과 농업의 발전 없는 선진국으로 갈 수가 없습니다."고 말한 바 있습니다. 농촌은 생명과 생태계의 기능으로 우리에게 중요한 영향을 끼치고 있습니다. 농촌은 예부터 공존 · 공생 · 공영하는 마을공동체 의식이 강하며 좋은 경관과 청정한 자연을 갖고 있습니다. 또한 정서적인 안정과 생물의 성장을 통한 성취와 즐거움도 주고 있습니다. 어느 정도 농촌 생활에 적응과 여건이 된다면 모든 이에게 시골은 편안하고 건강과 활력을 찾는 안식처가 될 것입니다.

무한한 잠재력과 가치가 있는 농촌을 살리기 위하여 온 국민이 함께 관심을 갖고 세련되고 현명한 소비자가 되어야 합니다. 고투입·고산출의 농업이 농약과 비료의 무분별한 사용으로 토양과 생태계가 악화되고 있습니다. 땅을 살리는 유기농 퇴비와 천적활용 · 최적의 재배환경을 만들어 땅과 건강을 살리는 농업이 되도록 해야 합니다. 친환경과 동물복지인증이 신뢰를 줄 수가 있습니다. 전통과 자연과 아름다움이 살아있는 농촌이 되도록 하면 좋겠습니다.

열대과일 및 외래 식물재배가 확대되고 있습니다. 종자산업의 육성으로 환경에 맞는 우수한 다품종 농산물을 개발하여 생산성과 품질을 향상으로 자급과 수출로 견인되어야 합니다. 농업 개방화 이후 규모화, 양극화, 농업소득의 악화, 농업부분 취업자수 및 농가인구 감소가 되었습니다. 자가영농의 경제활동 즉 다면적 활동은 가계유지 및 재생산과정으로 중요한 살림살이의 전략이 되고 있습니다. 농업의 경쟁력 향상과 경제적 일자리를 확충하고 기초 월급 등을 고려하여 농촌 가계의 안정이 되도록 해야 합니다. 지속 가능한 농촌을 만들기 위해 종자산업 육성 · 친환경 고품질 농축산물 생산 · 유통체계혁신 · 개발기술 신속 보급 · 마을 재구조화와 함께 교육 · 고용 · 보건 · 의료 등 삶의 질을 높이는 사회복지가 잘 되어 매력 있는 농촌을 만들어 갈 필요가 있습니다.

마을을 재조직화하기 위해서는 젊은 농업인을 비롯한 귀농 · 귀촌인의 안착을 유도하고, 지역민의 역량강화와 함께 공동체 활성화가 되도록 해야 합니다. 언론과 SNS를 통하여 농업에 관심 있는 사람이면 쉽게 농산물의 특징 · 재배(토양관리 · 방재 · 습도 · 태양광 · 가지치기 · 시설 등) · 가공 · 포장 · 보관 · 유통 · 요리 등 모든 정보를 접할 수 있고, 종자 · 묘목 · 작물(화훼 등)을 쉽게 구할 수 있으며, 농업지도도 받을 수 있다면 농업이 발전하는 바탕이 될 것입니다. 아는 만큼 즐기고 관심을 환기시켜 지속적인 소비를 유도하는 방안이 됩니다.

이처럼 농촌에서는 노력한 만큼 성공할 수 있으며, 합력을 하면 공동체나 6차 산업의 좋은 효과를 얻을 수가 있다는 것을 상기할 필요가 있습니다. 농촌 재생이 곧 우리가 거듭나게 됨이요, 삶의 일부분이라 생각해봅시다. 생태계, 공동체, 안식처 등 다양한 잠재력 가지고 있는 농촌입니다. 이제 우리 농촌에서 무역이익 공유제, 고향세 도입 등 사회제도와 관심 가져야 할 때입니다. 지금부터라도 농촌체험을 통한 일손지원 및 농산물 활용 · 농촌에서 휴가보내기 등 서로 의지하고 도움 받는 관계가 되었으면 좋겠습니다.

익숙함과의 작별, 미래로 결단

언젠가 서울시가 행한 뉴욕광고 시안은 찜찜했습니다. 한복을 입은 여성이 옷고름을 잡고 있었습니다. 한복 바탕에는 광화문광장 · 경복궁 · 동대문디자인플라자(DDP) 등 서울 주요 관광지 모습이 '오버랩'됩니다. 그 아래에는 이런 문구가 있었습니다. 'Unforgettable Experience in Seoul(서울에서 잊을 수 없는 경험)' 이것이 왜 문제일까요? 서울시민들의 질타는 매서웠습니다. 옷고름을 풀 것 같은 선정적 느낌. 그리고 상상력을 깬 광고 문구. '위안부' 문제 등 아직도 산적한 과거사 앞에 해외로 전파될 우리나라 이미지의 적합성이 문제였습니다. 서울시민들은 우리나라의 글로벌 이미지에 끼칠 젠더(gender)이슈의 모호성에 대한 방어능력을 꼬집은 것입니다.

역사적 사실에 대한 집요한 생명력이 빛을 발한 것입니다. 시민들은 적극적인 참여로 오래된 오늘을 재편하고 있습니다. 이렇듯 공공 영역은 역사가 지혜입니다. 애매함은 고통을 재현합니다. 전쟁역사는 교훈적인 단련이 필요합니다. 탁월한 역사의식과 비상한 통찰력으로 깊이 있게 다가서는 자세가 필요합니다. 현재와 직접 연결된 과거의 전모를 성공적으로 치유해가는 처방입니다. 이렇게 재생된 결단과 행동은 단순하고 명료합니다. 따라서 상상공간에서 조차 인권의 반복적 수모를 강력히 저항합니다. 그러므로 공공 영역에서 진행되는 일련의 광고·홍보 이미지는 태생적 한계를 견뎌야합니다. 포토라인에서도 흔들림 없는 정직한 단련이 필요합니다. 역사 앞에 사과하고 참회할 것은 하는 분명한 매듭짓기가 필요하다고 봅니다. 분명히 잘못한 것에 대해 사과할 줄 아는 것이 진정한 용기이고 지도자의 자질이라고 봅니다.

제가 태어난 해인 1969년에 빌리 브란트가 서독 총리가 됐을 때만 해도 전쟁범죄국가 독일의 이미지는 전 세계적으로 좋지 않았습니다. 브란트는 1970년 폴란드 바르샤바를 방문해 유태인학살 기념비를 찾아 무릎을 꿇고 나치의 만행에 대해 사죄했습니다. 눈물과 함께 오랫동안 참회의 묵념을 해 그 진정성을 인정받았습니다. 1971년 노벨평화상을 받은 브란트는 서독총리로는 처음으로 이스라엘을 방문해 역시 솔직하고, 정중하게 사죄하고 용서를 구했습니다. 이에 이스라엘 총리 골다 메이어는 "우리는 용서한다. 그러나 잊지는 않을 것이다"라는 명언으로 화답했습니다. 진정한 사과는 이런 것입니다. 침략전쟁에 대해 일본 왕부터 '통석의 염'(1990년)이라는 애매한 표현으로 포장하는 '일본식 사과 시늉'과는 비교할 수 없습니다. 과거사에 대해 제대로 된 사과가 없는 일본 정치인들이나 우리나라의 정치지도자들이 분명히 알 것은 이제는 이런 자세로는 안 됩니다. 성숙한 민주시민의식을 지닌 우리 국민과 세계시민들에게 용납될 수 없습니다.

여기에 불가침 영역은 없습니다. 우리나라 근·현대사에서 부끄러운 것들도 있고 이를 통해 참회하면서 새롭게 나아갈 것들이 많습니다. 근·현대사 속에서 연속성과 역동성이 고스란히 과거이자 현재진행입니다. '아직도'로 시작되는 역사적 참회가 부족한 현실에 미래 세대들에게 부끄럽습니다. 심리학자 로버트 치알디니는 『설득의 심리학』에서 반향실 효과(echo chamber effect)를 언급했습니다. 반향실은 소리를 메아리처럼 울리게 만든 방입니다. 무얼 말하든 똑같은 소리만 되돌아옵니다. 비슷한 생각을 가진 사람들 끼리 모여 비슷한 주장만 극대화하는 확증편향, 일관성 편향적인 인지오류를 지적한 진단입니다. 혹여 익숙함, 친숙함이 우리의 잘못을 슬쩍 합리화하고 반성없이 넘어가려는 비겁함으로, 역사 앞에 진실하려는 몸부림을 어정쩡하게 무마시키고 있지는 않지요? 역사의 시선에서 시대를 반영한 우리의 이미지를 깊이 성찰해봅시다.

서울시 뉴욕광고 시안을 보는 서울시민들의 시선에 우리 공동체도 귀기울여봅시다. 역사를 얹힌 노력에서 우리 공동체의 미래이미지 설계를 가동해봅시다. 그런 의미에서 출발은 지피지기(知彼知己)입니다. 익숙함과의 작별이 미래로 결단이자 의미 있는 행보입니다.

외모지상주의에 점점 무감각해져가는 우리

전문가들은 신자유주의로 인한 경쟁과열로 사람들의 개인화와 개인을 하나의 상품으로 여기는 경향이 외모지상주의를 부추긴다고 말합니다. 무한경쟁을 요구하는 신자유주의에서 개인들은 원자화되고, 불안정한 고용시장에서 자신의 차별적인 상품성을 증명해야 하는 상황에 마주하게 됩니다. 따라서 개인은 끊임없는 투자와 개발로 자신을 '팔릴 수 있는 상품'으로 만들어야 한다는 압박을 받게 됩니다.

소비자본주의의 심화는 불안한 개인들에게 외모중심주의를 부추깁니다. 시장 규모가 약 6조 원에 육박하는 국내 미용산업이 시장 확대를 위해 몸에 대한 불안감을 자극합니다. 특히 소비자본주의와 대중매체가 결합하면서 성형 전후를 비교하는 수술 광고, 여성의 몸과 외모를 상품화하는 광고 이미지 등이 '아름다운 몸'에 대한 인식을 왜곡하고 계속 더 예뻐져야 한다는 것을 강조합니다. 현대 사회에서는 얼굴의 크기처럼 몸의 건강, 기능과 크게 상관없는 부분이 끊임없이 새로운 '미의 기준'으로 제시됩니다. 이에 여성들은 산업이 생산한 욕망을 충족시키기 위해 노력하게 됩니다.

최근 젊은 여성들은 이른바 '걸그룹 주사'라고 불리는 다리 지방분해 주사를 맞기도 합니다. 정상 몸무게지만 마른 다리를 원하는 이들은 걸그룹 주사 광고를 보고 곧장 병원으로 향하곤 합니다. 광고를 보고는 '무조건 나도 맞아야겠다'고 생각하는 이들, 말라질 수 있다는 것에 곧장 달려가는 이들입니다. 이들 중에는 약물후유증으로 구토 증세를 보이는 등 어려움에 직면하기도 합니다.

더 이상 얼굴은 그 사람이 '잘생겼다', '예쁘다'로 그치는 것이 아닙니다. 날씬한 몸매와 준수한 얼굴은 그 사람의 능력, 경제적 배경, 성격까지도 짐작하게 합니다. '뷰티 산업'이 자신들의 이익을 증대하기 위해 사람들에게 더 '노력하면 예뻐질 수 있고, 그래서 예뻐지지 않는다면 넌 자기관리를 못하는 거야'라는 담론을 형성합니다. '렛미인(메이크 오버쇼)'에 나오는 참가자들은 외모에 자신이 없고, 경제적으로 가난하고, 인생에서 무기력함을 느낀 실패자로 표현됩니다. 성형 후 달라진 외모로 실패자에서 승리자가 된 것처럼 조장합니다.

외모지상주의 담론의 중심이 되는 것은 여성입니다. 요즘에는 '남성도 꾸며야 한다'는 분위기가 거세지지만, 아직 여성에 비해서는 낮습니다. 전문가들은 그 이유를 '가부장제'에서 비롯된다고 말합니다. 남성보다 취업과 임금 면에서 불리한 여성이 외모로 경쟁력을 높일 수밖에 없습니다. 현재는 남성에게도 '외모'를 요구하고 있지만 과거에는 아주 달랐습니다.

20~30년 전에는 여성의 삶이 남성이 배분해주는 삶에 의존하기 때문에,

여성은 하나의 경쟁력으로 미를 추구할 수밖에 없었습니다. 이제는 가부장제의 축소와 함께 남성도 사회 경쟁이 치열해지면서 하나의 경쟁력으로 미를 추구하는 것이 남녀 모두에게 나타나고 있습니다. 실제로 아름다움을 위해 투자하는 남성들로 인해 남성대상 뷰티산업은 급속도로 증가하고 있습니다. 2017년 기준 한국 남성 뷰티 시장규모는 1조원이 넘었고 전 세계 2위를 기록 중일 정도입니다. CJ 올리브영은 남성 뷰티제품 판매율이 작년대비 50%이상 증가할 정도입니다. 매월 '맨즈데이' 등 남성 대상의 차별화된 마케팅 활동을 펼치고 있습니다.

어느 대학생은 의학적으로 정상 몸무게였지만 한 달 동안 하루에 토마토 하나만 먹으면서 10kg을 감량했다고 합니다. 극단적인 다이어트를 한 이유에 대해 그는 자기만족도 있지만, 한국에서는 날씬하지 않으면 안 된다는 생각이 들었다고 말합니다. 한국에서는 유난히 외모 기준이 높을 뿐 아니라 남에게도 이를 강요하는 것 같습니다.

2017년 국제미용성형수술협회 조사에 따르면, 한국은 인구 대비 성형수술률 1위로 1000명당 13명이 성형수술을 합니다. 이처럼 외모에 더 열성적인 이유는 한국 여성 진출의 어려운 점이 있습니다. 한국 여성들의 사회적 장벽이 완화되고 있지만 아직 OECD 평균에 비해서는 장벽이 높습니다. 여성의 교육수준이 올라가는 것에 비해 진출이 힘들다 보니 외모로 경쟁력을 높이는 것입니다.

여기에는 관련정책 또한 외모지상주의를 조장하고 있습니다. 압구정, 강남역 등 지하철을 돌아다니다 보면 '성형사진 before& after'를 흔히 볼 수 있습니다. 사진 속 여성들은 180도 달라진 얼굴을 보입니다. 하지만, 영국 프랑스 등을 포함한 나라들은 공공장소에서 성형 사진을 일체 금지하고 있습니다. 성형산업의 무분별한 조장으로 국민의 건강에 큰 염려를 끼칠 수 있다는 이유에서입니다. 그러나 우리나라는 뷰티산업을 하나의 경제적 수단으로만 여겨 무분별한 성형과 외모지상주의를 강조합니다. 오히려 외국인유치성형센터를 만드는 등 뷰티산업 확산에만 관심을 갖고 부작용에 대해 막지 않습니다.

외모차별주의의 가장 큰 문제는 인종차별과 같은 차별과는 달리 그 심각성을 인식하지 못하고 있는 것입니다. 예쁜 직원을 뽑고, 노래 속 가사에서도 예쁜 사람을 찬양하는 등 그 차별이 만연해 있습니다. 분명 문제라고 인식은 하고 있지만 이를 무감각하게 받아드리는 모습은 외모차별이 허용된 듯이 보입니다.

어느 여대생은 편의점 아르바이트 시급으로 8000원을 받았다고 합니다. 다른 아르바이트생은 그보다 적게 받았습니다. 이렇게 높게 시급을 받은 이유는 '예쁘다'는 이유였습니다. 하지만 이 여대생은 부당성을 호소하지 않았고, 이를 본 여대생들도 이의를 제기하지 않았습니다. '그냥 예쁘니까 쟤는 뭐든 혜택을 받는구나'라고 여겼습니다. 기분은 나쁘지만 한편으로는 어쩔 수 없다고 생각했나 봅니다.

이처럼 알게 모르게 사람들은 스스로가 외모지상주의를 재생산하고 있습니다. '얼짱사이트'에서 사람들이 특정인의 외모를 평가하는 것, '텔레비전 속 다이어트 서바이벌 프로그램'을 그 예입니다. 다이어트 서바이벌의 경우 뚱뚱한 것을 하나의 볼거리로 여기면서, 비만 낙인을 재생산 합니다. 사회적 차별에 대한 문제 제기는 전혀 하지 않고, 너를 바꿔야 한다는 의식만을 조장합니다. 모든 담론이 그렇듯 외모지상주의 자체도 그 스스로 더 확장됩니다. 일단 외모가 중요하다는 담론이 커지면, 그 밖에 속해있던 사람들도 주된 담론이 맞는다고 여기게 되기 쉽고, 그 담론 속에 있는 사람들도 더 당연하게 받아들이게 됩니다.

미에 대한 욕심과 화장

　인간은 아름다움에 대한 욕심이 있습니다. 그로인해 아름다움, 즉 미 (美)에 대한 욕망을 이루고자하는 갖가지 방법을 동원하고 있습니다. 현대 사회는 아름다움의 기준을 획일화하고 특히 여성에게는 극한의 자기관리 를 강요합니다. 1980년 12월 1일 최초의 컬러TV 방송이 시작되면서 색채 에 대한 새로운 인식과 출연하는 탤런트, 영화배우들의 얼굴이나 모습은 드라마나 광고의 이미지로, 그리고 미인의 기준으로 우리의 기억에 깊은 인상을 주었습니다. 수많은 채널의 미디어들은 계속적으로 여성들에게 날 씬한 몸매를 유지해야 한다고 이야기하고 있습니다. 특히 드라마 속, 세계 에서 날씬하지 않은 여성이 성공하기란 쉽지 않습니다. 풍풍한 여성은 자 기 관리에 실패한 여성이며, 전문성이 결여된 여성이라는 인식이 강하게 작용합니다.

자신의 전문 분야를 개척하여 열심히 일하고 내적 아름다움을 쌓아가는 여성보다는 외적인 아름다움을 얻기 위해 노력하는 여성들만을 집중적으로 다루며 노골적으로 뚱뚱한 몸을 가진 여성을 비난하기 일쑤입니다. 이런 시각이 여성에게 얼마나 억압적이며 강압적 방식으로 날씬함을 강요하는지에 대한 문제점은 전혀 다루지 않습니다. 이런 잘못된 시각은 결국 자신의 몸이 타인의 시선에 어떻게 보이는가에 대해 고민하게 만듭니다. 많은 여성들이 극한의 다이어트와 철저한 자기관리를 하는 이유는 자신의 건강보다 타인의 말과 시선 때문이 아닌가 싶습니다. 각종 미디어는 사회에서 요구하는 아름다움에 동참할 것을 요구하며 이를 지키지 못할 경우 비난합니다.

프랑스의 모델 '이사벨카로'는 모델이란 직업을 유지하기 위해 과도한 다이어트를 하던 중 거식증*으로 사망했습니다. 이 사건으로 영국의 광고 심의위원회는 패션 잡지 '엘르' 영국판에 마른 모델이 등장하는 패션브랜드 광고를 금지하는 판결을 내렸습니다. 비현실적이고 건강하지 못한 몸을 광고에 활용함으로서 잘못된 인식을 여성들에게 심어준다는 이유였습니다. 또한 프랑스에서는 지나치게 마른 몸매를 지닌 모델이 활동할 수 없도록 하는 법안이 통과되기도 했습니다.

미에 대한 욕심을 채우고자 하는 방법에는 화장이 있습니다. 화장은

----

* 거식증(拒食症; anorexia nervosa)은 의학적으로는 신경성식욕부진이라고 하며, 사춘기나 청소년기에 증세가 나타나기 쉽고, 특히 젊은 여성에게서 많이 나타납니다. 비만을 두려워해서 절식이나 감식을 하는 중에 거식증에 빠지는 경우도 있습니다. 신체적 성숙을 거부하거나 섹스를 기피하는 심리 상태에 의한 경우도 있습니다. 한편 과식증(過食症)은 스트레스나 불안과 깊은 관계가 있으며, 아무리 먹어도 식욕이 멈추지 않는 충동적인 다식증으로, 욕구불만이나 공허감을 음식으로 채우려 하기 때문에 나타나는 증상입니다. 정신의학적인 진단 및 치료와 함께 신체적인 간호도 중요합니다.

대체로 두 가지 유형으로 나눕니다. 그 하나는 자기가 아닌 다른 것으로 변화시키고 싶은 욕망의 소산이며 다른 하나는 자기를 보다 뚜렷이 표현하거나 강조하고 싶은 소망을 담고 있습니다. 전자가 음성적인 자기 위장이라면 후자는 양성적인 자기주장입니다. 선천적으로 타고난 미인이라면 자기를 내세우는데 주저할 이유는 없겠지만 그 반대라면 부득이 자기를 꾸밀 수밖에 없는 노릇입니다. 화장이란 어쩌면 창조주의 불공정에 맞서 인간이 생각해낸 자기미화의 기술일지 모릅니다. 화장을 하지 않고서는 남의 시선을 끌만한 미인은 드뭅니다.

현대의 미인이란 태어나는 것이 아니라 만들어진다는 말이 있습니다. 미용식, 미용체조 등 육체적인 단련을 통해 그리고 성형으로 미를 가구는 등 오만가지 방법이 있겠으나 최후의 보루는 자연스러우면서도 세련된 화장으로 극복할 수 있으리라 확신해 봅니다.

성난 사회, 화 좀 내지 맙시다

우리 사회를 지칭하는 용어로 분노사회, 성난 대한민국이라는 말이 통용되고 있습니다. 막말, 비하, 갑질, 악성댓글이 넘쳐나는 사회입니다. 성난 사회는 대한민국을 상징하는 표현입니다. 공적 영역부터 사적 영역까지, 하다못해 가게에서 물건을 살 때도 우리는 늘 화를 냅니다. 요즘 사회를 보면 걱정스런 마음이 듭니다. 타인에 대한 아주 약간의 자비조차 없습니다. 조금이라도 잘못하면 가차 없이 응징과 복수를 합니다. 분노의 폭발은 상대방뿐 아니라 자신도 파괴합니다. 최근 정신과나 상담소에는 본인이 분노조절장애라고 호소하는 사람이 많아졌습니다. 물론 그들 대부분이 분노조절장애는 아니고 그냥 화를 많이 낼 뿐이지만, 스스로 그렇게 여기고 병원과 상담소를 찾는다는 것 자체가 우리 사회의 현주소를 말해줍니다. 분노, 화, 욱, 이것들은 모두 감정에 속합니다. 우리처럼 과정보다 결과를 중시하는 사회에선 눈에 안 보이는 감정을 논하고 다루는 것 자체가 어렵습니다.

분노는 오래된 감정이지만 최근 유독 사회병리현상으로 주복 받고 있습니다. 분노 자체보다 분노조절장애일 때 문제가 됩니다. 분노조절장애 환자는 시한폭탄을 안고 사는 것과 같습니다. 그리고 이들은 폭탄 돌리기를 합니다. 이 폭탄을 안고 있으면 자신이 터져 죽을 것 같으니까 누군가에게 자꾸 줍니다. 아이를 때리기도 하고, 아내를 학대하기도 하고, 때론 누군가를 굉장히 은밀하게 괴롭히는 형태로도 나타납니다. 악성 댓글을 달아서 사회 문제가 된 부장판사라든가, 세월호 참사 희생자를 어묵으로 표현한 '일베' 등 자신이 안전한 위치에 있을 때 혹은 갑의 위치에 있을 때 하는 분노 표현들도 주목할 필요가 있습니다. 지금 우리 사회에 뜨거운 분노만큼 '차가운 분노'가 만연해 있습니다. 차가운 분노는 수동적 공격으로 나타납니다. 일을 질질 끈다든가, 부부관계를 안 하는 등 상대방 자체를 거부하는 것입니다.

인간은 어느 정도 자기가 괜찮은 사람이라고 인정받아야 합니다. 지금은 타인으로부터 인정받는 게 너무 힘듭니다. 일단 관계 자체가 희박합니다. 사람들은 불안합니다. 자길 알아보는 사람도 없고 도움 받을 곳도 마땅치 않은 상황에서 자기보다 조금만 약한 사람이 있으면 바로 공격합니다. 그럼 조금이라도 우위에 있다는 느낌을 받습니다. 악성 댓글도 마찬가지입니다. 이는 고성장 시대에서 저성장 시대로 접어든 사회가 필연적으로 겪는 현상이기도 합니다. 80km로 달리는 차 옆에서 60km로 달리는 사람은 별로 화나지 않습니다. 그러나 20km로 달리는 차 옆에서 10km로 달리는 사람은 화가 뻗칩니다. 차선도 못 바꾸고 언제 5km로 떨어질지 모르는 상황에서, 머릿속엔 60, 80km로 달리던 시대의 기억이 남아 있으니 뭘 해도 성에 안 찹니다.

빈부격차, 삼포세대 등 분노를 유발하는 사회환경도 문제지만, 분노가 일어났을 때 겸손, 침착함, 초연함이란 말로 억압하고 사는 걸 미덕이라고 라벨을 붙이는 것도 문제입니다. 분노는 막아두면 터지게 돼 있습니다. 분노를 분출하는 대표적 사회관계망서비스(SNS)로 트위터가 있습니다. 트위터는 역기능과 순기능이 모두 있지만 여전히 사회에 날 선 비판을 할 수 있는 장소입니다. 이런 곳이 사회의 숨통을 틔워주고, 대화를 유도하고, 개인의 억울함을 공론화하는 역할을 해야 합니다. 최근 할리우드에서 일어난 '미투(me too)' 운동이 좋은 예입니다. 여성들이 연대를 통해 수치심을 이겨내고, 남성 권력에 반기를 들고, 그간 쌓인 분노를 시스템으로 해결하려고 노력했습니다. 이런 방식이 매우 중요합니다. 강한 사람의 분노는 항상 시기를 기다립니다. 분노가 더 모이고 강해질 때까지, 분노를 억압하는 게 아니라 분노를 바라보고 지연시킬 수 있는 힘도 필요합니다.

도널드 위니컷은 '정상적 공격성(Normal Aggression)'이란 말을 했습니다. 이는 '주어진 것을 허물고 나만의 창조적인 인생을 만들기 위한 동력원'을 말합니다. 윗사람의 의견에 반대하거나 좌절했을 때 다시 일어나는 것까지를 공격성이라고 정의한 것입니다. 이런 공격성의 발달은 우리가 살아가는 데 반드시 필요합니다. 문제는 우리가 이 선을 넘어 너무나 쉽게 '공격적'으로 변한다는 것입니다. 누군가의 잘못을 바로 잡으려고 할 때 상대방이 욕을 하면 바로 공격적으로 바뀝니다. 조절을 못하는 것입니다. 왜 그럴까요? 배우지 못했기 때문입니다. 영어나 수학은 체계를 세워 가르치면서 감정 조절 능력은 나이를 먹으면 자연스럽게 배울 거라고 착각합니다.

분노는 감정입니다. 감정은 에너지고 에너지는 죄가 없습니다. 그걸 잘 못 다룬 내가 잘못입니다. 분노를 억누르기만 하는 것도 안 좋지만 무한정 상승하도록 놔둬서도 안 됩니다. 적절하게 해소돼야 합니다. 수치심, 외로움, 질투 등 다양한 감정이 오로지 분노 하나로 표출됩니다. 분노가 가장 쉽기 때문입니다. 우리가 분노의 언어 밖에 배우지 못했기 때문입니다. 외로움이나 수치심은 표현도 어렵고 주목 받기 힘듭니다. 반면 화내면 사람들이 바로 긴장하고 쳐다봐 줍니다. 존재감이 생깁니다. '나는 분노한다, 고로 존재한다'고 느끼는 사람이 너무 많습니다.

우리는 성난 사회에서 벗어날 수 있을까요? 우리가 자신의 감정은 물론이고 타인의 감정과 그 사이의 역동을 다루는 데 너무나 미숙하다는 걸 인정하고 여기서부터 이 문제를 시작해야 합니다. 지금 우리에게 필요한 건 감정을 언어로 표현하는 일입니다. 이를테면 부적절하게 화를 내는 사람에게 '왜 화를 내냐'고 따지는 게 아니라 '네가 화났다는 걸 충분히 알겠다'고 일단 수긍해주는 것입니다. 우리는 어릴 때부터 아이가 화를 내면 '어른한테 버르장머리 없이'란 훈계로 시작합니다. 그러나 일단 감정을 펼치게 해준 뒤에 훈계를 해도 늦지 않습니다. 감정을 언어로 표현하는 건 인간만이 할 수 있는 일입니다. 우리는 분노의 언어를 다시 배워야 합니다. 정서의 발달은 후천적이라 나이가 들어도 배울 수 있습니다. 자신이 부적절하게 화를 내는 건 아닌지, 분노를 언어가 아닌 행동으로 표현하진 않는지, 가장 가까운 사람 혹은 생판 모르는 사람에게 유독 화를 많이 내진 않는지 들여다봐야 합니다. 자기를 성찰하는 순간 변화는 시작됩니다.

분노조절장애를 가진 사람과 함께하는 건 전갈을 등에 업고 강을 건너는 것과 다름없습니다. 반드시 전갈에게 물리게 돼 있습니다. 누군가에게 상처를 받았을 땐 당신으로 인해 상처받았다고, 그러니 사과를 해달라고, 또 다시 상처받고 싶지 않다고, 정중한 자세로 분명하게 얘기해야 합니다. 때로 상처 입은 진실이 침묵이나 거짓말보다 훨씬 낫습니다. 자책하지 말아야 합니다. 인간이 존엄을 지키려면 소득이 보장되고 여가가 주어져야 합니다. 요새 '시간 빈곤층'이란 말이 많습니다. 여가시간이 없으면 자신의 가치를 일터의 위치에 따라 매기게 됩니다. 직장인, 노동자 외에 다른 정체성이 커져야 합니다. 직장 외에 또 다른 세계, 누구도 나를 평가하거나 비교하지 않는 안전한 곳이 있어야 합니다. 거기서 매력적인 사람으로 스스로를 가꿔 나가야 합니다. 매력적인 사람이 되면 자존감은 자연히 올라갑니다. 이럴 여유가 없으니 더욱 인정에 목을 매고 안 되면 화를 냅니다. 분노에 끌려 다니는 노예가 되지 말고 주인이 돼야 합니다.

가족 안에서 문제가 생겼다면 분노조절일지를 쓰는 것도 도움이 됩니다. 딱 하루만이라도 화를 낸 시간과 장소를 꼼꼼하게 기록하는 겁니다. 그러면 상황을 객관화할 수 있습니다. 내가 굉장히 헛된 것에 화를 내는 경우가 많다는 걸 깨닫게 될 것입니다. 그러면 상황을 피할 수 있는 힘이 생깁니다. 사회에 대한 불만과 분노는 개인의 에너지로 바꿔내는 것도 좋습니다. 그 분노가 사회 시스템을 바꾸는 동력이 될 수도 있습니다. 촛불광장의 분노가 없었다면 어떻게 사회가 바뀌었을까요? 분노를 다스리고 건전하게 승화시켜나가는 것이 오늘 우리에게 절실한 일일 것입니다. 분노사회에 경건을, 겸손을, 부드러움을, 친절과 배려를 가르쳐 지키게 해야 합니다. 종교는 급변하는 현실과 이기심이 극대화되는 사회 속에서 참됨삶의 가치와 쉼과 여유를 일깨워 줘야 할 것입니다.

하늘을 가를 기세로 눈 도끼로 불을 뿜으며 분노하지만 순간만 지나고 보면 분노는 달라집니다. 쓰고 버린 뒷간 휴지조각처럼 맥이 풀려 앉아있을 때면 더는 울음도 안 나올 만큼 멍청한 자신이 보입니다. 그때 그 시간 그 문제만큼은 머리가 두 쪽 나도 물러서지 않겠다는 독을 품었건만 그 미사일 분노 한순간만 지나면 어쩌면 그리도 어리석은 바보처럼 보이는지 쥐구멍을 찾고 싶을 때가 한두 번이 아닙니다. 나이 들어 깨달은 것은 좀 참고 넘어가고 나서 한잠 자고 나면 늘 마음이 편해져 있었습니다. 싸우는 게 아니라 그냥 먼저 져주는 거 말입니다. 욕심이 적은 사람이 건강합니다. 그 다음은 일을 사랑하는 사람이 건강합니다. 무리하지 않는 사람이 건강합니다. 항상 이렇게 좀 여유를 가지고 살면 좋겠습니다.

정직한 삶이 아름답습니다

조선 시대, 김수팽과 홀어머니가 사는 집은 초라하고 낡은 초가삼간이 었습니다. 집을 수리하는데도 가난한 형편에 돈을 들여 수리할 수가 없어 김수팽의 어머니는 흔들리는 대들보와 서까래를 직접 고쳐가며 살아야 했습니다. 더운 여름날, 김수팽의 어머니가 집의 기둥을 고치는 중이었습니다. 땀을 뻘뻘 흘리며 기둥 밑을 호미로 파고 있었는데 기둥 밑에서 돈이 가득 든 항아리가 나오는 것이었습니다. 거금을 본 김수팽의 어머니는 욕심이 생겼습니다. 기와집, 비단옷, 기름진 음식에 대한 욕심이 아니었습니다. 이 돈이 있으면 가난한 홀어머니 밑에서 주경야독하며 고생하는 아들이 걱정 없이 하고 싶은 공부만 하게 할 수 있었기 때문입니다.

하지만 김수팽 어머니는 돈 항아리를 다시 땅에 묻었습니다. 이후 김수팽이 과거에 급제하여 벼슬길에 올랐을 때 어머니는 아들에게 그 돈 항아리에 관해 처음 입을 열었습니다. "그 돈을 가졌으면 몸은 편히 살았을지는 몰라도 요행으로 얻은 돈으로 얻은 편안에 무슨 복락이 있겠느냐? 나는 오히려 내 자식이 요행이나 바라고 기뻐하는 게으름뱅이가 되는 것이 더 무섭고 두려웠다. 그런 염치없는 돈에 손을 대지 않았기에 오늘 같은 날이 온 것 같구나." 어머니의 뜻에 마음 깊이 감동한 김수팽은 이후 청렴하고 충직한 관리로, 사람들에게 존경받는 청백리가 되었습니다. 노력하지 않고 뜻하지 않은 공짜 돈을 얻는 것보다 성품과 행실이 높고 맑으며 탐욕이 없음을 뜻하는 청렴(淸廉)을 자녀들에게 중요한 덕목으로 가르쳤으면 좋겠습니다. 부당한 이득을 얻지 맙시다. 그것은 손해와 같습니다.

한 젊은이가 어느 장터 길가에 떨어진 가방을 주웠습니다. 그 가방 안에는 누구라도 욕심을 부릴 만큼 상당한 거금이 들어있었습니다. 돈 가방을 들고 주변을 살피던 젊은이는 무슨 생각을 했는지 가방을 바닥에 툭 던져놓고 그 위에 털썩 주저앉아 한가로이 햇볕을 쬐기 시작했습니다. 얼마나 시간이 지났을까요? 따스한 햇볕에 졸기 시작한 젊은이 앞에, 눈에 불을 켜고 땅 위를 살피는 사람이 나타났습니다. 젊은이는 그 사람에게 물었습니다. "혹시 무슨 찾는 물건이라도 있으신지요?" "내가 가방을 잃어버렸는데 아무래도 여기에 떨군 것 같아요." 그러자 젊은이는 깔고 앉았던 가방을 남자에게 툭 던지며 말했습니다. "당신이 찾고자 하는 가방이 이거 아닙니까?" 가방을 보고 깜짝 놀란 남자는 너무 고마운 마음에 젊은이에게 큰돈을 사례하고자 했습니다. 하지만 청년은 딱 잘라 말했습니다. "돈이 가지고 싶었으면 그 가방을 들고 벌써 가버렸을 겁니다. 돈은 필요한 사람이 요긴하게 잘 써야지요."

이 젊은이가 바로 우리나라 독립선언서 주창자 33인 민족대표 중 한 사람인인 '손병희'이입니다. 정직은 마치 집을 세우는 것과 같습니다. 집을 세울 때 약삭빠르게 요령껏 쌓아 올리는 것을 현명하고 효율적이라고 말하는 사람은 없습니다. 튼튼하고 안전한 집을 세우기 위해서는 무엇보다 정직하고 우직한 마음가짐이 필요합니다. 그렇게 쌓아 올린 집만이 오랜 가치를 가질 수 있습니다. 정직은 가장 확실한 자본입니다.

매년 1만 명 이상 사라지는 사회입니다

2017년 9월 통계청이 발표한 '2016년 사망원인통계'에 의하면 2016년 총 자살사망자수는 13,092명, 인구 10만 명당 자살률은 25.6명으로 2015년 26.5명에 비해 0.9명(-3.4%)이 감소한 것으로 나타났습니다. 성별로는 남성이 인구 10만 명당 36.2명, 여성이 15.0명으로 남성이 여성에 비해 2.4배 높은 자살률을 보였습니다. 사망 원인별로는 10~30대의 사망원인 1위, 40~50대의 사망원인 2위가 자살로 나타났습니다. 연령대별로는 30대 이상 전 연령에서 다소 감소했고 70대에서 많은 감소를 보이고 있으나, 여전히 노인 자살이 젊은 층에 비해 더 심각했습니다. 인구 10만 명당 60대가 34.6명, 70대가 54.0명, 80대 이상이 78.1명으로 연령이 높아질수록 자살률도 급격히 증가하는 양상을 지속적으로 보였습니다. 연령대별 자살 사망자수로는 50대가 2,677명, 40대가 2,579명으로 가장 많은 자살사망자가 발생한 것으로 나타났습니다. 10~30대 사망원인 1위, 40~50대 2위가 바로 자살입니다.

이러한 자살통계는 현재 우리 사회의 자살현상이 심각하다는 것을 알려 준다는 점에서 유용합니다. 그러나 이 통계가 구체적인 자살의 원인과 대책을 시사해주지는 않습니다. 또 수많은 개개인들이 자살할 수밖에 없었던 상황에 대해서는 아무것도 말해주지 않습니다. 우리나라의 자살률은 15년째 OECD 국가 중 1위라는 보고역시 자살문제의 심각성을 강조해주는 역할만 반복적으로 수행하고 있습니다. 정말 심각한 것은 20년 전 IMF경제위기이후 우리나라의 자살문제가 계속 심각해지고 있는 상황에서도 자살사망자가 몇 명이라고 알려주는 통계수치 외에 구체적인 자살연구나 대책이 추진된 바가 없다는 점입니다. 자살현상이 삶과 관련된 총체적 성격을 가지고 있기에 예방이라는 한정된 표현을 쓰는 것이 한계가 있지만 통상 예방이라고 할 때의 전제조건은 과학적인 인과관계가 밝혀지고 이러한 원인을 제거한다는 의미를 갖습니다.

IMF경제위기이후 우리나라의 자살률이 계속 증가하고 20년이 지나도록 외환위기 이전수준으로 감소하지 않는 것은 비슷한 외환위기 경험을 한 다른 나라에서는 찾아볼 수 없는 현상입니다. 노인인구의 자살률이 상상할 수 없을 정도로 높은 것도 우리나라만의 현상입니다. 40대, 50대 남성 자살사망자수가 이렇게까지 많은 것도 우리나라만의 고유한 맥락이 있는 것으로 보입니다. 우리나라의 자살문제가 품고 있는 이러한 특징은 외국의 연구결과를 차용한 개입프로그램들이 실제 현장에서 실효성을 거두지 못하는 이유가 됩니다. 우리의 자살예방사업이 과도하게 정신건강문제를 부각시키고 의학적 치료를 강조하는 것도 문제입니다.

자살행동에 있어 정신건강 문제가 중요한 원인 중에 하나인 것은 분명하지만 정신건강상의 어려움에 앞서 사회경제적인 문제, 대인관계문제, 신체건강문제 같은 선행이슈들이 더 근원적인 이유일 수 있음을 중요하게 봐라봐야 합니다. 대부분의 40~50대 자살시도자들은 사회경제적 문제와 신체건강문제를 호소하고 있습니다. 이들의 욕구와 다른 정신건강서비스를 우선순위에 두고 개입프로그램을 구성하다보니 실질적인 위기상황에 있는 당사자들이 자살예방서비스를 이용하지 않거나 서비스이용 후 부정적인 반응을 보이게 됩니다.

자살위험성을 가진 노인 역시 빈곤과 외로움, 신체질병 등을 호소하는 경우가 많습니다. 자살문제에 국한된 개입보다는 다양한 형태의 노인복지서비스가 확대되면서 노인층 자살률 감소에 긍정적인 영향을 준 것으로 알려져 있습니다. 상대적으로 노인대상 정책과 복지연계망은 두터워졌습니다. 그러나 40~50대 중년층의 경우는 실직, 경제적 어려움, 이혼, 가족해체, 신체건강문제 등으로 극단적인 상태에 몰리고 있음에도 복지서비스의 사각지대에 놓여 있습니다. 이러한 문제를 해결하는데 있어 노인대상 서비스와 마찬가지로 다른 연령대에서도 자살위험성을 호소하는 개인의 상황에 맞는 개입서비스를 마련하는 것이 시급합니다. 역설적이게도 자살현상 그 자체에만 집중해서는 자살문제를 해결하기 어렵습니다. 살아있는 사람을 살리는 정책과 개입서비스가 필요합니다.

또 다른 우리나라의 맥락은 지금까지 알려진 가족, 종교, 공동체 같은 보호요인이 제대로 작동하지 않는다는 것입니다. 지금보다 더 경제적으로 열악했던 시기에도 우리 사회는 이처럼 자살률이 높지 않았습니다. 과거에도 한정된 시기에 자살률이 높은 경우는 있었지만 이렇게 장기간 높은 자살률을 보이고 있는 것은 이례적입니다. 끼니를 걱정할 만큼 어려운 상황에도 가족 간의 유대감은 살아있었고 어려운 형제들과 그 자식들을 챙기는 문화가 있었습니다. 그러나 지금은 가족관계 마저 점차 이해관계로 바뀌고 손익을 따져 관계를 단절하기도 합니다. 결혼 역시 쉽게 해체될 수 있는 형식이 되어 버렸습니다. 40~50대 남성의 경우는 실직, 사업실패 등으로 경제적 어려움이 초래되면 가장 역할을 상실하고 이혼, 가족해체, 신체건강문제, 대인관계 단절, 자살 등으로 이어지는 패턴으로 역할상실-관계단절-존재소멸이 거의 전형을 이루고 있습니다. 자살위험성을 가진 노인의 경우도 대부분 가족과 단절된 경우가 많았습니다. 스스로를 짐으로 간주하고 주위 사람들과도 점차 고립, 단절되는 양상을 보이는 경우가 대부분이었습니다.

종교는 과거 어렵고 힘든 삶을 사는 사람들의 안식처였던 적이 있었습니다. 그러나 현재는 어렵고 힘든 사람들이 종교의 문을 두드리기가 점점 더 힘듭니다. 사라져가는 사람들은 종교에서 위로와 진정한 수용을 경험할 수 없었다고 하면서 지금의 종교는 축복받은 사람들의 사교모임 같다고 이야기 합니다. 과거 종교의 핵심 구성원이었던 가난한 이들, 마음 둘 곳 없는 이들은 이제 축복받지 못한 사람들, 벌을 받은 사람들, 신앙을 저버린 사람들로 치부되고 있습니다. 공동체는 자살위험성을 가진 사람들 뿐만 아니라 전 국민 대다수가 경험하기 어려운 상징이 되어버렸습니다. 과거 오랫동안 한 곳에 정착해서 살면서 이웃들과 기쁨과 슬픔을 나누는 공동체적 삶은 추억과 동경의 대상이 된지 오래입니다. 사라져가는 사람들은 주로 경제적 이유로 어려서부터 한 곳에 오래 살지 못하고 여기저기를 옮겨 다니며 유목민처럼 살아온 삶을 이야기 합니다. 이들에게 마음을 나눌 공동체는 현실에 존재하지 않았으며 유일한 의지처는 가족밖에 없었습니다. 그러나 가족, 형제간의 관계도 단절된 경우에는 아무도 남지 않게 됩니다. 사라져가는 사람들은 직장도 잃고 가족도 잃고 아무런 역할이 주어지지 않는 삶, 아무것도 할 수 없는 삶 속에서 유일하게 혼자 할 수 있는 것은 죽음이라고 이야기합니다.

매년 1만 명 이상이 사라져가고 있는 현실 앞에서 마지막까지 사라져가는 사람들을 리턴 시키는 역할에 우리 사회가 힘을 모아야겠습니다. 특히 종교계는 더욱 더 말입니다. 지상에서 자신이 있을 곳을 찾다 끝내 찾지 못하고 사라져가는 사람들을 만나고 어떻게든 이들이 죽음의 나락으로 떨어지지 않도록 할 수 있는 모든 것을 해야 할 때입니다. 더 이상 그들을 "못 봤다, 볼 수 없었다."고 핑계할 수 있는 상황이 아닙니다.

새끼 줄 먹이를 입에 물고 하늘을 가르다 탕! 포수가 당긴 방아쇠에 그만 외마디 비명조차 지르지 못하고 숨을 거두었습니다. 아! 이름 모를 새 한 마리, 그렇게 세상에서 사라져 버렸습니다. 우리 주위에 얼마나 많은 사람들이 이 새처럼 소리 없이 울다 지쳐 쓰러져 가는지 모릅니다. 늘 우리 주위에 고통 받는 이웃을 생각하고 배려하고 존중하는 마음과 실천을 갖고 살기를 소망해 봅니다.

자살에 무뎌진 사회…
병원 접근성 높여 적극 치료해야

자살과 우울증에 대한 기사가 끊이지 않고 있습니다. 그런 기사들에 무뎌져서일까요? 자살은 어느새 사회에서 심각하지 않은, 익숙하고 당연한 문제로 여겨지고 있습니다. 자살의 가장 큰 원인인 우울증에 대한 사회의 부정적인 인식도 여전히 변함이 없습니다. 도움을 받으면 이겨낼 수 있는데도, 우리 주변의 수많은 사람들은 자살을 고민을 하고 있습니다.

우울증과 자살은 높은 연관성이 있습니다. 2015년 중앙심리부검센터가 진행한 121건의 심리부검 결과, 자살자 121명 중 88.4%가 우울증을 겪는 등 정신건강에 문제가 있었습니다. 우울증이 인지에 왜곡을 가져와 살아갈 가치가 없다고 느끼게 합니다. 충동적인 행동을 억제하지 못하게 됩니다. 우울증을 겪고 있는 환자의 약 10%~15%가 자살을 시도한다고 합니다.

우울증은 치료를 받으면 쉽게 치료받을 수 있습니다. 우울증 치료는 약물치료와 심리치료로 나뉩니다. 정신건강 문제로 정신과에 내원한 경우 면담과 심리검사를 통해 우울증의 정도와 양상을 파악한 후 심한 경우 입원치료까지 해야 합니다. 보통의 경우는 내원치료를 받으며 약물치료와 심리치료를 병행합니다. 초기 약물 치료가 실패하더라도 진단과 처방을 다시 하면 대부분 환자는 3개월 내에 호전을 보입니다.

이처럼 우울증은 치료를 통해 쉽게 극복할 수 있지만, 정신과와 약물치료에 대한 부정적인 인식이 치료를 어렵게 합니다. 우울증 치료가 어렵지 않음에도 치료받는 비율은 10%대에 머무르고 있습니다. 여전히 우울증 치료를 어렵게 하는 가장 중요한 요인으로 여겨지고 있습니다. 우울증 치료를 받으면 진료 기록이 남는데, 이를 꺼려하는 경우가 상당히 많습니다. 정신과 진료를 받으면 보험 가입에서 불이익이 있는 경우도 있습니다. 사회 전체적으로 우울증을 누구나 걸릴 수 있는 병으로 여기려는 노력과 합의가 필요합니다. 약물치료를 받지 않으려는 경향도 우울증을 치료받지 못하게 하는 원인 중 하나입니다. 인식이 나아지고는 있지만, 정신과 약물치료를 꺼리는 경향이 있습니다.

환자들이 쉽게 접근할 수 있는 1차 의료기관의 역할이 중요합니다. 우울증은 흔히 일상생활의 불편을 동반하는데, 그 때 부담 없이 찾는 곳이 가까이 있는 1차 의료기관이기 때문입니다. 심리부검 결과 사망 전 1차 의료기관을 찾은 자살자는 전체의 28.1%로, 사망 한 달 이내 정신의료기관을 방문한 자살자 비율인 25.1%보다 높습니다. 자살률을 낮추는데 성공한 핀란드는 다른 질병으로 병원을 찾은 사람들에게도 우울증이나 자살 충동 여부를 조사하고 있습니다. 이처럼 사전에 조사를 충분히 한다면 자살 예방, 우울증 관리 효과가 더욱 개선될 것입니다.

최근 SSRI(Selective Serotonin Reuptake Inhibitor)라는 항우울제 처방 규제를 둘러싸고 정신과 의사와 비정신과 의사의 논쟁이 계속되고 있습니다. SSRI 항우울제는 항우울 뇌호르몬인 세로토닌을 최대한 오래 뇌에 남아있게 하는 방식으로 우울증을 치료합니다. 과거의 항우울제에 비해 다른 호르몬에 영향을 미치지 않고 세로토닌 농도에만 영향을 미쳐 부작용이 거의 없습니다. 하지만 우리나라는 비정신과에서 SSRI 항우울제를 처방할 수 있는 기간이 60일로 한정돼 있습니다. 비정신과에서 장기적으로 치료를 받으면 많은 우울증 환자들이 전문적인 치료를 받지 못한다는 이유에서입니다. SSRI 항우울제에 규제를 두고 있는 국가는 우리나라가 유일합니다. 미국과 일본 등 선진국의 경우, 비정신과 의사들이 70% 이상의 우울증 환자를 진료합니다. 정신과에서는 약물 치료가 힘든 30% 정도의 환자들을 주로 진료합니다.

반면 우리나라에서는 전체 의사 중 97%를 차지하는 비정신과 의사들이 적극적으로 우울증을 치료할 수 없습니다. 자살률이 높았던 북유럽 국가에서는 SSRI 항우울제 처방을 확대하면서 자살률이 줄어들었습니다. 우리나라를 제외한 모든 나라는 SSRI를 우울증의 첫 번째 치료제로 쓰고 있는데 비해 우리나라는 규제로 인해 SSRI보다 부작용이 훨씬 많고 위험한 삼환계 항우울제를 쓰고 있습니다. 우울증상이 완전히 없어진 후 6개월에서 1년 정도까지 항우울제를 투여해야 하지만, 처방제한으로 우울증을 제대로 치료하지 못하는 상황입니다. 하루 37명이 자살로 생명을 잃고 있는 상황에서 자살률을 낮추기 위해서는 SSRI 처방 제한을 폐지하고 모든 진료과 의사들을 대상으로 자살예방교육을 실시해야 할 것입니다.

원인 복잡한 우울증,
약물치료에 심리사회적 치료 병행을

　우리나라를 '스트레스 공화국'이라고 부르는 사람들이 있습니다. 그만큼 우리나라의 정신건강 문제는 점점 더 심각해지고 있습니다. 이러한 문제는 OECD 국가 중 인구대비 자살률이 최근 12년 동안 지속적으로 1위를 하고 있는 것만 봐도 얼마나 큰 문제인지 다시 한 번 확인해 볼 수 있습니다. 그럼에도 우리나라 사람들은 정신건강의학과 치료에 대해 여전히 부정적인 생각들을 많이 하고 있습니다. 2011년에 실시된 정신질환실태 역학조사의 결과를 보면 정신질환을 경험한 국민들 중 단 15%만이 정신건강 관련 치료를 받았다고 합니다. 아직 우리나라에는 정신질환에 대한 편견과 인식 부족 그리고 제도적 차별이 많이 남아 있는 편입니다. 우울증을 잘 치료하는 것은 자살 예방 사업의 가장 처음이라고 할 수 있습니다. 우리나라 중앙심리부검센터에서 2014년부터 2015년까지 자살자 121명의 유가족을 대상으로 실시한 심리부검면담 분석 결과에 따르면, 조사 대상자의 88.4%가 정신질환을 가지고 있었고, 그 중 우울증이 80명으로 가장 높은 빈도로 보고되었습니다. 실제로 우리나라에서 국가적으로 시행되고 있는 자살예방 사업들 역시 우울증을 조기 진단하고 치료에 있어서 어려움을 줄일 수 있는 여러 가지 도움을 제공하는 것을 골자로 하고 있습니다.

우울증의 치료율을 높이는 것이 국가적으로 매우 중요한 일입니다. 하지만 단지 항우울제의 처방만을 늘린다고 모든 것이 해결되지는 않습니다. 우울증은 그 원인이 매우 복잡하고, 생물학적 원인뿐만 아니라 심리적, 사회적 원인이 다각적으로 영향을 미쳐서 나타나는 질병입니다. 그러다보니 약물 치료만으로는 60% 정도만 반응하게 되고, 완치율은 30~40%에 그칠 수밖에 없습니다.

따라서 약물 치료뿐만 아니라 정신치료, 인지행동치료, 대인관계치료, 가족치료 등과 다양한 심리사회적 치료요법을 함께 사용하여 치료를 하는 것이 매우 중요합니다. 단순한 항우울제 처방의 반복만이 아닌 우울증에 대한 포괄적인 평가와 정신역동을 고려한 접근이 반드시 필요합니다. 또한, 우울증이 자살 위험률을 높이다보니 치료 기간 내내 자살 위험에 대한 적극적인 평가와 대처를 하는 것이 매우 중요합니다. 특히 우울증이 호전되는 과정에서 오히려 자살 위험이 높아지는 경우도 있기 때문에 치료 시작 시기에 자살 위험을 평가하는 것으로만 끝나는 것이 아니라 지속적으로 자살에 대한 전문적인 대처를 진행해 나가야만 합니다. 이러한 대비가 없이 단순한 약물 처방만을 반복하는 것은 우울증의 치료도 잘 되지 않을 뿐 아니라 자살 예방을 하는데 있어서도 그 역할이 제한될 수밖에는 없습니다.

우울증에 걸린 사람들은 감정에 어려움이 있는 사람들이고 처음 우울증으로 진단받는 사람들 중 일부는 양극성 정동 장애의 우울기에 해당하는 사람들인 경우도 있습니다. 따라서 우울증의 특성과 항우울제의 특성 때문에 치료 중간에 조증으로 전환하거나 정서 불안정이 발생하는 경우도 있습니다. 이렇게 되면 자살 위험도 높아지게 되고, 조증기의 여러 가지 행동 문제들로 환자와 가족들은 크게 고통을 받게 되고 이에 따른 사회경제적 손실도 커지게 됩니다.

우울증 치료율을 높이는 것도 중요하지만 질 좋은 치료를 받을 수 있게 돕는 것은 더 중요합니다. 우리나라는 전문의 제도가 잘 이루어지고 있는 편입니다. 2016년 초 정부의 정신건강증진 대책 발표에 나온 것처럼 1차진료영역에서 우울증을 잘 선별하여 지속적이고 보다 전문적인 치료가 필요한 사람들을 정신건강의학과로 의뢰하는 체계가 잘 운영되게 노력하는 것이 가장 올바른 방법이라고 할 수 있을 것입니다.

확실히 우리나라는 아직도 정신건강의학과에 대한 편견이 비슷한 수준의 선진국들에 비해 큰 편입니다. 어려움이 있다면 그 어려움을 해결하고 발전해 나갈 노력을 해야지, 어려움이 있으니 퇴보하고자 하는 것은 올바른 방법이 아닐 것입니다. 우울증과 다른 정신질환에 대한 편견을 줄여나가고 정신건강에 대한 관심을 고취시켜 나가는 것이 앞으로 국민 건강을 위해 가장 우선시 될 문제일 것입니다.

자살, 살자로 바꾸려면요

잠시 방향이 보지 않아도, 선택은 결국 '삶'입니다. OECD 가입국가 중 자살률 1위. 2003년 이후 계속 지고 있는 굴레입니다. 똑같은 소리라고, 지겹다고 토로하는 이들이 갈수록 늘고 있습니다. 반면 누가, 왜, 얼마나 스스로를 죽이고 있는지, 이를 해결하기 위해서는 무엇을 해야 하는지를 알고 실천하는 이들은 여전히 부족합니다.

9월 10일은 '세계자살예방의 날'입니다. 9월 10일은 '세계 자살 예방의 날'입니다. 세계보건기구(WHO)와 국제자살예방협회(IASP)는 전 세계에 생명의 소중함을 알리고 자살문제에 대응하기 위해 2003년 스웨덴 스톡홀름에서 이 날을 공동으로 제정했습니다. 이에 한국자살예방협회는 2007년 이후 해마다 9월 10일에 기념식 및 학술대회와 자살예방캠페인 등 다양한 활동을 펼치고 있습니다. 관련 기관들을 비롯해 지역자치단체들은 각종 기념행사와 캠페인 등을 다양하게 마련합니다. 하지만 정작 일반대중들은 별 관심을 보이지 않는 행사들이 넘쳐나 아쉬움을 남깁니다. 자살이 도대체 무엇인지 그 내·외적 의미를 짚어보고, 나와 내 이웃을 자살 위기에서 벗어나게 할 방안을 공유해보는 것도 의미 있는 일일 것입니다.

자살이 정말 심각한 문제일까요? 먼저 우리 사회의 실태를 짚어봅니다. 2015년 한 해 동안 1만 3513명이 자살로 생을 마감했습니다. 교통사고 사망자의 2.5배에 달하는 숫자입니다. 자살예방 활동을 펼치는 전문가들은 국가 통계에 포함되지 않은 자살자와 자살사별자(自殺死別者) 수는 훨씬 더 많을 것으로 추정합니다. 통계청에서 제공하는 사망원인통계 자료를 기반으로 1985년부터 2015년까지 자살률 추이를 비교한 결과 한국인의 자살률은 1992년부터 지속적으로 상승해왔습니다. IMF 외환위기였던 1998년과 글로벌 금융위기 직후인 2009년에는 남녀 자살률이 모두 급증했습니다. 특히 청소년과 중·장년층에 해당하는 15세 이상 64세 미만 연령층의 자살률은 1999년을 기점으로 2005년까지 급상승했습니다. 자살 사망자 숫자는 50대가 가장 많았습니다. 성별에 따라서는 남성이 70.7%, 여성이 29.3%의 비율을 보였습니다.

65세 이상 노인인구의 자살률도 2000년, 2015년을 기점으로 급격하게 높아졌습니다. 게다가 2015년 연령별 자살률에 따르면, 80대 이상 연령층이 가장 높은 자살률을 보였습니다. 현재 65세 이상 노인 자살률은 세계 최고 수준입니다. 또 한국 전체 자살률은 OECD 전체 자살률 평균의 2.2배 수준이지만, 노인자살률은 OECD 평균 노인자살률의 3.2배입니다. 무엇보다 청소년의 인구 10만 명당 사망원인은 자살 7.2명이 교통사고 4.0명이나 암 2.9명에 앞선 1위로 나타났습니다. 전체적으로는, 자살이 암과 심장,

뇌혈관 질환, 폐렴에 이어 한국인 사망원인 5순위를 차지하고 있습니다. 2015년 경찰청 데이터에 따른 자살 동기를 살펴보면, '정신과적 질병문제'로 인한 자살이 전체의 31.5%로 가장 많았습니다. 뒤이어 '경제생활 문제'(23.0%), '육체적 질병문제'(21.6%), '가정문제'(9.6%) 순으로 나타났습니다. 2012년까지는 '육체적 질병문제'가 두 번째로 높게 나타났지만, 이후 '경제생활 문제'가 더 큰 자살요인으로 작용하고 있습니다. '경제생활 문제'로 인한 자살사망자 비율은 2011년부터 5년간 계속 증가해왔습니다.

누구를 위한 선택인가요? 세계보건기구(WHO)는 고의적 자해 즉 자살은 자살행위로 인해 죽음을 초래하는 경우로, 죽음의 의도와 동기를 인식하면서 자신에게 손상을 입히는 행위라고 정의합니다. 자살은 사람이 생명을 잃어 아무 것도 할 수 없게 하는 악한 행위입니다. 더구나 자살은 개인만의 문제에서 끝나거나 각자가 겪고 있는 문제를 해결해주지 않습니다. 가족을 비롯한 주변 사람들에게 고통을 남기고, 남은 문제들은 사회적·국가적 위기로 이어집니다. 감정적 감염이 커 다른 자살로 이어지는 경우가 많으며, 또 다른 피해자인 자살사별자들이 생겨나게 합니다. 우리 사회에서도 자살사별자들이 해마다 8만여 명 이상 늘고 있습니다. 게다가 우리 사회는 연령과 계층, 성별 등을 특별히 가리지 않은 불특정다수에게서 자살이 발생하고 있다는 문제점을 안고 있습니다. 경제적 문제와 스트레스로 인한 자살, 외로운 노인들의 자살이 급증할 뿐 아니라 초등학생까지 학업문제로 자살하는 사례가 생겨날 정도입니다.

우리 사회에서는 삶과 죽음에 대한 가치관의 혼란이 더해지면서, 그 안에서 겪은 절망과 고통을 죽음으로 해결하려는 이들이 늘고 있습니다. 하지만 근본적으로 죽음에 관해 대화하고 솔직하게 논의하는 사회적 안전망, 자살 예방 기반은 여전히 부족한 실정입니다. 우리나라의 자살률은 12년 동안 OECD 국가 중 1위를 벗어나지 못하고 있습니다. 2015년 한 해 동안에만 1만3513명이 자살로 생을 마감했습니다. 자살로 가족을 잃은 이들은 4인 가족을 기준으로 했을 때, 한 해 50만 명 이상의 자살 유가족들이 생기는 것입니다.

자살로 가족을 잃은 사람은 일반인보다 우울증에 걸릴 위험이 7배, 자살 위험은 8.3배나 됩니다. 자살 사별자에게는 가까운 사람을 예상치 못하게 잃은 슬픔뿐 아니라 자살을 막지 못했다는 자책감과 무력감, 고인에 대한 분노와 원망, 생전의 일에 대한 죄책감과 그리움 등 복합적인 감정이 순차적으로 또는 동시에 일어납니다. 더불어 고인이 남긴 경제적 부채를 해결하거나 함께 지던 책임을 혼자 감당해야 하는 경우가 생기기도 합니다. 때문에 자살을 예방하고 자살시도자에 대한 지원과 더불어 자살사별자에 대한 사회적 지원과 돌봄이 반드시 필요합니다.

사회적 낙인에 대한 두려움으로 인해 사실을 밝히지 못하고 내면의 문제도 미처 풀어내지 못한 채, 가족의 자살을 철저히 감추고 고립돼 살아가는 자살사별자들의 아픔을 들어주고 공감해줄 수 있는 곳이 있었으면 좋겠습니다. 지금 이 순간 내 가족, 내 이웃들에게 따뜻한 미소를 보내고 웃지 못하고 있는 이들의 손을 잡아주고 그들의 이야기를 들어 줄 수 있는 우리가, 내가 되었으면 좋겠습니다.

따뜻한 관심, 삶을 이어줍니다

서울의 초대형 쇼핑몰 1층 로비 한가운데. 수십 명의 젊은이들이 순식간에 그 자리에 몰려들더니, 퍽퍽퍽 바닥에 엎어집니다. 이윽고 한 사람씩 한 사람씩 일어서 플래카드를 펼쳐듭니다. '이라크 전쟁 사망자 3만9000명', '아프가니스탄 전쟁 사망자 1만5000명', '대한민국 1년 자살자 수 무려 1만5000명', '얼마나 커다란 비극인지, 왜 우리 모두의 일인지, 이젠 아셨나요?' ……. '괜찮니? 에어키스(AirKiss)' 전국 순회 플래시몹(flashmob) 현장이었습니다. '에어키스'는 안부 인사를 전하는 영상 끝에 에어키스로 사랑과 관심을 표현하는 액션릴레이입니다. 뒤이어 펼쳐진 플래카드 내용들이 더욱 긴 여운을 남깁니다. '괜찮니? 괜찮아? 괜찮은 거야?', '우리가 이 한 마디를 건넨다면', '이야기는 달라질지도 모릅니다.'

스스로 생명을 죽이는 사례가 계속 늘고 있습니다. 정부와 사회 각계에서 다양한 노력을 펼치고 있지만 잠시, 소폭 줄어드는 변화를 보였을 뿐입니다. 자살로 죽어가는 이들을 구할 수 있는 방법은 '예방'뿐입니다. 대표적인 예방활동으로는 일반 대중들을 대상으로 한 거리 캠페인을 꼽을 수 있습니다.

보건복지부 지정 중앙자살예방센터, 전국 각 지방자치단체, 종교 및 시민단체들은 연중 다양한 자살예방 캠페인을 마련하고 있습니다. 보건복지부 지정 중앙자살예방센터도 범국민적인 생명존중인식 개선과 자살예방을 위해 '괜찮니? 캠페인'과 '괜찮니 서포터즈' 모집 등에 박차를 가하고 있습니다. '괜찮니? 캠페인'은 손 글씨로 엽서를 써서 보내는 '괜찮니? 우체통 캠페인' 등의 방법으로 진행 중입니다. 자살예방 콘텐츠를 만들어 개인 블로그 등에 올리는 캠페인도 관심을 모읍니다. 내 주변인들에게 조금만 더 관심을 가지는 것만으로도 자살은 막을 수 있습니다. 자살위기에 있는 이들에게서는 대부분 어떤 식으로든 징후가 나타나기 때문입니다. 각 연령별로 예고징후가 다르게는 나타나지만, 징후를 표현하는 대상은 대개 가족이나 가까운 사람들입니다.

2014년 보건복지부는 우리나라에서 처음으로 '한국의 자살실태 조사결과'를 발표했습니다. 그 결과를 보면, 연령별 자살예방 징후 20대 이하 자살자 및 자살 시도자들에게는 우울감과 외로움 등이 많이 나타났습니다. 30~40대는 스트레스와 정신질환증세, 알코올 복용이 심해지면서 주변인에서 가족으로 관계를 단절해 나가는 특징을 보였습니다. 50~60대의 경우, 혼자 있는 시간이 많아지는 변화를 두드러지게 보였습니다.

의학계에서는 정신질환이 자살의 가장 흔한 원인이라고 진단합니다. 실제 2016년도 자살 관련 실태조사 중 '2015년 동기별 자살현황 비교'에서도, '정신과적 질병문제'가 사망 원인의 1순위를 차지했습니다. 보건복지부가 2017년 4월에 발표한 '2016년도 정신질환 실태조사' 결과에 따르면 18세 이상 국민의 25.4%는 평생 중 한 번 이상은 알코올사용장애 등 정신질환 중 한 가지 이상을 경험한 것으로 나타났습니다.

평생 동안 한 번 이상 정신질환을 겪은 이는 남자는 28.8%, 여자는 21.9% 수준이었고, 한 해 정신질환을 겪은 이는 470만 명에 이르렀습니다. 그럼에도 평생 살아오며 정신건강 문제로 전문가와 상의한 경험은 9.6%, 정신질환을 겪은 성인 중 전문가와 정신건강 의논 및 치료를 한 사례는 22.2%에 불과했습니다. 자살실태조사 응답자의 47.4%는 '자살은 아무 경고 없이 발생함.'이라는데, 46.1%는 '자살은 말하지 않아야 하는 주제'라는데 동의했습니다. '자살한다고 위협하는 사람들이 실제로 자살하는 경우는 드물다'고 생각하는 이들도 47.7%나 됐습니다. 또한 자살을 생각했던 사람들의 73.7%는 '자살을 생각하고 있을 때 가족들이 전혀 알지 못했다.'고 대답했습니다.

지금, 이웃 중에 자살 위기에 몰려 있는 이들이 있을까요? 나 자신은 어떠한가요? 자살 위기를 올바로 인식하고 판단, 대응하는데 자살예방교육은 큰 도움이 됩니다. 자살에 대한 사회적 편견을 개선하기 위해서도 교육이 절실합니다. 최근 우리 사회에서도 자살은 사회구성원 전체가 함께 해결해 나가야할 문제라는 인식이 늘어나면서, 특별히 지역사회 곳곳에서 활동할 '자살예방 게이트키퍼' 양성에 힘을 싣는 사례가 늘고 있습니다.

'게이트키퍼'는 자살 위험성이 높은 '고위험군 대상자'를 조기에 발견해 전문적인 도움을 받을 수 있도록 연결시켜 주는 역할 등을 하는 이들입니다. 제한된 숫자의 전문가 교육보다, 자신이 속한 집단 혹은 지역사회에서 자살위험이 있는 이들을 조기에 발견하고 자살예방전문가에게 의뢰하는 역할을 하는 게이트키퍼를 교육, 양성하는 것이 자살을 막는 보다 실질적인 예방 대책입니다.

영국에서는 '외로움(loneliness) 담당 장관'이 신설되었다고 합니다. 일간 더타임스 등 언론은 테리사 메이 총리가 '외로움' 문제를 담당하는 신설 부서의 수장에 트레이시 크라우치 스포츠·시민사회장관을 임명했다고 2018년 1월 16일 보도했습니다. 외로움은 2016년 브렉시트 국민투표를 앞두고 극우주의자의 총격에 사망한 조 콕스 의원(당시 41세)이 큰 관심을 두었던 사회문제로, 그를 기리는 의미에서 해당 부서와 직책이 신설된 것이라고 언론은 전했습니다. 메이 총리는 이날 "외로움은 너무나도 많은 현대인에게 슬픈 현실"이라고 말했습니다. 이어 "노인, 그리고 이들을 부양하는 사람들, 그리고 사랑하는 사람을 잃은 사람 등 '주위에 이야기와 생각을 나눌 사람이 없는 사람들'이 견뎌내야 하는 문제를 다루기 위해 행동을 취하고자 한다"고 강조했습니다. 이는 콕스 전 의원이 설립했지만 그의 피살 사고 후에야 본격적인 활동을 펼쳐온 '조 콕스 재단'의 정책적 조언에 따른 결정이었습니다. 해당 부서는 영국 국립통계국과 함께 외로움을 측정하는 방법을 찾고 정책 개발을 위한 기금 설립에 나서게 됩니다. 부서를 이끌게 된 크라우치 장관은 "시민운동가와 기업, 그리고 동료 의원들의 힘을 모은다면 외로움과 싸우는 데 큰 진전을 이룰 수 있을 것"이라며 "이 일을 통해 콕스 전 의원을 기리게 될 것"이라고 말했습니다.

조 콕스 재단은 2017년 12월 발표한 보고서에서 외로움은 하루에 담배 15개비를 피우는 것만큼이나 해롭다고 분석해 주목받았습니다. 재단은 같은 보고서에서 영국에서만 성인 900만 명이 '항상 혹은 자주' 외로움을 느끼는데도, 이 문제를 다루는 국가적 리더십에 공백이 있다고 지적하기도 했습니다. 그러면서 "중앙정부 혼자 이 문제를 해결할 수는 없지만, 실천적 행동을 촉진할 수는 있다"고 촉구했습니다. 영국 시민단체 에이지(Age) UK는 '20만 명에 달하는 노인이 한 달에 단 한 번도 친구나 친척과 이야기를 나누지 못한다'는 조사 결과를 발표하기도 했습니다.

영국이 외로움의 문제를 한 개인의 문제가 아니라 사회와 국가가 심각하게 고민하고 해결해야하는 중요한 과제로 보고 국가차원에서 전담 부서를 둔 것처럼 우리도 자살을 예방하고, 국민의 정신건강을 위해 국가적인 차원에서 관심 갖기를 기대해봅니다. 이는 국가만이 아니라 시민사회단체와 종교기관도 함께해야할 일입니다.

자살예방 위한 기독교의 대응모색

사도행전 16장 28절에서 바울은 검을 빼어 자살하려는 교도관들을 말리며 "자신을 해치지 마시오. 우리가 다 여기에 있소"라고 외쳤습니다. 우리는 과연 자신을 해치려는 이들에게 "우리가 여기에 있다"고 이야기하고 있는가요? 복잡다단한 현대사회 안에서 수많은 원인으로 자살을 선택하는 이들을 교회는 엄격한 윤리의 잣대로 단죄합니다. 자기사랑의 거부, 자신이 속한 공동체와 전체 사회를 향한 정의와 자비의 의무에 대한 포기 등이 담겨있기 때문입니다. 교회가 자살 예방에 선구자적 역할을 해야 하는 이유는 생명문화 건설과 함께, 사악한 선택을 하는 단죄의 대상이 더 이상 늘어나지 않아야 하기 위함입니다.

자살 시도 전, 미리 이뤄지는 예방에는 분명한 효과가 있습니다. 1937년 완공된 미국 샌프란시스코 금문교에서는 1300여 명이 투신자살했는데, 이후 자살 시도자의 2~3배 인원으로 구성된 캘리포니아 고속도로 순찰대와 상담가들이 그들을 자살하지 못하도록 설득하며 위로하고 있습니다. 사람들이 단순히 다른 곳으로 가서 다시 자살 시도를 한다면 다리에서 뛰어내리지 못하게 하는 방지책이야말로 아무런 효과가 없습니다. 하지만 다리에서 뛰어내리려던 사람이 한 번의 상담을 통해 자살하려 하지 않고 생산적 인생을 살아간다는 사실이 입증된다면, 수십 년간 자살예방 방안이 마련되지 않아 매년 다리에서 뛰어내려 서른 명 이상의 목숨이 사라졌다는 사실에 우리는 도덕적 분노를 느껴야만 합니다. 다른 어떤 공중보건 문제도 이렇게 무책임하게 방치되지 않습니다. 금문교에서 뛰어내리려다 제지당한 사람들의 대다수는 이후 자살하지 않고 생산적 인생을 살아갔습니다.

우리나라 사망자의 사망원인은 암, 뇌혈관질환, 심혈관질환에 이어 자살이 네 번째입니다. 비교적 건강한 10~30대만 꼽자면 자살은 사망원인 1위입니다. 34분마다 한 사람이 자살을 경험한다고 치면, 기사를 쓴 한 시간 동안 2명이 세상을 등졌습니다. 자살예방, 이것은 사람을 살리기 위한 문제입니다. 바울의 말대로, 누군가 자신을 해치려 할 때, 우리는 "여기에 있다"고 그들에게 말해줄 준비가 되어 있어야 할 것입니다

기독교는 자신의 생명을 해치는 것을 살인과 같은 대죄로 규정하고, 엄격하게 금지해 왔습니다. 초대 교부들은 자살은 물론 고의로 순교를 추구해 생명을 잃게 되는 행위까지 반대할 정도였습니다. 아우구스티누스는 "죄악을 피하기 위해 혹은 자신이 지은 죄 때문에 자살을 해선 안 되며, 속죄의 과정을 거쳐야 한다."고 조언했습니다. 토마스 아퀴나스도 자살을 정당화하기 위해 개인의 자유 등을 내세우는 것은 결코 허락될 수 없다고

강조했습니다. 전통적으로 교회는 자살자를 위한 장례예식과 기도조차도 금지해왔습니다. 이처럼 자살이 비윤리적인 행동이며, 자살 시도와 권고 등도 벌을 받아야 하는 죄라는 사실은 변함이 없습니다. 그러나 오늘날은 자살 원인이 다양하게 규명되면서, 교회는 인간의 연약함에 대해 이해의 폭을 넓혔습니다. 무조건 단죄하기보다, 목회적 배려를 제시하고 있습니다. 구체적으로 자살을 정신질환 또는 사회적 문제로도 바라보고, 자살의 심리적 상황과 동기를 완전하게 파악하기 어렵다는 것을 인정합니다. 교회가 자살한 사람과 유족들을 위로해 주어야 함을 강조합니다. 무엇보다 교회는 자살자와 자살 시도자, 자살사별자들이 겪은 어려움을 이해하고, 그들이 문제를 해결할 수 있도록 배려와 돌봄을 적극 실천해야할 것입니다.

　종교생활을 하는 이들 사람들 중에는 자살에 대한 이해보다 엄격한 윤리의식만을 가진 이들이 많습니다. 이들을 대상으로 자살예방교육을 적극 실시할 필요가 있습니다. 자살 위기에 처해 있는 이들은 세상 밖으로 나오기조차 두려워하고 자살을 죄악시하는 종교의 전통적인 분위기에 눌려 종교를 찾기도 어려워합니다. 이제는 종교도 사회적 흐름에 발맞춰 정신적 갈증으로 목말라하는 사람들을 먼저 찾아가 그들의 어려움에 귀 기울여야 합니다. 자살, 무엇보다 가장 중요한 예방법은 가족 및 주변사람들이 보이는 관심과 소통입니다. "괜찮니?" 지금 이 순간 이웃을 향한 한 마디 말로 시작된 관심이 자살예방의 시작일 것입니다.

현대인들은 왜 히어로에 열광할까요?

2017년 11월 15일, DC 필름 유니버스(DC FILMS UNIVERSE)에서 제작한 〈저스티스 리그〉가 개봉됐습니다. 모두가 익히 알고 있을 배트맨, 원더우먼과 함께, 아쿠아맨, 플래시, 사이보그가 주연으로 등장한 저스티스 리그는, 개봉 전부터 기대를 모았습니다. 그 기대에 부응하듯 개봉 첫날, 무려 15만 명이 극장을 찾았습니다. 한편, DC 필름 유니버스의 경쟁자 격인 마블 시네마틱 유니버스(Marvel Cinematic Universe)는, 11월 25일 25일에 개봉한 〈토르: 라그나로크〉로 누적 관객 430만 명, 3주 연속 주말 흥행 1위를 기록했습니다. 어떤 사람들은 '애들 보는 만화' 같은 영화를 왜 보는지 모르겠다고 말합니다. 하지만, 결코 적지 않은 수의 사람들이 히어로를 만나기 위해 영화관을 찾고 있습니다. 이들은 무엇 때문에 히어로를 찾는 걸까요?

히어로, 등장! 위기에 빠진 시민, 그 절체절명의 순간에 히어로는 모습을 나타냅니다. 소매치기를 당한 시민을 도와주기도 하고, 악당들에게 사로잡힌 인질들을 특별한 능력으로 구해내기도 합니다. 악(惡)과 싸우는 것은 히어로의 일상입니다. 그러나 매번 위험에 빠진 시민이나 도시를 극적으로 구하는 것은 아닙니다. 때로는 이웃처럼 평범하게 시민들을 도와주기도 합니다. 나무에 올라간 고양이를 구해주는 경우처럼 말입니다. 히어로는 보통 사람들은 다른 무언가를 가지고 있습니다. '초능력'이라고 부르는 힘이나, 부와 재력으로 만든 엄청난 기술을 가지고 있는 경우가 많습니다. '평범한' 히어로는 거의 찾아보기 힘듭니다. '초능력'에는 엑스맨처럼 선천적으로 타고나는 경우와, 스파이더맨처럼 후천적으로 가지게 되는 경우가 있습니다. 부와 재력으로 만든 기술력으로는 대표적으로 아이언맨이 있습니다. 또, 사람처럼 생겼지만, 지구인이 아닌 경우도 있습니다.

크립톤 행성에서 온 슈퍼맨이나, 아스가르드에서 온 토르가 여기에 속합니다. 이들의 공통점은 사람과 비슷합니다. 외형이나 생각, 마음 등이 그렇습니다. 특별한 힘을 가졌지만, 우리는 이들을 통해 '사람'의 모습을 봅니다. 즉, '인간성'이 필요합니다. 또 한 가지의 공통점은 이들이 선(善)을 행한다는 것입니다. 강도를 잡는다거나, 화재 현장에서 사람을 구하는 등의 일들입니다. 여기서 한 가지 중요한 점이 있습니다. 바로 평범한 사람은 손쓸 방법이 없는 사건들이 일어납니다. 강도를 잡거나, 불을 끄는 일들은 경찰과 소방관이 할 수 있는 일입니다. 여기서 히어로가 등장한다면, 강도가 인질을 잡아, 경찰이 어쩔 방법이 없을 때나, 갑작스럽게 무너지는 건물처럼 기적이라도 일어나지 않는 한 불가능한 일인 경우입니다.

히어로는 팬이 필요합니다. 우리가 히어로를 찾는 것처럼, 히어로도 우리를 찾고 있습니다. 얼마 전에는 마블 시네마틱 유니버스의 〈블랙 팬서〉 예고편이 공개되며 눈길을 끌었습니다. 단순히 〈어벤저스〉에 등장했던 히어로의 영화라서 눈길을 모은 것은 아닙니다. 영화의 일부 장면이 우리나라에서 촬영되며 팬들의 호기심을 자아냈기 때문입니다. 부산의 광안리 해변, 광안대교, 자갈치 시장 등 익숙한 배경이 등장하며 친근감을 더했습니다. 이들은 왜 우리나라를 찾았을까요? 2016년 세계 박스 오피스 수익 순위에서 우리나라는 무려 15억 달러로, 세계 6위 규모의 시장이었습니다. 그 중 히어로 영화가 차지하는 비율 역시 낮지 않습니다. 현실적으로 히어로들도 활동하기 위한 자금이 필요한 건 어쩔 수 없나 봅니다.

히어로, 사회의 정의를 투영합니다. 문화는 현실을 반영합니다. 히어로 문화는 우리의 어떤 점을 반영했을까요? 멀리 갈 것도 없이 책장 깊숙한 곳에서 먼지 쌓인 국어책을 꺼내봅시다. 여기에는 탐관오리에 고통 받는 백성들을 도와준 홍길동과 전우치가 있습니다. 어디 남성 히어로뿐이랴, 병자호란을 배경으로 오랑캐를 물리친 박 씨 부인도 있습니다. 현실에서 당했던 고통을 문학으로 승화시켰다는 이야기는 모두가 아는 사실입니다. 이러한 양상은 시에서도 나타납니다. 이육사 시인은 '광야'에서 '다시 천고의 뒤에 백마 타고 오는 초인이 있어 이 광야에서 목 놓아 부르게 하리라'라고 노래했습니다. 여기서 '백마 타고 오는 초인'은 진짜 초능력자가 아니라, 조국의 광복 혹은 광복을 이룩해줄 인물입니다. 지금 우리의 관점에서 봤을 때, 이들은 '히어로'라 부름에 부족함이 없습니다.

처음으로 돌아와서 현대인들은 왜 히어로를 찾는가에 대한 답을 해봅시다. 이미 퍼즐 조각은 모두 모였습니다. 그들이 우리 사회의 가려운 부분을 긁어주기 때문입니다. 통쾌하게 악을 무찌르는 것도, 평범한 사람은 어쩔 도리가 없는 일을 해결해 주는 것도 쉽게 볼 수 없는 일입니다. 우리가 정의로운 사회를 기대하고 있고, 또 기다리고 있는 것이 표현된 것이 지금의 히어로가 아닐까 싶습니다. 많은 히어로가 고뇌하듯, 더 이상 히어로가 없어도 되는 세상을 염원해 봅니다.

소신을 지키는 사람은 아름답습니다

프랜시스 올덤 켈시 박사는 미국 FDA에서 신약 허가신청서를 평가하는 공무원이었습니다. 1960년 9월, 켈시 박사가 받은 신청서의 의약품은 탈리도마이드 성분의 임산부 입덧 방지제였습니다. 이 약은 효능이 좋아 이미 유럽에서 널리 쓰이고 있는 것이었고, 미국에서 승인도 쉽게 날 것으로 생각했습니다. 하지만 켈시 박사는 이 약이 사람과 동물에게 각각 다른 작용을 한다는 것에 수상함을 느끼고 승인을 거부했습니다. 엄청난 이윤이 걸린 제약회사에서는 켈시 박사에게 집요한 로비와 협박을 동원했습니다. 켈시 박사는 끝까지 자신의 소신을 굽히지 않았습니다.

이후 탈리도마이드는 기형아 출산을 유발한다는 연구가 나왔습니다. 이미 유럽에서는 이 약의 영향으로 12,000명의 기형아가 태어난 후였습니다. 이 일로 인해 켈시 박사는 소신을 지킨 강직한 공무원의 표상으로 존

F. 케네디 대통령이 공무원에게 주는 최고상을 수여했고, 허술했던 미국의 의약품 허가 제도도 한층 강화되었습니다. 그러나 켈시 박사 본인은 "저는 그저 서류를 깔아뭉갠 것 말고는 한 일이 없습니다."라고 말하며 겸양을 표했을 뿐입니다. 대수롭지 않게 생각하고 쉽게 넘길 수 있는 것들로 인해 수많은 사고와 때로는 인명의 피해가 생기는 경우가 우리 주변에는 많이 발생합니다. 가장 상식적인 이야기일 수도 있지만 자기 일을 소신 있게 항상 충실하게 행한다는 건 참 어렵고 힘든 일이기도 합니다. 지금 자기 일을 묵묵히 성실하게 해내고 있는 우리 각자가 바로 진정한 영웅입니다. 소신은 중대하고 갈 길은 멉니다. 그것을 각오하고 사명감에 철저하지 않으면 안 됩니다.

대만의 난화이진(南懷瑾)이 자신의 글 '논어별재(論語別裁)'에 적은 '주천난(做天難)'이라는 시(詩)입니다. 시에 드러나는 비유적인 사고 속에 진실이 들어 있는 것을 느낍니다.

> 하늘이 하늘 노릇하기가 어렵다지만 4월 하늘만 하랴
> 누에는 따뜻하기를 바라는데 보리는 춥기를 바란다.
> 집을 나선 나그네는 맑기를 바라고 농부는 비오기를 기다리는 데
> 뽕잎 따는 아낙네는 흐린 날씨를 바란다.
> - 做天難做四月天/蠶要溫和麥要寒/出門望晴農望雨/採桑娘子望陰天 -

살다보면 부득이한 상황으로 마지못해 어떤 결정을 해야만 할 때가 있고, 어떤 역할을 수행해야만 할 때도 있습니다. 그렇다고 해서 불의와 타협하고 역사에 죄인이 될 수는 없습니다. 부득이 조직의 일원으로 상명하

복의 권력구조의 일원이라고 해도, 하라면 해야 하는 자리라고 해도 양심에 비춰볼 때 아닌 건 아닙니다. 자리보존이 어렵게 된다고해도 감당하기 어려운 불이익이 닥쳐온 다해도 아닌 건 아닙니다. 이것이 마땅합니다. 가슴속에는 항상 타오르는 불덩어리를 품고, 마음은 형용할 수 없는 것에 목이 말라 하며, 무엇을 추구하는지, 어디로 어떤 모색을 하는지, 그러나 몸은 구르면서, 걸리면서, 넘어지고는 또 일어나며, 일어났다간 또 넘어지는 것이 사람의 역사입니다. 미래는 아무도 모릅니다. 넘어지고, 일어서고, 구르면서, 걸리면서, 하루하루 살아갑니다. 그러나 목표와 방향이 뚜렷해야 합니다. 무엇을 추구하는지, 어디로 가고자 하며, 그것을 위해 무엇을 해야 하는지 모색해야 합니다. 그것이 사람이고, 역사입니다.

저자 한승진   **소통 길잡이** esea-@hanmail.net

성공회대 신학과, 상명대 국어교육과, 한국방송대 국어국문학과·교육과·가정학과·청소년교육과를 졸업했다. 학점은행제로 사회복지학, 아동학, 청소년학, 심리학, 상담학으로 학위를 취득했다. 한신대 신학대학원 기독교윤리학(신학석사), 고려대 교육대학원 도덕윤리교육(교육학석사), 중부대 원격대학원 교육상담심리(교육학석사)·중부대 인문산업대학원 교육학(교육학석사), 공주대 특수교육대학원 중등특수교육(교육학석사), 공주대 대학원 윤리교육학과(교육학박사)로 학위를 취득했다. 현재는 한국방송대 문화교양학과에 재학 중이다.

월간『창조문예』신인작품상 수필로 등단하였고, 제45회~제47회 한민족통일문예제전에서 3년 연속 전북도지사상(차관급)과 제8회 효실천 글짓기 공모전에서 대상을 수상하였다. 익산 황등중학교에서 학교목사와 선생이면서, 황등교회 유치부 교육목사와『투데이안』객원논설위원과『전북기독신문』논설위원으로 활동하고 있다. 인터넷신문『투데이안』과『크리스챤신문』과『전북기독신문』,『익산신문』,『굿뉴스21』에 글을 연재하고 있다.

공동 집필로는 고등학교 교과서『종교학』이 있으며, 단독 저서로는『함께 읽는 기독교윤리』,『현실사회윤리학의 토대 놓기』,『우리가 잊지 말아야할 것들』,『조금은 따뜻하게, 공감』,『교육? 호기심!』외 다수가 있다. 역서로는『예수님이라면 어떻게 하실까』가 있다.

소유에서 공유로

초판인쇄 2018년 8월 13일
초판발행 2018년 8월 17일

저　　자 한승진
발 행 인 윤석현
책임편집 안지윤
발 행 처 도서출판 박문사
주　　소 서울시 도봉구 우이천로 353 성주빌딩 3F
전　　화 (02) 992-3253(대)
전　　송 (02) 991-1285
전자우편 bakmunsa@hanmail.net
홈페이지 http://jnc.jncbms.co.kr
등록번호 제2009-11호

ⓒ 한승진 2018 Printed in KOREA.

ISBN 979-11-89292-12-6 03330　　　　　정가 20,000원